Recht –
schnell erfasst

Stanislav Tobias

Bankrecht

Schnell erfasst

 Springer

Reihenherausgeber
Dr. iur. Detlef Kröger
Dipl.-Jur. Claas Hanken

Autor
RA Professor Stanislav Tobias
Königsbrücker Straße 28–30
01099 Dresden
tobias-rechtsanwaelte@t-online.de

Graphiken
Dirk Hoffmann

ISSN 1431-7559
ISBN-10   3-540-00942-6 Springer Berlin Heidelberg New York
ISBN-13   978-3-540-00942-9 Springer Berlin Heidelberg New York

Bibliografische Information Der Deutschen Bibliothek
Die Deutsche Bibliothek verzeichnet diese Publikation in der Deutschen Nationalbibliografie;
detaillierte bibliografische Daten sind im Internet über <http://dnb.ddb.de> abrufbar.

Springer ist ein Unternehmen von Springer Science+Business Media

springer.de

© Springer-Verlag Berlin Heidelberg 2006
Printed in Germany

Umschlaggestaltung: design & production GmbH, Heidelberg

SPIN 10922880   64/3153-5 4 3 2 1 0 – Gedruckt auf säurefreiem Papier

Meiner Frau

Vorwort

Das vorliegende Buch ermöglicht einen ersten Zugang zum Bankrecht. Es enthält nicht raffinierte bankrechtliche Detailprobleme, sondern vermittelt den Blick auf das Ganze und eignet sich so auch für einschlägige Berufsgruppen (z. B. Studenten an Universitäten, Fachhochschulen und Berufsakademien, Mitarbeiter in Rechtsabteilungen oder Rechtsanwälte, Bankauszubildende, Fachabteilungen in Kreditinstituten oder Industrie- und Handels- bzw. Handwerkskammern, Gewerkschaften, Fachabteilungen in Wirtschaftsunternehmen etc. pp.) zur Einarbeitung und Wiederholung der Materie. Hier soll in möglichst einfacher Sprache, jedoch unter Verwendung der korrekten Fachbegriffe dem Auszubildenden und Studenten, aber auch bei einer Weiterbildung oder dem Praktiker und dem interessierten Bürger die Möglichkeit gegeben werden, sich schnell einen Überblick zu verschaffen und sein Problem zu isolieren (das er dann in Handbüchern, Kommentaren etc. weiter verfolgen kann).

Gerade angesichts der ständig zunehmenden Europäisierung des deutschen Rechts und der Globalisierung der wirtschaftlichen Strukturen ist der Überblick über das Ganze zwingend erforderlich. Im Mittelpunkt der Darstellung stehen deshalb – wie auch in der Praxis – die Bankgeschäfte, nachdem zunächst in die bankrechtlichen Strukturen eingeführt wird. Unter zivilrechtlichen Gesichtspunkten liegt der Schwerpunkt des Bankrechts mit deutlichen Anteilen bei der Rechtsgeschäftslehre bzw. beim Allgemeinen Teil des Bürgerlichen Gesetzbuches und des Schuldrechts. Dennoch ist dieses Buch so geschrieben, dass zunächst auch ohne große Vorkenntnisse ein Verstehen ermöglicht wird. Klausurlösungen für Studenten runden das Werk ab.

Ich habe den Herausgebern Herrn Dr. Kröger und Herrn Hanken und meiner Lektorin Frau Reschke zu danken für deren unendliche Geduld mit mir, aber auch meiner Sozietätskollegin Frau Rechtsanwältin Vera Astrid Vogt für deren unermüdliche Unterstützung, oft auch in heftigen Fachgefechten. Aber letztendlich wäre alles nichts geworden ohne die Mitarbeit meiner Sekretärin, Frau Yvonne Krech.

Für Anregungen und Kritik bin ich unter meiner E-Mail-Adresse <tobias-rechtsanwaelte@t-online.de> stets dankbar.

Dresden, Juni 2005   Prof. S. Tobias

Inhaltsübersicht

Einführung

1. Bankrecht – Was ist das?

Nahezu jeder Mensch und praktisch jedes Unternehmen oder jede Organisation in Deutschland unterhält eine Geschäftsbeziehung zu einer Bank oder Sparkasse, z.B. über ein Girokonto, Sparbuch o. ä. Diese Geschäftsbeziehung ist vertraglich ausgestaltet und unterliegt den ausgehandelten vertraglichen Regeln und ergänzend gesetzlichen Vorschriften. Dieser Teil des Bankrechts wird privates Bankrecht genannt.

Um diese Kundenbeziehung überhaupt begründen und die Kundenaufträge abwickeln zu können, muss die Bank einen ordnungsgemäßen Bankbetrieb unterhalten. Das Betreiben einer Bank hat betriebswirtschaftliche, volkswirtschaftliche aber auch rechtliche Elemente. Vor allem aber unterliegt der Betrieb einer Bank staatlichen (und europäischen) Vorschriften, etwa im Bereich der staatlichen Währungs- und Geldhoheit. Dieser Teil des Bankrechts wird öffentliches Bankrecht genannt. Diesen hoheitlichen Vorgaben müssen sich Banken und Sparkassen unterordnen und ihre vertragliche Beziehung zu den Kunden entsprechend ausgestalten.

Jeder hat Kontakte zu einer Bank oder Sparkasse.

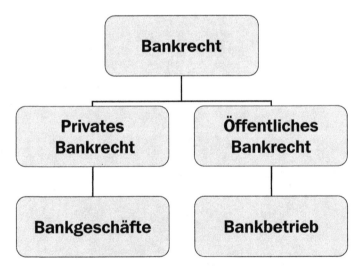

Im Bankrecht geht es also vor allem um Geld und um die diesbezüglichen rechtlichen Vorschriften. Bankrecht könnte also als die Summe derjenigen Vorschriften beschrieben werden, die den Kreditinstituten den rechtlichen Rahmen setzen (Bankbetrieb) und deren privatwirtschaftliches Handeln am Markt (Bankgeschäfte) im Verhältnis zu ihren Kunden regeln.

Definition:
Summe der Vorschriften zum Bankbetrieb und zu den Bankgeschäften.

BANKRECHT

2. Die Beteiligten im Bankrecht

Beteiligte im Bankrecht sind neben dem Staat (bzw. der Europäischen Union) vor allem die Kreditinstitute und deren Kunden. Es ist zunächst erforderlich, die rechtliche Struktur der letzteren beiden Subjekte näher zu betrachten.

2.1. Begriff des Kreditinstituts

Begriffsbestimmungen   § 1 KWG

Kreditinstitute sind Unternehmen, die Bankgeschäfte gewerbsmäßig oder in einem Umfang betreiben, der einen in kaufmännischer Weise eingerichteten Geschäftsbetrieb erfordert. Bankgeschäfte sind

1. die Annahme fremder Gelder als Einlagen oder anderer rückzahlbarer Gelder des Publikums, ... (Einlagengeschäft),

2. die Gewährung von Gelddarlehen und Akzeptkrediten (Kreditgeschäft),

3. der Ankauf von Wechseln und Schecks (Diskontgeschäft),

4. die Anschaffung und die Veräußerung von Finanzinstrumenten ... (Finanzkommissionsgeschäft),

5. die Verwahrung und die Verwaltung von Wertpapieren für andere (Depotgeschäft),

...

8. die Übernahme von Bürgschaften, Garantien und sonstigen Gewährleistungen für andere (Garantiegeschäft),

9. die Durchführung des bargeldlosen Zahlungsverkehrs und des Abrechnungsverkehrs (Girogeschäft),

...

Ein Kreditinstitut ist also ein Unternehmen, das mit oder für Kunden Bankgeschäfte betreibt, sei es Bank oder Sparkasse (zur Unterscheidung vgl. Seite 4). Keine Kreditinstitute sind z.B. die Deutsche Bundesbank, die Sozialversicherungsträger, die Bundesagentur für Arbeit oder private und öffentlich-rechtliche Versicherungsunternehmen (vgl. § 2 KWG).

Bankgeschäfte

Die Bankgeschäfte umfassen demzufolge im Wesentlichen

* Zahlungsverkehr (Bargeschäfte, Kontoverkehr),
* Passivgeschäfte (Hereinnahme von Geld),
* Aktivgeschäfte (Ausreichung von Geld),
* Wertpapiergeschäfte (z.B. Aktien),

d.h. bankmäßige Dienstleistungen. In diesem Rahmen erteilt der Bankkunde regelmäßig einzelne oder gebündelte Aufträge und die Bank führt diese gegen Entgelt aus.

2.1.1. Arten der Kreditinstitute

Universalbanken
Spezialbanken

Kreditinstitute lassen sich unterteilen in Universalbanken und in Spezialbanken. Die Universalbanken wiederum werden unterteilt in privatwirtschaftliche Universalbanken, öffentlich-rechtliche Universalbanken, genossenschaftliche Zentralbanken, Kreditgenossenschaften, die Postbank AG und die Direktbanken.

Die Spezialbanken betreiben nur wenige der in § 1 KWG genannten Bankgeschäfte; sie sind auf ganz bestimmte Bankleistungen spezialisiert, z.B. Hypothekenbanken oder Bausparkassen.

Unterscheidung
Bank-Sparkasse

Der wesentliche Unterschied zwischen einer Bank und einer Sparkasse liegt darin, dass die Sparkassen zwar ebenso wie die Banken grundsätzlich alle Bankgeschäfte betreiben, die Sparkassen jedoch als Wirtschaftsprinzip primär nicht die Gewinnerzielung, sondern die Erfüllung eines öffentlichen Auftrages haben, nämlich

* eine sichere Geldanlage zu bieten,
* Förderung des Sparsinns,
* Vermögensbildung der Bevölkerung zu fördern,
* Kreditversorgung der Bevölkerung des Geschäftsgebiets zu ermöglichen,

- Kreditausstattung des Mittelstandes,
- Berücksichtigung der wirtschaftlich schwächeren Bevölkerungskreise,
- Kreditversorgung ihres kommunalen Trägers.

Sparkassen haben ihre Rechtsgrundlagen in den Sparkassengesetzen der einzelnen Bundesländer. Für die Geschäftstätigkeit der Sparkassen gilt unter anderem das Regionalprinzip, also die Betreuung von Personen oder Unternehmen, die ihren Wohnsitz oder ihre Niederlassungen im räumlichen Geschäftsbereich der jeweiligen Sparkasse haben. Ausgestaltet sind die Sparkassen meist öffentlich-rechtlich als Anstalten des öffentlichen Rechts. Daneben gibt es einige freie Sparkassen (z.B. die Hamburger Sparkasse als die größte Sparkasse überhaupt). Demgegenüber werden Großbanken als Aktiengesellschaften geführt, dem hingegen Privatbanken meist in der Rechtsform des Einzelunternehmens und der Personenhandelsgesellschaften ausgestaltet sind.

Sparkassen Regionalprinzip

Volks- und Raiffeisenbanken schließlich werden als eingetragene Genossenschaften geführt und man bezeichnet sie auch als Kreditgenossenschaft. Deren Kennzeichen ist eine nicht geschlossene Mitgliederzahl, wobei durch die Kreditgenossenschaft mit der Abwicklung aller üblichen bankmäßigen Geschäfte der Erwerb und die Wirtschaft ihrer Mitglieder gefördert wird (sog. föderungswirtschaftliches Prinzip). Wie die anderen Kreditinstitute sind auch die Volks- und Raiffeisenbanken als Geschäftsbanken zu bezeichnen, die die gesamte Breite des Bankgeschäfts anbieten.

Volks- und Raiffeisenbanken

Das Recht steckt aber nur den Rahmen ab. Inhaltlich geht es um Geld, also primär Abwicklung des Geldverkehrs über die Kreditinstitute sowie die Geld- und Vermögensanlage.

2.1.2. Was ist Geld?

Geld ist, streng betrachtet, ein Tauschmittel. Bargeld, also Banknoten und Münzen, sind als gesetzliches Zahlungsmittel staatlich anerkannt und vorgegeben. Seit dem 01.01.2002 sind Euro-Banknoten und Euro-Münzen in den 12 an der Währungsunion teilnehmenden Staaten der Europäischen Union (EU) alleiniges gesetzliches Zahlungsmittel. Die Banknoten werden von der Europäischen Zentralbank (EZB) mit Sitz in Frankfurt am Main, die Münzen unter Genehmigung durch die EZB von den Teilnehmerstaaten ausgegeben. Für das gesetzliche Zahlungsmittel besteht Annahmezwang, d.h. Geld muss von jedermann als Zahlung angenommen werden. Bei Münzen ist der Annahmezwang jedoch eingeschränkt und ihre Annahme kann bei Überschreiten bestimmter Mengen abgelehnt werden (mehr als 50 Münzen in einer Zahlung, § 3

Geld ist ein gesetzliches Zahlungsmittel.

Annahmezwang Erfüllungswirkung

Funktionen des Geldes

Abs. 2 MünzG). Der Staat muss natürlich auch dafür sorgen, dass das Geld weitestgehend stabil bleibt, da ansonsten das Vertrauen der Wirtschaftssubjekte in das Geld und in die Binnenwirtschaft schwindet, da dem Geld nicht nur die Funktion des allgemeinen Tauschmittels, sondern auch eine Aufbewahrungsfunktion zukommt.

Beispiel: Ein Viehzüchter mit einer Herde von 500 Tieren erkrankt schwer und kann sich nicht mehr um seine Herde kümmern (Bewachen, Füttern, Verwerten etc.). Wie kann er sein Vermögen für die Dauer seiner Krankheit schützen? Er verkauft die Herde, tauscht sie also in Geld. So kann er den Wert [auf]bewahren.

Eine weitere Funktion des Geldes wird darin gesehen, dass es als Wertübertragungsmittel geeignet ist, Kaufkraft von einem Wirtschaftssubjekt auf ein anderes übertragen zu können (z.B. durch Kreditausreichung).

Buchgeld
Elektronisches Geld
Geldersatzmittel

Eine andere Variante des Geldes ist das Buchgeld (vor allem das auf Konten gebuchte Geld) oder elektronisches Geld (Kartengeld, Netzgeld). Daneben gibt es Geldersatzmittel, also insbesondere den Scheck oder den Wechsel.

2.2. Wer sind die Bankkunden?

Bankkunde kann jeder
sein:

• natürliche Personen
• juristische Personen
• Personengesellschaften.

Bankkunde kann jeder sein:

* natürliche Personen (Menschen),
* juristische Personen des privaten Rechts (Körperschaften mit vom Gesetz verliehener eigener Rechtspersönlichkeit, z.B. Vereine, AG oder GmbH),
* Personenvereinigungen (Gesellschaft bürgerlichen Rechts, OHG, KG etc.),
* juristische Personen des öffentlichen Rechts (z.B. Kommunen, Rundfunkanstalten, Bundesländer, Stiftungen).

Auch andere Kreditinstitute oder Organisationen (z.B. UNO) können Bankkunden bei einem Kreditinstitut sein. Bei voll geschäftsfähigen natürlichen Personen entsteht keine Vertretungsnotwendigkeit: Der volljährige Mensch handelt für sich selbst. Sobald jedoch z. B. Eltern für ihre Kinder handeln oder Organe einer Gesellschaft für die Gesellschaft (z.B. Geschäftsführer für eine GmbH) entsteht ein Vertretungsverhältnis, da nicht der aktuell Handelnde, sondern der Vertretene (also z.B. das Kind oder die Gesellschaft) der Bankkunde werden soll. Aber auch auf der Bankenseite findet eine Vertretung statt: Am Bankschalter stehen Mitarbeiter als Vertreter des Kreditinstituts.

Vertretung

3. Grundlegendes zu den Rechtsbeziehungen

Die Beziehung zwischen dem Kreditinstitut und dem Kunden ist einzelvertraglich geregelt. Da jedoch vorwiegend typisierte bzw. standardisierte Verträge verwendet werden, kommt den allgemeinen Geschäftsbedingungen, die der Geschäfts- bzw. Vertragsbeziehung zugrunde gelegt werden, große Bedeutung zu. Hier sind die wesentlichen Rechte und Pflichten der beiden Vertragspartner geregelt. Kommt es im Rahmen dieser Vertragsbeziehung zu Problemen oder Störungen, gehört diese Rechtsmaterie dann zum privaten Bankrecht.

Privates Bankrecht

Vertrag und Allgemeine Geschäftsbedingungen

Das Kreditinstitut ist aber auch an einzelstaatliche bzw. europäische Vorgaben gebunden: Durch das KWG ist nicht nur die staatliche Erlaubnis für den Betrieb von Kreditinstituten, sondern auch eine Staatsaufsicht über die Kreditinstitute und die Grundlagen für den Geschäftsbetrieb vorgeschrieben.

Öffentliches Bankrecht

Aufgaben der Bundesanstalt für Finanzdienstleistungsaufsicht (BAFin)

§ 6 KWG

(1) Die Bundesanstalt übt die Aufsicht über die Institute nach den Vorschriften dieses Gesetzes aus.

(2) Die Bundesanstalt hat Missständen im Kredit- und Finanzdienstleistungswesen entgegenzuwirken, welche die Sicherheit der den Instituten anvertrauten Vermögenswerte gefährden, die ordnungsmäßige Durchführung der Bankgeschäfte oder Finanzdienstleistungen beeinträchtigen oder erhebliche Nachteile für die Gesamtwirtschaft herbeiführen können.

(3) ...

So bedarf ein Kreditinstitut nach § 32 Abs. 1 KWG zum Geschäftsbetrieb die Erlaubnis der Bundesanstalt und es sind Kapital- und Liquiditätsanforderungen zu beachten. Auch die Frage der Organisation der Jahresabschlüsse der Kreditinstitute ist eine bankenaufsichtsrechtliche Frage und im Geldbereich unterliegt ein Kreditinstitut den europa- bzw. einzelstaatlichen Vorgaben. Namentlich seien hier das Währungsrecht (also das Recht der Geldordnung) und das Notenmonopol (das alleinige Recht zur Herausgabe von Banknoten der EZB) genannt. Kommt es im Rahmen dieser staatlichen oder europäischen Vorgaben zu Problemen oder Störungen, gehört diese Rechtsmaterie dann zum öffentlichen Bankrecht.

4. Rechtsquellen des Bankrechts

Rechtsmaterie

Hinter dem Begriff »Rechtsquellen« verbirgt sich immer die Frage, wo das betreffende Rechtsgebiet geregelt ist. Im Bankrecht ist es wichtig zu wissen, dass es keine eigenständige Kodifikation gibt, vielmehr die Vorschriften über viele Gesetzte verstreut sind und für den Einzelfall zusammengesucht werden müssen.

Vertragsfreiheit

Aufgrund der Vertragsfreiheit sind zur Problemlösung zunächst der Vertrag zwischen dem Kreditinstitut und dem Kunden unter Berücksichtigung der Allgemeinen Geschäftsbedingungen heranzuziehen. Wenn dort das aufgetretene Problem nicht oder nicht vollumfänglich geregelt ist, so sucht man nach einer gesetzlichen Regelung. Die gesetzliche Regelung ist auch dann heranzuziehen, wenn sich herausstellt, dass die einschlägige vertragliche Regelung (oder Allgemeine Geschäftsbedingung) unwirksam ist. Die Frage der Unwirksamkeit der Allgemeinen Geschäftsbedingungen richtet sich nach §§ 305 ff. BGB, die Frage der individuellen Vertragsklausel nach den allgemeinen gesetzlichen Bestimmungen.

BGB

Im Bürgerlichen Gesetzbuch (BGB) finden sich einige Regeln über das Gelddarlehen (§§ 488 bis 490 BGB), das Verbraucherdarlehen (§§ 491 bis 498 BGB), den Zahlungsaufschub und sonstige Finanzierungshilfen (§§ 499 bis 504 BGB), den Überweisungs-, Zahlungs- und Girovertrag (§ 676 a bis h BGB), die Bürgschaft (§§ 765 bis 778 BGB), das Schuldversprechen (§ 780 BGB), die Anweisung (§ 783 bis 792 BGB) und die Schulverschreibung (§§ 793 bis 808 BGB). Ferner finden sich dort die Vorschriften über etliche Sicherungsrechte (z.B. Zession, Grundpfandrechte etc.) Diesen Problembereichen liegt stets die Rechtsgeschäftslehre (die Lehre vom Zustandekommen von Verträgen) zugrunde.

Für Kaufleute gibt es Sonderregelungen im HGB (z.B. Kontokorrent, §§ 355 bis 357 HGB), hinzu kommen Spezialgesetze für einzelne Bankgeschäfte (z.B. BauSparkG, HypBankG, Einlagensicherungs- und Anlegerentschädigungsgesetz oder Wertpapierhandelsgesetz). Große Bedeutung haben ferner das Scheck- und Wechselgesetz und im Bereich des Wertpapiergeschäftes das Depotgesetz, das Auslandsinvestmentgesetz oder das Gesetz über Kapitalanlagegesellschaften oder das Verkaufsprospektgesetz. Im strafrechtlichen Bereich ist das Geldwäschegesetz zu nennen, im Aufsichtsbereich das Kreditwesengesetz und das Gesetz über die Deutsche Bundesbank. Zunehmend muss europäisches Recht beachtet werden, da eine Vielzahl von EG-Richtlinien zum Bankrecht ergangen sind (z. B. Verbrauchsgüterkauf-Richtlinie 1999/44/EG vom 25.05.1999 oder E-Commerce-Richtlinie vom 08.06.2000) und ergehen. Aber auch die Rechtsprechung des Europäischen Gerichtshofes (Gerichtshof und Gericht erster Instanz) erlangt zunehmend an Bedeutung.

HGB
Spezialgesetze

ScheckG
WechselG

KWG

5. Anleitung zur Falllösung

Ausgehend von der Fallfrage muss als erstes der Sachverhalt richtig erfasst werden. Bei Mehrpersonenverhältnissen oder komplizierteren Sachverhalten sollte eine Übersichtsskizze gefertigt werden, um auch optisch den Sachverhalt aufzubereiten. Dann ist ausgehend von der Fallfrage die Frage zu stellen: <u>W</u>er will <u>w</u>as von <u>w</u>em <u>w</u>oraus?

Sachverhaltsskizze

4-W-Formel

Beispiel: Wird in einer Klausur gefragt, ob Kunde K gegen die Bank B Schadensersatzansprüche hat, so ist gedanklich und als Anspruchsgrundlage herauszuarbeiten, nach welcher Rechtsvorschrift ein solcher Schadensersatzanspruch in Betracht kommen könnte. Der Einleitungssatz (Obersatz) der Klausurlösung könnte dann lauten: »Der Kunde K könnte gegen die Bank B einen Schadensersatzanspruch aus §§ ... haben.«

Wichtige Grundregel bei der Fallbearbeitung ist, den Lösungsweg sauber zu gliedern und niemals den Gesamtzusammenhang aus den Augen zu verlieren!

Grundregeln

1. Ausgangspunkt einer Falllösung ist es, den Sachverhalt zu erfassen und die Fragestellung herauszuarbeiten. Die Fragestellung zielt meist auf die gegenseitigen Ansprüche der Beteiligten ab.

2. Im Hinblick auf die Fragestellung sind geeignete Anspruchsgrundlagen im BGB oder aus anderen Rechtsmaterien herauszusuchen.

3. Sobald alle in Betracht kommenden Anspruchsnormen gefunden sind, sollte man die Suche auf mögliche Gegennormen (Einreden oder Einwendungen) erweitern.

4. Wenn alle in Frage kommenden Normen gefunden sind, muss der Sachverhalt inhaltlich mit diesen Gesetzesnormen verglichen und in Einklang gebracht werden. Dieses Vorgehen bezeichnet man als Subsumtion. Nur wenn eine Übereinstimmung des Sachverhalts mit dem Inhalt der Vorschrift gegeben ist, ist der Anspruch begründet bzw. trifft die Gegennorm oder Hilfsnorm zu.

5. Am Ende wird das Ergebnis formuliert.

Sehr wichtig ist es, sich bei der Erarbeitung der Lösung bewusst zu machen, aus welcher Rechtsmaterie das bankenrechtliche Problem stammt. Es macht schon einen Unterschied, ob es sich um eine »Bürgschaftsproblematik« handelt oder um eine »Grundschuldproblematik«, um eine Pflichtverletzung aus dem Bereich der Leistungsstörungen (etwa Schadensersatzansprüche wegen Verletzung des Bankgeheimnisses) oder die Durchsetzung von Erfüllungsansprüchen.

Beispiel: Zwischen der Bank B und dem Kunden K wird ein Darlehensvertrag abgeschlossen unter der Voraussetzung, dass der Kunde eine Bürgschaft seiner Schwester S beibringt. Nachdem der Bürgschaftsvertrag zwischen der Bank und der Schwester zustande kommt, zahlt die Bank den Darlehensbetrag noch nicht aus, verlangt vielmehr noch eine zusätzliche Sicherungsübereignung der Antiquitätensammlung des K. Wie ist die Rechtslage?

Natürlich beginnt man bei der Falllösung mit dem Primäranspruch des Kunden, also der Hauptleistungspflicht der Bank. Da es sich um einen vertraglichen Anspruch (Darlehensauszahlung) handelt, prüft man zunächst das Zustandekommen des Vertrages. Hierzu bedient man sich

BGB-Kenntnisse

der Kenntnisse des Bürgerlichen Gesetzbuches, insbesondere der Rechtsgeschäftslehre. Diese findet man gut dargestellt in derselben Reihe wie das vorliegende Lehrbuch, dem Band »Bürgerliches Recht: Schnell erfasst« von Rechtsanwalt Peter Katko. Dies handelt man unter dem Gesichtspunkt »Anspruch entstanden« ab. Dann fragt man sich, ob dieser Anspruch durchsetzbar ist, mithin ob irgendwelche Gegenrechte der Bank dem Darlehensauszahlungsanspruch entgegenstehen. In Betracht kommen hier Zurückbehaltungsrechte oder die Einrede des nicht erfüllten Vertrages oder die Unsicherheitseinrede. Je nach Fallgestaltung wird man diese Einreden bejahen oder verneinen, im obigen Beispielsfall ablehnen. Also kommt man zu dem Ergebnis, dass die Bank das Darlehen auszahlen muss.

Komplizierter werden die Fälle, wenn auf Kundenseite nicht einzelne natürliche Personen, sondern mehrere Personen oder Gesellschaften auftreten. Dann muss man diese zusätzliche Problematik über Vertretungsrecht bzw. Gesellschaftsrecht (gut dargestellt in der Reihe »Handelsrecht: Schnell erfasst« von Prof. Dr. Joachim Gruber) abklären. Im vorliegenden Beispielsfall wird man diese Problematik so abzuhandeln haben, dass man das zusätzliche Sicherungsbegehren der Bank als Angebot auf Abschluss eines Änderungsvertrages ansieht, das der Kunde durch sein Auszahlungsbegehren ablehnt. Somit verbleibt es bei dem ursprünglichen Vertrag, nämlich Auszahlung gegen die Bürgschaft der Schwester.

Gesellschaftsrecht
Handelsrecht

Wenn Sie Ihre Lösungsskizze fertig gestellt haben, müssen Sie eine ausformulierte Reinschrift fertigen. Als Faustregel gilt, dass für die Reinschrift mindestens die Hälfte der vorgegebenen Zeit eingeplant werden sollte.

Schließlich noch einen Hinweis auf einzuhaltende Formalitäten: Die Lösung ist im Gutachtenstil zu erstellen. Dieser zeichnet sich dadurch aus, indem am Anfang eine Vermutung geäußert wird (Einleitungssatz oder Obersatz im Konjunktiv), dass jemand gegen einen anderen einen Anspruch haben könnte. Sodann wird diese Anspruchsgrundlage subsumiert und Einwendungen und Einreden, sofern ersichtlich, geprüft. Zitieren Sie die von Ihnen in Bezug genommenen gesetzlichen (oder vertraglichen) Vorschriften so genau wie möglich, also insbesondere unter Angabe des Paragraphenzeichens, der Zahl des Paragraphen, seinen Absatz und, sollten dort mehrere Sätze vorhanden sein, auch des Satzes mitsamt Gesetzesbezeichnung.

Formalitäten

Beispiel: § 280 Abs. 1 Satz 1 BGB i.V.m. § 241 Abs. 2 BGB

Schreiben Sie einfache, klare Sätze und glauben Sie nicht, dass Sie sich durch Endlossätze oder vielfache Verschachtelungen besonders auszeichnen. Der Korrektor Ihrer Klausur will schnell und klar lesen können. Schreiben Sie deshalb auch deutlich und vermeiden Sie Rechtschreibfehler. Achten Sie auf richtige Diktion, denn nichts ärgert den Korrektor mehr als wenn die juristischen Fachausdrücke unrichtig verwendet werden (etwa wenn die Anfechtung mit Kündigung verwechselt wird o. ä.).

6. Wiederholungsfragen

1. Wie wird Bankrecht definiert? Lösung S. 2
2. Was ist ein Kreditinstitut? Lösung S. 3/4
3. Was sind die wesentlichen Bankgeschäfte? Lösung S. 4
4. Welche Arten der Kreditinstitute gibt es? Lösung S. 4
5. Was ist der Unterschied zwischen einer privatwirtschaftlichen Bank und einer öffentlich-rechtlichen Sparkasse? Lösung S. 4/5
6. Was ist Bargeld? Lösung S. 5
7. Was ist Buchgeld? Lösung S. 6
8. Was sind Geldersatzmittel? Lösung S. 6
9. Bis zu wie vielen Münzen besteht bei einer Zahlung Annahmezwang? Lösung S. 5
10. Was ist die Aufbewahrungsfunktion des Geldes? Lösung S. 5/6
11. Was ist die Wertübertragungsfunktion des Geldes? Lösung S. 6
12. Wer kann Bankkunde sein? Lösung S. 6/7
13. Welcher Bereich des Bankrechts wird als privates Bankrecht bezeichnet? Lösung S. 7
14. Welcher Bereich des Bankrechts wird als öffentliches Bankrecht bezeichnet? Lösung S. 8
15. Welche Aufgaben hat die Bundesanstalt für Finanzdienstleistungsaufsicht? Lösung S. 7/8
16. Was sind die Rechtsquellen des Bankrechts? Lösung S. 8/9

Der Handlungsrahmen der Kreditinstitute

»ORIENTIERUNGSHILFEN«

1. Die Staat-Kreditinstitut-Beziehung

Da die Bedeutung der Kreditinstitute im Laufe ihrer Geschichte ständig zunahm und damit auch die Wirkung deren Geschäftstätigkeit auf die Volkswirtschaft, entstand staatlicherseits immer mehr das Bedürfnis nach Regulierung. Ein kleiner Aspekt dieses Regulierungsbedürfnisses ist in der Aufbewahrungsfunktion des Geldes im vorherigen Kapitel dargestellt worden. Da heutzutage internationale Bankgeschäfte gang und gäbe sind, ist zunächst der internationale Rahmen kurz darzustellen.

1.1. Die Struktur der Kreditwirtschaft

Neuordnung der
Weltwährungsordnung

Kurz vor dem Ende des Zweiten Weltkriegs (1944) wurden die Grundlagen der Weltwährungsordnung der Nachkriegszeit auf der Konferenz von Bretton Woods (USA) von 45 alliierten Staaten neu geschaffen. Hervorgegangen aus dieser Konferenz sind die Weltbank sowie die Errichtung des Internationalen Währungsfonds (IWF) im Jahre 1945 mit Sitz in Washington, dem die Bundesrepublik Deutschland 1952 beigetreten ist. Formuliertes Ziel der Konferenz war die Installation eines multilateralen Zahlungsverkehrssystems mit frei konvertierbaren Währungen (unter Abschaffung von nationalen Beschränkungen des Devisenverkehrs). Für den Anfang wurde jedoch für die Nachkriegszeit ein Festkurssystem eingeführt, das im Jahr 1973 sein Ende fand.

Etwa zu dem Zeitpunkt, als Deutschland dem IWF beigetreten ist, begann Europa, unter Einbeziehung des Nachkriegsdeutschlands, zusammen zu wachsen. So führte der sog. Schuman-Plan zur Montanunion, die zur Europäischen Gemeinschaft für Kohle und Stahl (EGKS) führte, in den Römischen Verträgen (1957) gründeten die Montanunion-Staaten die Europäische Wirtschaftsgemeinschaft (EWG) und die Europäische Atomgemeinschaft (EURATOM). Diese drei europäischen Gemeinschaften (meist im Singular als Europäische Gemeinschaft bezeichnet) bildeten zusammen mit der gemeinsamen Außen- und Sicherheitspolitik (GASP) sowie der polizeilichen und justiziellen Zusammenarbeit in Strafsachen die Grundlage der Europäischen Union:

Durch den Vertrag von Maastricht wurden die Europäischen Gemeinschaften (EGKS, EG [ursprüngliche EWG] und EURATOM) unter einem Dach der Europäischen Union zusammengefasst. Das Europäische Währungssystem war ein im Jahr 1979 in Kraft getretener Währungsverbund mit der Bezugsgröße ECU (European Currency Unit). Seit dem 01.01.2002 ist der Euro in den 12 Euro-Teilnehmerstaaten die gesetzliche Währung. Dies wurde auf der Konferenz in Maastricht 1992 beschlossen (Wirtschafts- und Währungsunion).

Vertrag von Maastricht

Das Eurosystem umfasst die Europäische Zentralbank (EZB) mit Sitz in Frankfurt am Main und die rechtlich selbstständigen nationalen Zentralbanken (NZB) der 12 Teilnehmerstaaten.

Eurosystem

Primäre Ziele des Eurosystems sind:

* Preisstabilität und

* Unterstützung der allgemeinen Wirtschaftspolitik

im Euro-Währungsraum. Maßgebliches Kriterium für die Preisstabilität ist, dass der Anstieg des harmonisierten Verbraucherpreisindexes (HVPI) für das Euro-Währungsgebiet unter 2 % gegenüber dem Vorjahr verbleibt; diese Preisstabilität ist mittelfristig beizubehalten. Eines der hierfür maßgeblichen Orientierungsmittel ist die Geldmenge M3 (Bargeldumlauf + Sicht- und Termineinlagen + Spareinlagen mit einer Kündigungsfrist von 3 Monaten + Geldmarkfondanteile + Schuldverschreibungen), deren Referenzwert für ihr Wachstum vom EZB-Rat festgelegt wird.

Anstieg HVPI < 2

Geldmenge M3

Die geldpolitischen Instrumente des Eurosystems sind die Offenmarktgeschäfte, die Ständigen Fazilitäten und das Unterhalten von Mindestreserven durch die Kreditinstitute. Durch die Offenmarktgeschäfte kann die EZB die Geldmenge steigern, indem sie Wertpapiere ankauft oder die Geldmenge reduzieren, indem sie Wertpapiere verkauft. Ferner bietet das Eurosystem interessierten Geschäftspartnern Fazilitäten

* Offenmarktgeschäfte
* Ständige Fazilitäten
* Mindestreserven als geldpolitische Instrumente

(Kreditlinien oder Kreditrahmen) an. Werden diese in Anspruch genommen, steigt die Geldmenge, wird überschüssige Liquidität verzinslich angelegt, sinkt die Geldmenge. Außerdem kann die EZB über die Senkung von Mindesteinlagen die Geldmenge steigern oder durch Erhöhung der Mindesteinlagen die Geldmenge sinken lassen. An diesem kurzen Abriss wird die Bedeutung der Geldmenge M3 deutlich.

www.ecb.int

Die Europäische Zentralbank besteht aus einem Rat (der aus den Mitgliedes des Direktoriums und den 12 nationalen Zentralbanken zusammengesetzt ist) und dem Direktorium (sechs Mitglieder, die die laufenden Geschäfte führen). Der Rat gibt die Leitlinien für die Geldpolitik vor, das Direktorium setzt diese um. Diese Geldpolitik wird einheitlich für das gesamte Euro-Währungsgebiet festgelegt und unter Einschaltung der nationalen Zentralbanken auch umgesetzt.

Die Bezeichnung »Eurosystem« ist eine gängige Kurzbezeichnung für das Europäische System der Zentralbanken (ESZB) für den Euro-Währungsraum (derzeit 12 EU-Staaten: Belgien, Deutschland, Finnland, Frankreich, Irland, Italien, Luxemburg, Niederlande, Österreich, Portugal, Spanien und Griechenland).

www.bundesbank.de

Das Bankensystem in Deutschland teilt sich in die Deutsche Bundesbank auf der einen Seite und die Geschäftsbanken (Universalbanken und Spezialbanken) auf der anderen Seite (Kreditinstitute). Im Bundesbankgesetz ist die Rechtsform der Bundesbank, deren Weisungsunabhängigkeit, die Organisation und die Art und Weise der ihr erlaubten Geschäfte genau beschrieben.

Ihre Rechtsgrundlage findet die Deutsche Bundesbank national in Art. 88 Satz 2 GG, wodurch ihre Aufgaben und Befugnisse weitgehend auf die unabhängige und dem Ziel der Sicherung der Preisstabilität verpflichtete Europäische Zentralbank übertragen wurden.

Art. 88 GG   **Bundesbank**

Der Bund errichtet eine Währungs- und Notenbank als Bundesbank. Ihre Aufgaben und Befugnisse können im Rahmen der Europäischen Union der Europäischen Zentralbank übertragen werden, die unabhängig ist und dem vorrangigen Ziel der Sicherung der Preisstabilität verpflichtet.

Das Europäische System der Zentralbanken (ESZB) findet seine Rechtsgrundlage in Art. 107 EG-Vertrag in der Fassung von 1997:

Art. 107 EG-Vertrag   **Struktur der EZB und des ESZB**

(1) Das ESZB besteht aus der EZB und den nationalen Zentralbanken.

(2) Die EZB besitzt Rechtspersönlichkeit.

(3) Das ESZB wird von den Beschlußorganen der EZB, nämlich dem

EZB-Rat und dem Direktorium, geleitet.

(4) Die Satzung des ESZB ist in einem diesem Vertrag beigefügten Protokoll festgelegt.

...

Innerhalb dieser übergeordneten Ebene befinden sich die privatrechtlichen Kreditinstitute, also solche, die die Bedürfnisse ihrer (Privat- und Firmen)Kundschaft befriedigen, nämlich Sparkassen, Privat- oder Geschäftsbanken und Genossenschaftsbanken. Diese werden auch als die drei Säulen des deutschen Bankwesens bezeichnet.

1.2. Die Stellung der Kreditinstitute

Die Kreditinstitute sind aus der heutigen komplexen Wirtschaft nicht mehr wegzudenken. Man denke nur an die Abwicklung des Zahlungsverkehrs, die Arbeitgeber-Eigenschaft der Kreditinstitute, deren Einflussnahme über Beteiligungen, Ausübung von Depotstimmrechten, Aufsichtsgremien usw. oder Finanzierung diverser Projekte. Damit sind Kreditinstitute auch und vor allem Dienstleistungsbetriebe. Ihren Ursprung finden sie vorrangig in dem im Altertum wichtigsten Geschäft des Geldwechselns. Schon damals kannte man aber auch die Vergabe von Krediten (aber nur aus Eigenmitteln) gegen Schuldscheine. Nachdem sich im Mittelalter die Technik des Geld- und Kreditwesens verbesserte, entwickelten sich in Oberitalien die ersten Girobanken (»Giro« = Kreis). Aus Deutschland sind die Fugger und die Welser als Finanzherren und Bankiers bekannt. Die industrielle Revolution im 19. Jahrhundert führte rasch zu einem erheblichen Kreditbedarf bei Privatunternehmen, wodurch sich neuzeitliche kapitalkräftige Rechtsformen der Aktienbanken entwickelten, die später zu den Großbanken wurden. Parallel dazu entwickelten sich die Sparkassen und später die Kreditgenossenschaften. Aufgrund der Bankenkrise von 1931 (die dadurch entstanden ist, dass in Folge volkswirtschaftlicher bzw. unternehmerischer Krisen von den Kunden die bei den Banken eingelegte Gelder zurückverlangt wurden, die jedoch zur Auszahlung nicht vorhanden waren, weil sie als Kredite – zinsbringend – ausgereicht worden waren) wurde in Deutschland eine gesetzliche Regelung des Bankenwesens durch das Kreditwesengesetz (KWG) vom 05.12.1934 eingeführt. In jüngster Zeit verbreiterten die Universalbanken die Produktpalette (Allfinanzkonzepte), wodurch eine Annäherung des Kredit- zum Versicherungswesen eingeleitet wurde. Zudem ist ein doch recht intensiver Konzentrationsprozess im Gange, der der Wettbewerbssituation auf den heimischen, aber auch auf den Weltmärkten geschuldet ist.

Geschichte der Banken

Fugger und Welser

Bankenkrise führt zum KWG.

2. Rechtliche Grundlagen der Kreditwirtschaft

Auf der einen Seite handeln die Kreditinstitute privatwirtschaftlich und privatrechtlich, indem sie mit ihren Kunden Verträge abschließen. Auf der anderen Seite stehen die Kreditinstitute in einem öffentlich-rechtlichen Spannungsfeld, wie bei der Staat-Kreditinstitut-Beziehung aufgezeigt worden ist. Auch wenn es im Bankwesen sehr viele allgemeine Vorschriften, an die sich die Kreditinstitute zu halten haben, gibt, ist die wichtigste Rechtsgrundlage das Gesetz über das Kreditwesen (KWG).

2.1. Das Kreditwesengesetz (KWG) und andere Vorschriften

KWG will Ruhe und Sicherheit schaffen.

Die Frage nach dem »Warum« ist für das KWG bereits oben mit der Bankenkrise von 1931 beantwortet worden: Es gilt, einen »Run« auf die Schalter zu verhindern. Denn eines ist nach wie vor klar: Müssten die Kreditinstitute schlagartig allen Kunden deren Guthaben auszahlen, so wären sie von einer Sekunde zur anderen zahlungsunfähig. Dies natürlich deshalb, weil das eingelegte Geld (z.B. mit einer Verzinsung von 3 %) für einen höheren Zins (z.B. für 7 %) an Kreditbedürftige ausgereicht wird. Von der Zinsspanne (im gebildeten Beispiel beträgt diese 4 %) bestreiten die Kreditinstitute ihre Kosten und erzielen die Gewinne.

Zunächst regelt das KWG den Schutz der Bezeichnungen:

§ 39 KWG

Bezeichnungen »Bank« und »Bankier«

(1) Die Bezeichnung »Bank«, »Bankier« oder eine Bezeichnung, in der das Wort »Bank« oder »Bankier« enthalten ist, dürfen, soweit durch Gesetz nichts anderes bestimmt ist, in der Firma, als Zusatz zur Firma, zur Bezeichnung des Geschäftszwecks oder zu Werbezwecken nur führen

1. Kreditinstitute, die eine Erlaubnis nach § 32 besitzen, ...

2. ...

(2) Die Bezeichnung »Volksbank« oder eine Bezeichnung, in der das Wort »Volksbank« enthalten ist, dürfen nur Kreditinstitute neu aufnehmen, die in der Rechtsform einer eingetragenen Genossenschaft betrieben werden und einem Prüfungsverband angehören.

(3) ...

Damit werden die Bezeichnungen Bank, Bankier und Volksbank geschützt und Missbrauch oder Zweideutigkeiten vermieden.

Bezeichnung »Sparkasse«

§ 40 KWG

(1) Die Bezeichnung »Sparkasse« oder eine Bezeichnung, in der das Wort »Sparkasse« enthalten ist, dürfen in der Firma, als Zusatz zur Firma, zur Bezeichnung des Geschäftszwecks oder zu Werbezwecken nur führen

1. öffentlich-rechtliche Sparkassen, die eine Erlaubnis nach § 32 besitzen;

...

Hierdurch ist der Schutz der Sparkassenbezeichnung gewährleistet (in Absatz 2 des § 40 wird noch die Bausparkasse bzw. Spar- und Darlehenskasse geschützt).

Weiterhin verbietet das KWG den Banken gewisse Geschäfte:

Verbotene Geschäfte

§ 3 KWG

Verboten sind

1. der Betrieb des Einlagengeschäfts, wenn der Kreis der Einleger überwiegend aus Betriebsangehörigen des Unternehmens besteht (Werksparkassen) und nicht sonstige Bankgeschäfte betrieben werden, die den Umfang dieses Einlagengeschäftes übersteigen;

2. die Annahme von Geldbeträgen, wenn der überwiegende Teil der Geldgeber einen Rechtsanspruch darauf hat, daß ihnen aus diesen Geldbeträgen Darlehen gewährt oder Gegenstände auf Kredit verschafft werden (Zwecksparunternehmen); dies gilt nicht für Bausparkassen;

3. der Betrieb des Kreditgeschäftes oder des Einlagengeschäftes, wenn es durch Vereinbarung oder geschäftliche Gepflogenheit ausgeschlossen oder erheblich erschwert ist, über den Kreditbetrag oder die Einlagen durch Barabhebung zu verfügen.

Daneben enthält das Kreditwesengesetz weitere Vorschriften, die den Betrieb, die Art und Weise des Betriebes usw. betreffen, z.B. die Kundenrechte in § 22 a, die Werbung in § 23, die Erlaubnis zum Geschäftsbetrieb in § 32, Regelungen über Auskünfte und Prüfungen in § 44 und Straf- und Bußgeldvorschriften in den §§ 54 ff. KWG.

Weitere Regelungen

2.2. Die Aufsicht über die Kreditinstitute

Die Aufsicht obliegt
der BAFin.

Es ist bereits oben in der Einleitung darauf hingewiesen worden, dass Kreditinstitute einer Aufsicht unterliegen. Nach § 6 Abs. 1 KWG übt die Bundesanstalt für Finanzdienstleitungsaufsicht diese Aufgaben aus. Sie wurde im Jahr 2002 neu geschaffen.

§ 1 FinDAG

Errichtung

(1) Im Geschäftsbereich des Bundesministeriums der Finanzen wird durch Zusammenlegung des Bundesaufsichtsamts für das Kreditwesen, des Bundesaufsichtsamtes für das Versicherungswesen und des Bundesaufsichtsamtes für den Wertpapierhandel eine bundesunmittelbare, rechtsfähige Anstalt des öffentlichen Rechts zum 01. Mai 2002 errichtet. Sie trägt die Bezeichnung »Bundesanstalt für Finanzdienstleistungsaufsicht« (Bundesanstalt).

(2) Die Bundesanstalt hat ihren Sitz in Bonn und in Frankfurt am Main.

...

§ 4 FinDAG

Aufgaben und Zusammenarbeit

(1) Die Bundesanstalt übernimmt die dem Bundesaufsichtsamt für das Kreditwesen, dem Bundesaufsichtsamt für das Versicherungswesen und dem Bundesaufsichtsamt für den Wertpapierhandel übertragenen Aufgaben. Sie nimmt darüber hinaus die ihr nach anderen Bestimmungen übertragenen Aufgaben einschließlich der Beratungstätigkeit im Zusammenhang mit dem Aufbau und der Unterstützung ausländischer Aufsichtssysteme wahr.

...

In diesem Zusammenhang ist unbedingt zu beachten, dass auf nationaler Ebene eine Regelung des Bankgeschäfts kaum noch möglich ist, da bereits heute und zunehmend in der Zukunft die Bankenaufsicht durch das Europarecht bestimmt werden wird. So sind in den letzten acht Jahren in schneller Folge neue Richtlinien der EG/EU ergangen, z.B.:

- die zweite Bankrechtskoordinierungsrichtlinie,
- die Eigenmittelrichtlinie,
- die Solvabilitätsrichtlinie,
- die Konsolidierungsrichtlinie,
- die Großkreditrichtlinie,
- die Wertpapierrichtlinie.

Das Kreditwesengesetz schließt jedoch nicht nur die Kreditinstitute, sondern auch die Finanzdienstleitungsinstitute ein.

Begriffsbestimmungen § 1 KWG

...

(1a) Finanzdienstleistungsinstitute sind Unternehmen, die Finanz-dienstleistungen für andere gewerbsmäßig oder in einem Umfang erbringen, der einen in kaufmännischer Weise eingerichteten Ge-schäftsbetrieb erfordert, und die keine Kreditinstitute sind. Finanz-dienstleistungen sind

1. die Vermittlung von Geschäften über die Anschaffung und die Veräußerung von Finanzinstrumenten oder deren Nachweis (Anla-gevermittlung),

2. die Anschaffung und Veräußerung von Finanzinstrumenten im fremden Namen für fremde Rechnung (Abschlußvermittlung),

3. die Verwaltung einzelner in Finanzinstrumenten angelegter Ver-mögen für andere mit Entscheidungsspielraum (Finanzportfolio-verwaltung),

4. die Anschaffung und die Veräußerung von Finanzinstrumenten im Wege des Eigenhandels für andere (Eigenhandel),

...

Demnach bedürfen auch Finanzdienstleistungsinstitute der Erlaubnis nach § 32 KWG und unterliegen auch den nachfolgenden Aspekten.

2.3. Eigenkapitalvorschriften

Eigenmittelausstattung § 10 KWG

(1) Die Institute müssen im Interesse der Erfüllung ihrer Verpflichtun-gen gegenüber ihren Gläubigern, insbesondere zur Sicherheit der ihnen anvertrauten Vermögenswerte, angemessene Eigenmittel haben. ...

(2) Die Eigenmittel bestehen aus dem haftenden Eigenkapital und den Drittrangmitteln. Das haftende Eigenkapital ist die Summe aus Kern-kapital und Ergänzungskapital abzüglich der Positionen des Absatzes 6 Satz 1.

(2a) Als Kernkapital gelten abzüglich der Positionen des Satzes 2

...

2. bei Aktiengesellschaften, ... das eingezahlte Grund- oder Stamm-kapital ohne die Aktien, die mit einem nachzuzahlenden Vorzug bei der Verteilung des Gewinns ausgestattet sind (Vorzugsaktien), und die Rücklagen; ...

Abzugspositionen im Sinne des Satzes 1 sind

1. der Bilanzverlust,

2. die immateriellen Vermögensgegenstände,

...

(2b) Das Ergänzungskapital besteht abzüglich der Korrekturposten gem. Absatz 3 b aus

1. Vorsorgereserven nach § 340 f des Handelsgesetzbuchs,

2. Vorzugsaktien,

3. Rücklagen nach § 6 b des Einkommensteuergesetzes in Höhe von 45 vom Hundert, soweit diese Rücklagen durch die Einstellung von Gewinnen aus der Veräußerung von Grundstücken, grundstücks-gleichen Rechten und Gebäuden entstanden sind,

...

(2c) Drittrangmittel sind

1. der anteilige Gewinn, ...

Es handelt sich hierbei um Sicherheits- und Liquiditätsvorschriften des Kreditwesengesetzes. Ob die Eigenmittel eines Kreditinstituts als an-gemessen anzusehen sind, entscheidet nach § 10 Abs. 1 Satz 2 KWG die Bundesanstalt für Finanzdienstleistungsaufsicht nach den vom Bundesministerium der Finanzen und der Deutschen Bundesbank zu-sammen erlassenen Grundsätzen. Diese Eigenmittel haben vor allem eine

- Haftungsfunktion (Verluste sollen aufgefangen werden) und
- Begrenzungsfunktion (risikobehaftete Aktivgeschäfte sollen begrenzt werden).

Basel I

Vereinfacht ausgedrückt mussten Kreditinstitute bislang 8 % des aus-gereichten Kreditvolumens an Eigenkapital als Risikovorsorge vorhal-ten. Dies war Inhalt der ersten Eigenkapitalübereinkunft aus dem Jahr 1988 (Basel I). Umgesetzt ist dies in den §§ 10 und 10 a KWG. Danach konnten Kreditinstitute maximal das 12,5-fache ihres Eigenkapitals als Kredite ausgeben.

Basel II

Die zweite Eigenkapitalübereinkunft (Basel II), die derzeit in Vorberei-tung ist, verändert diese Eigenkapitalregeln grundlegend. Sie gibt dem Kreditinstitut eine hohe Flexibilität, da es entweder bei der Pauschalre-gelung bleiben kann (sogenannter Standardansatz) oder es überprüft den Kreditnehmer bzw. die Immobilie genau, um deren Ausfallwahr-scheinlichkeit festzustellen (sog. IRB-Ansatz). Damit verbindet sich der viel verbreitete Begriff des »Ratings«. Darunter versteht man eine

Rating

einheitliche Methode die Wahrscheinlichkeit zu berechnen, mit der ein Darlehensnehmer ausgereichte Kredite auch tatsächlich zurückzahlt (Risikogewichtung). Je nach der Einstufung in eine Risikoklasse wird

Risikoklassen

der Kreditantrag abgelehnt bzw. bei Annahme der Kreditzinssatz je

Höhe des Zinssatzes

nach Rating höher oder geringer ausfallen (Grundgedanke des Versi-cherungsprinzips) und der Umfang der Kreditsicherheiten vorgegeben.

Von der Höhe der im Ratingverfahren ermittelten Ausfallwahrscheinlichkeit hängt es damit ab, wie viel Eigenkapital das Kreditinstitut für das Darlehen zurücklegen muss. Die Kreditinstitute haben die Möglichkeit, externe Ratingagenturen einzuschalten oder bankinterne Ratings vorzunehmen. In jedem Fall unterliegt das Ratingsystem der Bankenaufsicht. Diese neuen Regelungen werden voraussichtlich ab dem Jahr 2006 gelten.

EIGENMITTELAUSSTATTUNG

2.4. Einlagensicherung

Die Erfahrung aus der Bankenkrise im Jahr 1931 steckt der Kreditwirtschaft immer noch in den Knochen und so wurden Sicherungssysteme geschaffen, um den Kunden der Kreditinstitute zumindest einen gesetzlichen Mindestschutz zu gewähren.

Sicherungspflicht der Institute

§ 2 EAEG

Die Institute sind verpflichtet, ihre Einlagen und Verbindlichkeiten aus Wertpapiergeschäften nach Maßgabe dieses Gesetzes durch Zugehörigkeit zu einer Entschädigungseinrichtung zu sichern.

Bei diesem Einlagensicherungs- und Anlegerentschädigungsgesetz (EAEG) handelt es sich um die Umsetzung der EG-Einlagesicherungsrichtlinie und der EG-Anlegerentschädigungsrichtlinie vom 16.07.

Gesetzlicher Schutz

1998, so dass hier wiederum die Bedeutung des europarechtlichen Einschlags im öffentlich-rechtlichen Bankrecht sichtbar wird. Gesetzlich geschützt werden Einlagen (also insbesondere Kontoguthaben) und Ansprüche aus Wertpapieranlagen (also insbesondere Ansprüche auf Verschaffung des Eigentums an Wertpapieren oder aus Zahlung von Geldern im Zusammenhang mit Wertpapieren).

§ 6 EAEG

Entschädigungseinrichtungen

(1) Bei der Kreditanstalt für Wiederaufbau werden Entschädigungseinrichtungen als nicht rechtsfähige Sondervermögen des Bundes errichtet, denen jeweils eine der in Satz 2 genannten Institutsgruppen zugeordnet wird. Institutsgruppen sind:

Private Universalbanken, Sparkassen u.a.

1. privatrechtliche Institute im Sinne des § 1 Abs. 1 Nr. 1,
2. öffentlich-rechtliche Institute im Sinne des § 1 Abs. 1 Nr. 1 und
3. andere Institute.

...

Kommt es nun zum Ernstfall, ist also ein Institut insolvenzbedingt nicht mehr in der Lage, die Forderungen der Gläubiger zu bedienen, so haben diese gegen die Entschädigungseinrichtung einen Entschädigungsanspruch.

§ 3 EAEG

Anspruch!

Entschädigungsanspruch

(1) Der Gläubiger eines Instituts hat im Entschädigungsfall gegen die Entschädigungseinrichtung, der das Institut zugeordnet ist, einen Anspruch auf Entschädigung nach Maßgabe des § 4.

...

§ 4 EAEG

Umfang des Entschädigungsanspruchs

(1) Der Entschädigungsanspruch des Gläubigers des Instituts richtet sich nach Höhe und Umfang der Einlagen des Gläubigers oder der ihm gegenüber bestehenden Verbindlichkeiten aus Wertpapiergeschäften unter Berücksichtigung etwaiger Aufrechnungs- und Zurückbehaltungsrechte des Instituts. ...

(2) Der Entschädigungsanspruch ist der Höhe nach begrenzt auf

20 000 Euro

90

1. 90 vom Hundert der Einlagen und den Gegenwert von 20 000 € sowie
2. 90 vom Hundert der Verbindlichkeiten aus Wertpapiergeschäften und den Gegenwert von 20 000 €.

...

Dieser Entschädigungsanspruch stellt also einen gesetzlichen Mindeststandard dar. Die Basisdeckung beträgt bis zu einem Betrag von

20.000,00 € 90 %, d.h. im Ernstfall muss der Anleger einen »Selbstbehalt« von 10 % des Ausfalls tragen. Das Entschädigungsverfahren ist bei der Bundesanstalt für Finanzdienstleistungen durchzuführen (§ 5 EAEG).

Für jeden, der einem Kreditinstitut mehr als 20.000,00 € anvertrauen will, ist dies jedoch unbefriedigend. Dem trägt die Kreditwirtschaft dadurch Rechnung, dass sie freiwillige, außerhalb der vorbenannten gesetzlichen Mindestlösung befindliche Sicherungssysteme eingerichtet hat. Diese Systeme sind jedoch nicht einheitlich, sondern unterscheiden sich – noch – je nach Zugehörigkeit des Kreditinstituts zum einschlägigen Spitzenverband: Jede einzelne Art der Kreditinstitute hat ein spezifisches System geschaffen.

Freiwillige Sicherungssysteme

Im privaten Bankgewerbe (vgl. Seite 4), das den Bundesverband Deutscher Banken als Spitzenverband gegründet hat, besteht ein Einlagensicherungsfonds. Hierdurch wird für den Insolvenzfall eines einzelnen Kreditinstitutes der Einleger direkt geschützt, und zwar pro Gläubiger in Höhe bis zu 30 % des haftenden Eigenkapitals des letzten veröffentlichten Jahresabschlusses der Bank.

Einlagensicherung

Beispiel: Wird ein Privatbankier mit einer Haftungssumme von 200 Mio. € insolvent, so ist pro Privatkunde dessen Einlage bis zu 60 Mio. € abgesichert. Dies ist deutlich mehr als die gesetzliche Mindestvorgabe.

Dem gegenüber findet im Sparkassenbereich eine Institutssicherung statt. Dies bedeutet, dass durch geeignete Maßnahmen sichergestellt wird, dass das Institut (Sparkasse) erst gar nicht insolvent werden kann. Im Krisenfall muss also Geld »hineingepumpt« werden. Dies wird sichergestellt durch Zugehörigkeit zu Sparkassenstützungsfonds, durch Sicherungsreserven der Landesbanken und Girozentralen sowie durch Sicherungsfonds der Landesbausparkassen. Daneben genießen die Sparkassen den Vorteil der Gewährträgerhaftung und der Anstaltslast: Die Sparkassen als öffentlich-rechtliche Kreditinstitute unterstehen der Körperschaft, deren Anstalt sie sind. Das ist in der Regel die Kommune (Stadt oder Gemeinde). Diese Kommune muss dafür einstehen, also die Gewähr dafür übernehmen, dass das Institut (Sparkasse) nicht insolvent wird, ist also derjenige, der im Krisenfall Geld »hineinpumpt«. Kommt es dennoch zu einem Zusammenbruch, trägt die Kommune im Außenverhältnis die volle Garantie für die Einlagen (Gewährträgerhaftung). Da damit aber an letzter Stelle der Staat eine unbeschränkte Einlagegarantie übernimmt, hatten diese Institute einen Wettbewerbsvorteil gegenüber den privaten Banken, der sich in günstigeren Refinanzierungsbedingungen ausdrückte. Die privaten Banken beschwerten sich darüber bei der EU-Kommission, die im Mai 2001 entschied, dass die Gewährträgerhaftung eine unzulässige Beihilfe im

Institutssicherung

Sinne des Gemeinschaftsrechts und damit unstatthaft sei. Jedoch wurde eine Übergangsfrist bis Juli 2005 gewährt. Danach liegt die Einlagensicherung der Sparkassen und Landesbanken auf dem Stützungsfonds und der Sicherungsreserve. Im Genossenschaftsbereich übernimmt dies für die Volks- und Raiffeisenbanken der Garantiefonds des Bundesverbandes der Deutschen Volks- und Raiffeisenbanken.

Daneben gibt es die Liquiditäts-Konsortialbank GmbH als Gemeinschaftseinrichtung der Kreditwirtschaft und der Deutschen Bundesbank. Ihre Aufgabe ist es, in wirtschaftliche Schwierigkeiten geratenen Kreditinstituten durch die Vergabe von Liquiditätshilfekrediten eine direkte Liquiditätshilfe zu gewähren, um die Abwicklung des Zahlungsverkehrs mit dem In- und Ausland zu gewährleisten.

Daneben regeln zahlreiche Vorschriften des Kreditwesengesetzes den Schutz der Bankengläubiger (z.B. bei Vorhaben mit Großkrediten, § 13 KWG oder die Grundsätze I. bis III. des Bundesaufsichtsamts für das Kreditwesen über das Eigenkapital und die Liquidität der Kreditinstitute).

3. Wiederholungsfragen

1. Wie wurde nach dem 2. Weltkrieg die Weltwährungsordnung neu geordnet? Lösung S. 14

2. Im welchem Vertrag wurde die europarechtliche Grundlage für die Wirtschafts- und Währungsunion und die Einführung des Euro gelegt? Lösung S. 15

3. Was sind die Ziele des Eurosystems? Lösung S. 15

4. Welches sind die geldpolitischen Instrumente des Eurosystems? Lösung S. 15

5. Wo findet sich die Rechtsgrundlage für die Deutsche Bundesbank und das Europäische System der Zentralbanken? Lösung S. 16

6. Was war der geschichtliche Ursprung der Kreditinstitute? Lösung S. 17

7. Wodurch wurde die Bankenkrise von 1931 ausgelöst? Lösung S. 17

8. Wo befindet sich der rechtliche Schutz der bankenmäßigen Bezeichnungen (Bank, Bankier, Sparkasse, Volksbank etc.)? Lösung S. 18

9. Wer führt die Aufsicht über die Kreditinstitute? Lösung S. 20

10. Welche Funktion haben die Eigenmittel der Kreditinstitute? Lösung S. 21/22

11. Was bedeutet Basel I? Lösung S. 22

12. Was sind die entscheidenden neuen Merkmale von Basel II? Lösung S. 22

13. Was versteht man unter Einlagensicherung? Lösung S. 23/24

Die Kunde-Bank-Beziehung

1. Einleitung zum privaten Bankrecht

Der Schwerpunkt des Bankrechts liegt im privatrechtlichen Bereich, also bei der Frage der vertraglichen Beziehungen zwischen der Bank und dem Kunden. Allgemein wird hierbei unterschieden zwischen dem Commercial Banking (Einlagen- und Kreditgeschäft sowie Zahlungsverkehr) und dem Investment Banking (Wertpapiergeschäft).

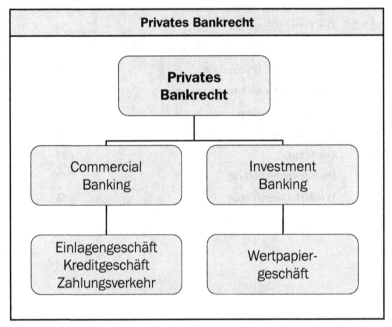

In beiden Varianten dieser Geschäftstätigkeit wird ein Vertrag abgeschlossen. Daraus stellt sich die Frage nach den Rechten und Pflichten beider Vertragsparteien sowie die außerordentlich wichtige Frage, wie Leistungsstörungen behandelt werden. Leistungsstörungen treten dann auf, wenn Probleme bei der Durchführung der primären Vertragspflichten oder bei Nichtbeachtung von Nebenpflichten auftreten.

Beispiel zu den vertragsbezogenen Nebenpflichten: Betrüger B begibt sich zu einem Bankschalter, nennt eine ausgekundschaftete Kontonummer und begehrt eine Barauszahlung. Er quittiert den Empfang des Geldes mit einer unleserlichen Unterschrift und erhält das Geld. Der von seinem Ausbilder kurz an der Kasse allein gelassene Auszubildende A prüft weder Identität noch Unterschrift. Der wahre Kontoinhaber K will die Schmälerung seines Guthabens nicht gelten lassen und verlangt die (nochmalige) Auszahlung bzw. Gutschrift des ausgezahlten Betrages.

Hier wurde durch das Kreditinstitut die Nebenpflicht in der Form der Sorgfaltspflicht verletzt, weil nicht darauf geachtet wurde zu überprüfen, ob der Abhebende auch wirklich verfügungsberechtigt über das Konto ist.

Dieses Beispiel soll aber nicht den Eindruck entstehen lassen, dass sich die Leistungsstörungen nur bankseitig aufbauen können. Daher zur Einstimmung ein weiteres *Beispiel zu den Primärpflichten: Kunde K nimmt bei der Bank B ein Darlehen auf, rückzahlbar in monatlichen Raten von 150,– €. Nachdem Kunde K jedoch arbeitslos wird, kann er die Raten nicht mehr aufbringen.*

Hier liegt die Leistungsstörung beim Kunden. Im ersten Beispielsfall würde die Fallfrage lauten: Welche Ansprüche hat der Kontoinhaber gegen das Kreditinstitut, im zweiten Fall welche Ansprüche hat das Kreditinstitut gegen den Kunden? Zur Beantwortung beider Fragen ist es zunächst erforderlich, die Vertragsbeziehung zwischen dem Kreditinstitut und dem Kunden eingehend zu untersuchen und die daraus resultierenden Primär-, Sekundär- und Nebenpflichten herauszuarbeiten.

Primärpflichten sind diejenigen vertraglichen Pflichten, um derentwillen der Vertrag abgeschlossen wird.

Primärpflicht

Beispiel: Bei einem Überweisungsvertrag ist es Hauptleistungspflicht (Primärpflicht) der Bank, die Überweisung fristgerecht zu bewirken. Beim Darlehensvertrag ist Primärpflicht die Ausreichung der Darlehenssumme auf der einen, die Abnahme der vereinbarten Summe, die Zinszahlung (und die Bestellung der vereinbarten Sicherheiten) auf der anderen Seite.

Pflichten aus dem Schuldverhältnis

§ 241 BGB

(1) Kraft des Schuldverhältnisses ist der Gläubiger berechtigt, von dem Schuldner eine Leistung zu fordern. Die Leistung kann auch in einem Unterlassen bestehen.

(2) ...

Diese Vorschrift zeigt aber nur, dass dem Gläubiger eine Anspruchsgrundlage zur Seite steht. Der Inhalt des Anspruchs ist im Schuldverhältnis (z.B. Kaufvertrag, Dienstvertrag, Geschäftsbesorgungsvertrag o. ä.) zu suchen und im Obersatz einer Klausurlösung auch entsprechend zu benennen. Die Erwähnung des § 241 Abs. 1 BGB ist dann nicht nötig.

Wenn die eigentliche Vertragspflicht (Primärpflicht oder Haupt [leistungs]pflicht genannt) nicht erfüllt wird oder zwar erfüllt, aber schlecht, dann können neben oder anstatt der Primärpflicht sog.

Sekundärpflicht

Sekundärpflichten entstehen. Das sind Ansprüche, die sich als Folge der Nicht- oder Schlechterfüllung der primären Pflichten aus einem Schuldverhältnis ergeben.

Beispiel: Der Angestellte A der Bank B erzählt dem Kunden K1 unter der Hand und unter dem Mantel der Verschwiegenheit Details über die Geschäftsverbindung mit dem Kunden K2.

Die Bank B hat gegen die Verschwiegenheitspflicht im Rahmen des Bankgeheimnisses verstoßen. Es kommt nun darauf an, ob für den Kunden K2 dieser Verstoß so gravierend wiegt, dass er die Geschäftsverbindung mit der Bank B nicht mehr fortsetzen möchte oder er ihr noch einmal »verzeiht«. Danach richten sich dann die Ansprüche des Kunden K1.

Weiteres Beispiel für Sekundäransprüche: Im Falle des Verzuges (verspäteter Leistungserbringung) bleibt der Primäranspruch erhalten und zusätzlich hat der Gläubiger den entsprechenden Sekundäranspruch (der in der Regel ein Schadensersatzanspruch ist) aus §§ 280 Abs. 1, Abs. 2, 286 BGB (Verzugschaden), wenn also z.B. die Bank die Überweisung schuldhaft verspätet ausführt.

Nebenpflichten

Nebenpflichten ergeben sich aus jedem Schuld- bzw. Vertragsverhältnis:

§ 241 BGB

Pflichten aus dem Schuldverhältnis

...

(2) Das Schuldverhältnis kann nach seinem Inhalt jeden Teil zur Rücksicht auf die Rechte, Rechtsgüter und Interessen des anderen Teils verpflichten.

Aus Absatz 2 wird die Nebenpflicht ersichtlich. Jedoch verweist Absatz 1 auf ein eigenes Schuldverhältnis, also z.B. einen Kaufvertrag oder Darlehensvertrag. Dort ist dann die eigentliche Anspruchsgrundlage im Bezug auf die Primärpflicht (Haupt[leistungs]pflicht) zu suchen.

In Bezug auf die Pflichtverletzung findet sich die Anspruchsgrundlage in § 280 Abs. 1 BGB:

Schadensersatz wegen Pflichtverletzung § 280 BGB

(1) Verletzt der Schuldner eine Pflicht aus dem Schuldverhältnis, so kann der Gläubiger Ersatz des hierdurch entstehenden Schadens verlangen. Dies gilt nicht, wenn der Schuldner die Pflichtverletzung nicht zu vertreten hat.

...

Dies ist im Bankrecht eine der wichtigsten Anspruchsgrundlagen. Sie steht jedoch selten allein, sondern in Verbindung mit einer weiteren Vorschrift, z.B. § 241 Abs. 2 BGB oder i.V.m. dem konkreten Schuldverhältnis (z.B. Girovertrag, Beratungsvertrag, Überweisungsvertrag etc.). Zu beachten ist bei den Verletzungen von Nebenpflichten, ob diese leistungsbezogen sind oder nur ganz allgemein das Integritätsinteresse des Gläubigers (also nicht leistungsbezogen) darstellen. Der Unterschied macht sich vor allem in der Rechtsfolge bemerkbar.

Bankgeschäfte umfassen zumeist Vertragstypen, bei denen es eine eigenständig gesetzlich geregelte Gewährleistung nicht gibt. Tritt nun bei diesen Vertragstypen eine Pflichtverletzung auf, man spricht auch von Schlechterfüllung oder Schlechtleistung, stehen dem Geschädigten drei Möglichkeiten zur Verfügung:

- Schadensersatz neben der Leistung,
- Schadensersatz statt der Leistung bzw. Aufwendungsersatz und
- Kündigung/Rücktritt.

Bei einer entsprechenden Pflichtverletzung kommt es nun auf die Zielrichtung des Anspruchstellers an, ob er das bestehende Vertragsverhältnis bestehen lassen und nur den konkret durch die Pflichtverletzung verursachten Schaden begehrt oder ob er an der Vertragsbeziehung kein Interesse mehr hat und einen weitergehenden Schaden und/oder Rücktritt erwägt.

Im ersteren Fall ist Anspruchsgrundlage

- § 280 Abs. 1 i.V.m. § 241 Abs. 2 BGB, im zweiten Falle
- § 280 Abs. 1, Abs. 3, 282, 241 Abs. 2 BGB oder § 284 BGB und im letzteren Falle
- § 314 BGB bzw. § 323 oder § 324 BGB.

Die Anspruchsvoraussetzungen bei der lediglichen Schadensabwicklung und bei Bestehen lassen des Vertragsverhältnisses sind:

- Schuldverhältnis,
- Pflichtverletzung,
- Vertretenmüssen,

- Schaden.

⇨ Mitverschulden des § 254 BGB prüfen.

Nicht vergessen werden darf, im Rahmen einer gutachterlichen Ausarbeitung auch die gesetzlichen Anspruchsgrundlagen neben den vertraglichen Anspruchsgrundlagen zu prüfen (insbesondere unerlaubte Handlungen, Bereicherungsrecht).

Vertretenmüssen

Da Banken meist Aktiengesellschaften und Sparkassen Anstalten des öffentlichen Rechts sind, sind sie letztendlich nur Papiergebilde, für die natürliche Personen (Menschen) auftreten und handeln. Bei dem Prüfungspunkt »Vertretenmüssen« muss dem dadurch Rechnung getragen werden, dass geprüft wird, ob der Anspruchsgegner (also z.B. die Aktiengesellschaft) für das Handeln dieses konkreten Menschen in irgendeiner Art und Weise einstehen muss (sein Verhalten also zu vertreten hat).

In Betracht kommt:

- Organhaftung

Eine juristische Person muss für Schäden einstehen, die durch das Handeln ihrer »Führungskräfte« anderen zugefügt werden:

§ 31 BGB

Haftung des Vereins für Organe

(1) Der Verein ist für den Schaden verantwortlich, den der Vorstand, ein Mitglied des Vorstands oder ein anderer verfassungsmäßig berufener Vertreter durch eine in Ausführung der ihm zustehenden Verrichtungen begangene, zum Schadensersatz verpflichtende Handlung einem Dritten zufügt.

Diese Vorschrift wird, da der Verein die Grundform aller juristischen Personen ist, auch bei Aktiengesellschaften angewendet.

- Haftung für Angestelltenhandeln

Bei unerlaubten Handlungen gilt § 831 BGB als direkte Anspruchsgrundlage gegen den Geschäftsherrn.

Im Rahmen der Prüfung einer vertraglichen oder quasivertraglichen Anspruchsgrundlage (Achtung: nicht bei unerlaubten Handlungen, dort gilt § 831 BGB als direkte Anspruchsgrundlage gegen den Geschäftsherrn, dessen Verrichtungsgehilfe einem Dritten einen Schaden zugefügt hat) findet eine Verschuldenszurechnung dann statt, wenn der eigentlich Handelnde ein Erfüllungsgehilfe des Anspruchsgegners ist:

Verantwortlichkeit des Schuldners für Dritte

§ 278 BGB

Der Schuldner hat ein Verschulden seines gesetzlichen Vertreters und der Personen, deren er sich zur Erfüllung seiner Verbindlichkeit bedient, in gleichem Umfang zu vertreten wie eigenes Verschulden. Die Vorschrift des § 276 Abs. 3 findet keine Anwendung.

Da in dieser Vorschrift keine Rechtsfolge angeordnet ist, handelt es sich nicht um eine Anspruchsgrundlage, sondern um eine Vorschrift, die Verschulden zuordnet (Zurechnungsnorm).

Die Merkmale des Erfüllungsgehilfen sind:

Merkmale des Erfüllungsgehilfen

- eine Person,

- die mit Wissen und Wollen des Schuldners in dessen Pflichtenkreis tätig wird,

- das Verschulden (§ 276 BGB) der Person muss in Erfüllung schuldrechtlicher Verpflichtungen des Gläubigers eingetreten sein.

⇨ Das Verschulden des Erfüllungsgehilfen wird dem Schuldner zugerechnet.

Beispiel: Am Bankschalter lässt der Angestellte A versehentlich (z.B. weil er nicht richtig ausgeschlafen hat oder weil er übereifrig war) ein Stempelkissen auf das teure Kleid der Kundin K fallen. Die Kundin K will von der Bank B (gegen den Angestellten A hätte sie aber auch einen Anspruch) Schadensersatz. Wenn nun die Bank B behauptet »Ich habe doch nichts getan, wenden Sie sich an den A«, so ist diese Behauptung an § 278 BGB zu orientieren. Hier kommt man zu dem Ergebnis, dass der Angestellte A entsprechend der obigen Definition Erfüllungsgehilfe ist und sein Verschulden (im Beispielsfall Fahrlässigkeit i.S.d. § 276 Abs. 2 BGB) der Bank wie eigenes Verschulden zuzurechnen ist mit der Folge, dass sie schadensersatzpflichtig ist.

Es ist schon mehrfach darauf hingewiesen worden, dass aus ein und derselben Handlung nicht nur vertragliche, sondern auch deliktische Ansprüche entstehen können und zu prüfen sind. Auch hier stellt sich die Frage, wer wem nach welcher Vorschrift haftet, wenn der eigentliche Vertragspartner »nichts getan hat«. Im Deliktsrecht wird das Verschulden des Gehilfen nicht wie im Schuldrecht über § 278 BGB zugerechnet, sondern dem Geschädigten wird eine direkte diesbezügliche Anspruchsgrundlage zur Verfügung gestellt:

Deliktsrecht

§ 831 BGB　　**Haftung für den Verrichtungsgehilfen**

(1) Wer einen anderen zu einer Verrichtung erstellt, ist zum Ersatz des Schadens verpflichtet, den der andere in Ausführung der Verrichtung einem Dritten widerrechtlich zufügt. Die Ersatzpflicht tritt nicht ein, wenn der Geschäftsherr bei der Auswahl der bestellten Person ... die im Verkehr erforderliche Sorgfalt beobachtet oder wenn der Schaden auch bei Anwendung dieser Sorgfalt entstanden sein würde.

(2) ...

Die Verrichtungsgehilfeneigenschaft ist dadurch gekennzeichnet, dass ihm vom Geschäftsherrn eine Tätigkeit übertragen worden ist und er von den Weisungen des Geschäftsherrn abhängig ist. Ferner ist zu beachten, dass sich der Geschäftsherr exkulpieren (enthaften) kann.

Exkulpation = Enthaftung

Die Anspruchsvoraussetzungen sind danach:

- Verrichtungsgehilfeneigenschaft,
- widerrechtliche Handlung des Verrichtungsgehilfen (nicht notwendigerweise schuldhaft),
- in Ausübung der Verrichtung,
- Schaden,
- keine Exkulpation des Geschäftsherrn.

Bereits in der Einleitung ist im ersten Satz darauf hingewiesen worden, dass es einen kontolosen Menschen kaum noch gibt. Die Kontoverbindung ist daher der häufigste Berührungspunkt zwischen einem Kreditinstitut und dessen Kunden.

1.1. Die Vertragsbeziehung

Anknüpfungspunkt ist meist ein Girovertrag.

Die Vertragsbeziehung zwischen dem Kreditinstitut und dem Kunden entsteht meist durch den Abschluss eines Girovertrages (§ 676 f BGB). Unabhängig davon, wie und wo die Kontoeröffnung (z.B. am Bankschalter) stattfindet, vor dem Vertragsabschluss müssen die künftigen Vertragsparteien irgendwie Kontakt miteinander aufnehmen.

1.1.1. Die Vertragsanbahnung

Aufnahme von Vertragsverhandlungen bewirkt ein vorvertragliches Schuldverhältnis mit Nebenpflichten.

Die künftigen Vertragsparteien nehmen zum Zwecke des Vertragsabschlusses Kontakt miteinander auf. Zumeist geht die Initiative vom Kunden aus, indem sich dieser beispielsweise in die Geschäftsräume einer Bank begibt. Da zu diesem Zeitpunkt noch kein Vertrag besteht, existieren naturgemäß auch keine Primärpflichten. Weil aber die Vertragsparteien bereits eine gewisse Leistungsnähe haben bzw. der Leistungskontakt eine gewisse Intensität erlangt hat, schulden sich die Vertragsparteien gegenseitig sorgfältige Behandlung. Zwischen ihnen existiert bereits ein (vorvertragliches) Schuldverhältnis, zwar ohne Primärpflichten, aber mit Nebenpflichten.

Rechtsgeschäftliche und rechtsgeschäftsähnliche Schuldverhältnisse §311 BGB

(1) Zur Begründung eines Schuldverhältnisses durch Rechtsgeschäft sowie zur Änderung des Inhalts eines Schuldverhältnisses ist ein Vertrag zwischen den Beteiligten erforderlich, soweit nicht das Gesetz ein anderes vorschreibt.

(2) Ein Schuldverhältnis mit Pflichten nach § 241 Abs. 2 entsteht auch durch

1. die Aufnahme von Vertragsverhandlungen,

2. die Anbahnung eines Vertrages, bei welcher der eine Teil im Hinblick auf eine etwaige rechtsgeschäftliche Beziehung dem anderen Teil die Möglichkeit zur Einwirkung auf seine Rechte, Rechtsgüter und Interessen gewährt oder ihm diese anvertraut, oder

3. ähnliche geschäftliche Kontakte.

(3) ...

Werden also bereits in diesem vorvertraglichen Stadium die soeben im Absatz 2 aufgezeigten Nebenpflichten verletzt, so macht sich der Verletzende schadensersatzpflichtig.

Anspruch auf Schadensersatz aus §§ 280 Abs. 1 i.V.m. § 311 Abs. 2 Nr. 1 i.V.m. § 241 Abs. 2 BGB:

- Schuldverhältnis (vorvertragliches),
- Pflichtverletzung,
- Vertretenmüssen (evtl. unter Heranziehung des § 278 BGB),
- Schaden.

⇨ Immer ein eventuelles Mitverschulden nach § 254 BGB beachten!

⇨ Ersetzt wird nur das sog. negative Interesse (Vertrauensschaden).

Ohne Vertrag gibt es also keine Primärpflichten (Hauptleistungspflichten). Jedoch entsteht durch die Vertragsanbahnung, also die Vertragsverhandlungen (Leistungskontakt) bereits ein Schuldverhältnis des Inhalts, dass Nebenpflichten zu beachten sind.

Liest man nun § 311 Abs. 2 BGB im Zusammenhang mit § 280 Abs. 1 und § 241 Abs. 2 BGB, so ergibt sich hieraus eine Anspruchsgrundlage

desjenigen, dessen Rechte im Rahmen dieses vorvertraglichen Schuldverhältnisses verletzt worden sind.

*Beispiel: Der Kunde K betritt die Schalterräume der Bank B, um dort
ein Konto zu eröffnen. Vor lauter Aufregung schlägt er die Glastür des
Eingangsbereichs so fest zu, so dass diese zerbirst. Unabhängig von
der Frage, ob danach noch ein Kontovertrag abgeschlossen wird oder
nicht, hat der Kunde im vorvertraglichen Bereich eine Pflichtverletzung begangen, nämlich seine Schutz-, Sorgfalts- bzw. Obhutspflicht
gegenüber dem möglichen künftigen Vertragspartner verletzt. Er haftet
der Bank auf Schadensersatz (aus Pflichtverletzung, aber auch aus
unerlaubter Handlung).*

Daneben ist zu beachten, dass auch gesetzliche Anspruchsgrundlagen
(z.B. bei der Verletzung der Verkehrssicherungspflicht aus
§ 823 BGB oder unerlaubter Handlungen des Verrichtungsgehilfen
§ 831 BGB) eingreifen können.

Darüber hinaus können auch Dritte in den jeweiligen Schutzbereich
einbezogen sein (Kinder, Ehegatten etc.).

1.1.2. Der Vertragsabschluss

Wie jeder andere Vertrag kommt auch der Girovertrag oder andere
banktypische Verträge durch zwei übereinstimmende Willenserklärungen, genannt Angebot und Annahme zustande.

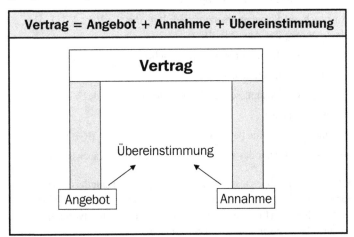

Natürlich muss es sich nicht um einen Girovertrag handeln, die Eröffnung eines Sparbuches, der Abschluss einer Versicherung o. ä. funktioniert nach denselben Regeln.

In jedem Falle ist eine so gut wie immer vorliegende Stellvertretungsproblematik zu beachten: Auch wenn der Kunde für sich selbst handelt (also im eigenen Namen und für eigene Rechnung), so handelt für das Kreditinstitut ein Arbeitnehmer, der einer Kraft ihm erteilten Vollmacht das Kreditinstitut, also in der Regel die Aktiengesellschaft oder Anstalt öffentlichen Rechts, vertritt. Mit dieser kommt nämlich der Vertrag zustande. Diese Vollmacht bezieht sich dann nach § 164 BGB nicht nur auf die Abgabe, sondern auch auf die Empfangnahme von Willenserklärungen.

Stellvertretung bei der
Abgabe und
Entgegennahme von
Willenserklärungen
• §§ 164 ff. HGB
• §§ 48 ff. HGB
• § 35 GmbHG
• § 78 AktG

Die Wirksamkeit oder Unwirksamkeit des abgeschlossenen Vertrages beurteilt sich nach den allgemeinen Regeln, also in den allermeisten Fällen nach dem BGB (Allgemeiner Teil, Rechtsgeschäftslehre). Dies betrifft insbesondere die Wirksamkeit der Willenserklärung, also Rechts- und Geschäftsfähigkeit, Nichtigkeitsgründe etc. ebenso wie Bedingungen, Dissens u. ä.

Rechtsgeschäftslehre

Zu beachten ist eine Sonderregelung für das Dienstleistungsgewerbe im Handelsgesetzbuch: Während im allgemeinen Zivilrecht das Schweigen (z.B. auf ein Angebot hin) normalerweise nicht als Willenserklärung, und damit nicht als Annahme gilt (mit der Folge, dass kein Vertrag zustande gekommen ist), ist in § 362 HGB der Grundsatz aufgestellt, dass unter den dort genannten Voraussetzungen (vor allem die ständige Geschäftsbeziehung) ein Schweigen als Antragsannahme zu werten ist:

Schweigen als
Sonderproblem

Schweigen des Kaufmanns auf Anträge

§ 362 Abs. 1 HGB

(1) Geht einem Kaufmann, dessen Gewerbebetrieb die Besorgung von Geschäften für andere mit sich bringt, ein Antrag über die Besorgung solcher Geschäfte von jemand zu, mit dem er in Geschäftsverbindung steht, so ist er verpflichtet, unverzüglich zu antworten; sein Schweigen gilt als Annahme des Antrags. Das gleiche gilt, wenn einem Kaufmann ein Antrag über die Besorgung von Geschäften von jemand zugeht, dem gegenüber er sich zur Besorgung solcher Geschäfte erboten hat.

Hintergrund dieser Vorschrift ist der Schutz des Handels- und Berufsverkehrs. Die in dieser Vorschrift erwähnten Geschäfte für einen anderen besorgt derjenige, wer dem anderen diese Tätigkeit (vertraglich) abnimmt, also in der Regel Bank- und Börsengeschäfte. Schweigt also die Bank auf einen solchen Antrag hin, kommt es zum Vertrag und sie ist verpflichtet, das darin enthaltene Vertragsversprechen einzulösen, also z.B. die Überweisung auszuführen. In dieser Wirkung unterscheidet sich § 363 HGB von § 663 BGB (dort geht der Schadensersatz auch nur auf das negative Vertragsinteresse [Vertrauensinteresse] im Umfang des § 122 BGB). Für eine ständige Geschäftsbeziehung ist über § 675 BGB die Bedeutung des § 663 Satz 2 BGB zu beachten.

1.2. Die Rechtswirkungen des Vertragsschlusses

Primärpflicht
= Erfüllungs-
anspruch

Durch den Abschluss des Vertrages entstehen die bereits oben kurz erwähnten Primärpflichten, d.h. es entsteht ein Anspruch auf Erfüllung derjenigen Verpflichtungen, die sich direkt aus dem abgeschlossenen Vertrag ergeben. Dies wird auch als Erfüllungsanspruch bezeichnet.

Beispiel: Ausführung einer Überweisung im Rahmen eines Überweisungsvertrages, Auszahlung einer Darlehenssumme im Rahmen eines Gelddarlehens, Erfüllung der Verbindlichkeit des Schuldners im Bürgschaftsfall, Zahlung der monatlichen Versicherungsbeiträge beim Versicherungsvertrag, Ausführung der Order beim Wertpapierkauf etc.

1.3. Der allgemeine Bankvertrag

Diese Ansicht ist stark
umstritten.

Früher wurde – und wird z. T. noch – die unzutreffende Ansicht vertreten, dass aus einer bestehenden bankmäßigen Geschäftsbeziehung (z.B. Girovertrag) ein allgemeiner Bankvertrag entsteht. Begründet wurde dies damit, dass schon im Vorhinein nicht bestimmbare, verschiedenartige Bankdienstleistungen in Anspruch genommen werden sollen (z.B. Überweisungen, Auszahlungen, Dispositionskreditgewährung etc.). Dies stellt sich als eine Art Rahmenvertrag dar. Mit einem solchen allgemeinen Bankvertrag bestünden für den Kunden nicht nur Verhaltenspflichten, sondern vor allem Rechte, die über den eigentlichen Girovertrag weit hinausgehen, beispielsweise Beratungsansprüche und umfangreiche Prüfungspflichten der Bank (Risikoprüfung und Risikoinformation etc.) mit den entsprechenden weit reichenden Haftungsfolgen. Dieser Rechtsansicht hat der Bundesgerichtshof in seiner Entscheidung vom 24.09.2002 durch den XI. Senat (Banksenat) eine Ab-

www.bundesgerichtshof.de

BGH lehnt den allge-
meinen Bankvertrag ab.

sage erteilt (Az. XI ZR 345/01). Danach ergibt sich selbst aus einer längeren Geschäftsverbindung zwischen einer Bank und einem Kunden im Zusammenhang mit einem Giro- oder Darlehensvertrag noch nicht das Bestehen eines eigenständigen allgemeinen Bankvertrages als Rahmenvertrag. Die Folge davon ist, dass sich keine Beratungs- und Betreuungspflicht der Bank aus einem die gesamte Geschäftsbeziehung als Rahmenvertrag überlagernden allgemeinen Bankvertrag ergibt. Zu beachten ist jedoch, dass sich diese Beratungspflichten entweder aus einem eigenständig abgeschlossenen Beratungsvertrag oder aufgrund von Nebenpflichten aus einem anderen Vertrag ergeben können.

Beispiel: Der Darlehensnehmer D erhielt von der Bank B über ihre Filiale in Leipzig ein Darlehen i.H.v. 1,2 Mio. €, das jährlich mit 6,5 %

verzinst nach einem Jahr zurückzuzahlen war. Als Sicherheit für dieses Darlehen verpfändete der Darlehensnehmer D unter anderem sein Guthaben bei der Bank B, jedoch bei der Filiale in Hamburg. Das Geld war dort mit täglicher Verfügbarkeit als Tagesgeld mit 0,5 % p.a. angelegt. Der D macht geltend, dass die Bank B ihn nicht darüber belehrt hat, dass während der Laufzeit des Darlehens und wegen der Verpfändung die vereinbarten Tagesgeldkonditionen zu niedrig waren und man ihn hätte darauf hinweisen müssen, dass z.B. zu marktüblichen Bedingungen als einjähriges Festgeld angelegt hätte werden können. Er machte geltend, dass er im Rahmen des allgemeinen Bankvertrages als Rahmenvertrag schlecht bzw. überhaupt nicht beraten und belehrt worden war, wozu jedoch die Bank B verpflichtet gewesen wäre. In der vorbenannten Entscheidung hat der Bundesgerichtshof diesen Anspruch jedoch mangels Vorliegens eines allgemeinen Bankvertrages verneint.

2. Allgemeine Geschäftsbedingungen

Wenn ein Interessent bei einer Bank ein Konto eröffnen möchte, so unterschreibt er einen Kontoeröffnungsantrag. Dieser enthält unter anderem die Einbeziehung der Allgemeinen Geschäftsbedingungen (und ggf. Sonderbedingungen für bestimmte Geschäfte, z.B. Homebanking) der Bank.

Einbeziehung Allgemeiner Geschäftsbedingungen in den Vertrag　　　　　　　　　　　　　　　　§ 305 BGB

(1) Allgemeine Geschäftsbedingungen sind alle für eine Vielzahl von Verträgen vorformulierten Vertragsbedingungen, die eine Vertragspartei (Verwender) der anderen Vertragspartei bei Abschluss eines Vertrags stellt. Gleichgültig ist, ob die Bestimmungen einen äußerlich gesonderten Bestandteil des Vertrags bilden oder in die Vertragsurkunde selbst aufgenommen werden, welchen Umfang sie haben, in welcher Schriftart sie verfasst sind und welche Form der Vertrag hat. Allgemeine Geschäftsbedingungen liegen nicht vor, soweit die Vertragsbedingungen zwischen den Vertragsparteien im Einzelnen ausgehandelt sind.

(2) ...

Die Allgemeinen Vertragsbedingungen haben demzufolge Vertragscharakter, sind jedoch für das zugrunde liegende Vertragsverhältnis standardisiert und vorformuliert. Solche Standards sind auch dringend erforderlich, ansonsten die Bewältigung des Massenverkehrs bei den

AGB = Kleingedrucktes

Kreditinstituten nicht möglich wäre. Die Verwendung solcher Allgemeinen Geschäftsbedingungen hat damit folgende Ziele:

- Rationalisierungsfunktion,

- Lückenfüllerfunktion,

- Risikoabwälzungsfunktion.

Vereinfachung und Typisierung

Die Spitzenverbände der Banken und Sparkassen haben, um unter anderem der Rechtsprechung des Bundesgerichtshofes zu Banken- und Sparkassen-AGB Rechnung zu tragen, diese AGB seit 1993 völlig neu gefasst. Die Neufassung umfasst bei den AGB-Banken nur noch 20 Klauseln, die AGB-Sparkassen nur noch 28 Klauseln (die AGBen der Volksbanken und Raiffeisenbanken sind inhaltlich mit den AGB-Banken übereinstimmend). Sie werden seither von Banken und Sparkassen verwendet. Da hierdurch jedoch der Wettbewerb eingeschränkt wird, weil nicht mit »günstigeren« Allgemeinen Geschäftsbedingungen geworben und konkurriert wird, handelt es sich dabei um eine Kartellbildung. Das Bundeskartellamt hat die Allgemeinen Geschäftsbedingungen auf Wettbewerbsneutralität in Abstimmung mit der Bundesanstalt für Finanzdienstleistungsaufsicht in einem Verfahren nach § 29 GWB geprüft und, da gesetzeskonform, vom einschlägigen Kartellverbot des § 14 GWB freigestellt.

AGB/B
AGB/Sp

Konditionenkartell

AGB als Rechtsquelle

Diese Allgemeinen Geschäftsbedingungen sind eine außerordentlich wichtige Regelungs- bzw. Rechtsquelle zwischen dem Kreditinstitut und den Kunden. Damit sie jedoch Vertragsinhalt werden, müssen sie in den Vertrag einbezogen werden.

§ 305 BGB

Einbeziehung Allgemeiner Geschäftsbedingungen in den Vertrag

...

(2) Allgemeine Geschäftsbedingungen werden nur dann Bestandteil eines Vertrags, wenn der Verwender bei Vertragsschluss

- **Bei Vertragsschluss**

1. die andere Vertragspartei ausdrücklich oder, wenn ein ausdrücklicher Hinweis wegen der Art des Vertragsschlusses nur unter unverhältnismäßigen Schwierigkeiten möglich ist, durch deutlich sichtbaren Aushang am Orte des Vertragsschlusses auf sie hinweist und

- **Hinweis oder Aushang**

   und

- **Möglichkeit der Kenntnisnahme**

2. der anderen Vertragspartei die Möglichkeit verschafft, in zumutbarer Weise, die auch eine für den Verwender erkennbare körperliche Behinderung der anderen Vertragspartei angemessen berücksichtigt, von ihrem Inhalt Kenntnis zu nehmen,

   und

- **Einverständnis mit den AGB**

und wenn die andere Vertragspartei mit ihrer Geltung einverstanden ist.

(3) Die Vertragsparteien können für eine bestimmte Art von Rechtsge-schäften die Geltung bestimmter Allgemeiner Geschäftsbedingungen unter Beachtung der in Absatz 2 bezeichneten Erfordernisse im Voraus vereinbaren.

Die Eigenart besteht also darin, dass die einzelnen Klauseln nicht aus-gehandelt, sondern einbezogen werden. Die Einbeziehungsvereinba-rung ist daher Bestandteil des eigentlichen Vertrages, wobei zu beach-ten ist, dass der Hinweis »bei« Vertragsschluss erfolgt und nicht erst danach.

Nicht ausgehandelt, sondern einbezogen

Beispiel: Selbst wenn man den Kunden ausdrücklich auf die AGB/B hinweist, so muss man ihm auch die Möglichkeit verschaffen, von die-sen in zumutbarer Weise Kenntnis zu nehmen. Nach jüngerer Recht-sprechung des Bundesgerichtshofes wird verlangt, dass der AGB-Text unaufgefordert vorgelegt wird, und zwar bei oder eben vor dem Ver-tragsabschluss.

Weiteres Beispiel: Nicht genügend ist der Abdruck von Allgemeinen Geschäftsbedingungen auf einer Eintrittskarte oder einem Fahrschein, weil diese erst nach dem Vertragsschluss ausgehändigt werden.

Auch bei Angeboten im Internet (oder Bildschirmtext) muss der Ver-wender entsprechend der gesetzlichen Vorgabe darauf hinweisen, dass die Allgemeinen Geschäftsbedingungen in den Vertrag einbezogen werden sollen. Allerdings müssen sie dem Kunden auch entsprechend zum Herunterladen zur Verfügung gestellt werden, damit er »bei«, also in der Regel »vor« Vertragsschluss hiervon Kenntnis nehmen kann. Bei Ausländern ist entscheidend, welche Verhandlungssprache ver-wendet wird: Ist die Verhandlungssprache nicht Deutsch, so müssen die Allgemeinen Geschäftsbedingungen in der Verhandlungssprache (z.B. Türkisch oder Spanisch) zur Verfügung gestellt werden, jeden-falls bei Privatkunden. Ist für den Verwender jedoch erkennbar, dass der (Privat-)Kunde die deutsche Verhandlungssprache nur gebrochen und außerordentlich schlecht spricht, so kann sich zumindest bei Ver-trägen von erheblicher wirtschaftlicher Tragweite eine Verpflichtung zu erläuternden Hinweisen, wenn nicht sogar die Verpflichtung zur Vorlage der Allgemeinen Geschäftsbedingungen in der Heimatsprache des Kunden ergeben. Dies ist jedoch eine Frage des Einzelfalls.

Internet und AGB

Ausländer und AGB

Kommt es zum Streit zwischen der Bank und dem Kunden über die – einbezogenen – Allgemeinen Geschäftsbedingungen, so findet im Zivilprozess eine sog. Inhaltskontrolle statt. Beurteilungskriterien sind dann

Inhaltskontrolle der AGB

- ob eine Individualabrede vorrangig zu beachten ist (§ 305 b BGB)
- ob die Klauseln überraschend oder mehrdeutig sind (§ 305 c BGB),
- ob sie den Vertragspartner des Verwenders unangemessen benachteiligen (§ 307 BGB) und insbesondere

Transparenzgebot

- ob sie transparent sind (§ 307 BGB).

Falllösung und AGB

Für die Falllösung bedeutet dies Folgendes: Befindet sich die Anspruchsgrundlage in den Allgemeinen Geschäftsbedingungen, so ist sie im Obersatz – in Verbindung mit dem einschlägigen Vertragstypus – als solche zu benennen. Sodann sind die Voraussetzungen, also

- AGB-Charakter,
- Einbeziehung bei Vertragsabschluss,
- keine Individualabrede,
- keine Überraschungsklausel,
- Auslegungsmöglichkeit ausgeschöpft (Sichtweise des Durchschnittskunden, Unklarheit wirkt gegen Verwender),
- Inhaltskontrolle
  - verbotene Klauseln ohne Wertung
  - verbotene Klauseln mit Wertung
  - Generalklauseln

zu prüfen.

Rechtsfolge

Bei der Rechtsfolge ist zu beachten, dass im Falle der Unwirksamkeit der einzelnen Klausel an deren Stelle dann gesetzliche Regelungen (die der Verwender ja gerade ausschließen oder deren Wirkung abändern wollte) gelten und der Vertrag im Übrigen wirksam bleibt (§ 306 BGB).

Die einzelnen Klauseln der AGB/B bzw. AGB/Sp werden, soweit erforderlich, bei den einzelnen fachspezifischen Problemfeldern behandelt.

3. Das Bankgeheimnis

Im Rahmen der Geschäftsbeziehung offenbaren die Kunden ihrer Bank einen weiten Einblick in die persönlichen und wirtschaftlichen Verhältnisse. Dies geschieht schon durch die Angaben bei der Kontoeröffnung, bei der Selbstauskunft oder im Gespräch mit dem freundlichen Kundenbetreuer. Es versteht sich von selbst, dass die Bank – repräsentiert durch ihr Personal – diese Angaben vertraulich behandeln muss. Dies ergibt sich schon als Nebenpflicht (§ 241 Abs. 2 BGB) aus dem zugrunde liegenden Vertrags- bzw. Schuldverhältnis.

Die Bank erhält Einblick in die Verhältnisse des Kunden.

Verschwiegenheit als Nebenpflicht

Eine eigenständige gesetzliche Regelung des Bankgeheimnisses gibt es in Deutschland nicht. Daher wird dieser empfindliche Punkt in den Allgemeinen Geschäftsbedingungen (Nr. 2 Abs. 1 AGB/B bzw. Nr. 1 Abs. 1 Satz 2 AGB/Sp) vertraglich geregelt.

DAS BANKGEHEIMNIS

Bankgeheimnis und Bankauskunft

Nr. 2 AGB/B

(1) Bankgeheimnis
Die Bank ist zur Verschwiegenheit über alle kundenbezogenen Tatsachen und Wertungen verpflichtet, von denen sie Kenntnis erlangt (Bankgeheimnis). …

Nr. 1 AGB/Sp

Grundlagen der Geschäftsbeziehung

(1) Geschäftsbeziehung als Vertrauensverhältnis

Die Geschäftsbeziehung zwischen dem Kunden und der Sparkasse ist durch die Besonderheiten des Bankgeschäfts und ein besonderes Vertrauensverhältnis geprägt. Der Kunde kann sich darauf verlassen, dass die Sparkasse seine Aufträge mit der Sorgfalt eines ordentlichen Kaufmanns ausführt und das Bankgeheimnis wahrt.

(2) ...

Gesetze müssen beachtet werden.

Jedoch können die Vertragsparteien vertraglich nicht etwas regeln, dem Gesetze entgegenstehen, z.B. Steuer- oder Strafgesetze. Zwar ist das Bankgeheimnis gewohnheitsrechtlich anerkannt und drückt sich in einigen Einzelgesetzen aus, z.B. im Steuerrecht:

§ 30a AO

Schutz von Bankkunden

(1) Bei der Ermittlung des Sachverhalts (§ 88) haben die Finanzbehörden auf das Vertrauensverhältnis zwischen den Kreditinstituten und deren Kunden besonders Rücksicht zu nehmen.

...

Verfassungsrechtliche Grundlage des Bankgeheimnisses für den Kunden ist die allgemeine menschliche Handlungsfreiheit und das Recht auf informationelle Selbstbestimmung im Grundgesetz:

Art. 2 GG

Persönliche Freiheitsrechte

(1) Jeder hat das Recht auf die freie Entfaltung seiner Persönlichkeit, soweit er nicht die Rechte anderer verletzt und nicht gegen die verfassungsmäßige Ordnung oder das Sittengesetz verstößt.

(2) ...

Grenzen des Bankgeheimnisses

Jedoch ist das Bankgeheimnis nicht unbegrenzt. So besteht seitens der Bank gegenüber Steuerbehörden eine Offenbarungspflicht unter anderem nach den §§ 90, 92 f., 97 AO, in Steuerstrafverfahren gelten die §§ 370, 372 ff., 385 Abs. 1 AO und im Verfahren der Steuer- und Zollfahndung gilt § 208 AO.

Wirkung des Bankgeheimnisses

Das Bankgeheimnis hat damit zwei Wirkungen:

- Verschwiegenheitspflicht und
- Auskunftsverweigerungspflicht.

Diese beiden Varianten unterscheiden sich dadurch, dass die Verschwiegenheitspflicht ein ungefragtes Offenbaren verbietet, die Auskunftsverweigerungspflicht demgegenüber die Beantwortung gestellter Fragen verbietet, allerdings, wie soeben aufgezeigt, nur im Rahmen der Gesetze.

Beispiel: Der Hauseigentümer H hat sich vom Dachdeckermeister D das Dach des Eigenheims neu decken lassen. Hierbei hat der D einen Schaden verursacht und ist vom H auf Schadensersatz verklagt worden. H hat den Prozess gewonnen, D weigert sich dennoch zu zahlen, so dass H die Zwangsvollstreckung einleitet. D unterhält sein Geschäftskonto bei der Bank B. H erwirkt beim Vollstreckungsgericht einen Pfändungs- und Überweisungsbeschluss, wonach es der Bank verboten wird, Auszahlungen über das Konto des D vorzunehmen und dem H der abgeurteilte Betrag zur Einziehung überwiesen wird. In dieser Situation besteht nach § 840 Abs. 1 ZPO für die Bank als sog. Drittschuldnerin die Verpflichtung, gegenüber dem Gläubiger, also dem Hauseigentümer H, zu erklären, ob sie den Anspruch als begründet anerkenne und zahlungsbereit sei, ob und welche Ansprüche andere Personen an die Forderung geltend machen und ob und wegen welcher Ansprüche die Forderung bereits für andere Gläubiger gepfändet sei. Die Grenze findet das Auskunftsverlangen des Gläubigers in dem zu wahrenden Bankgeheimnis, d.h. über die soeben genannten Umstände hinaus besteht keine Auskunftsverpflichtung.

Das Bankgeheimnis endet, wenn der Kunde seine Einwilligung zur Weitergabe von Daten erteilt. Das Bankgeheimnis endet auch, wenn der Bankmitarbeiter als Zeuge im Strafverfahren auftreten muss (dort gibt es kein Aussageverweigerungsrecht, im Zivilprozess jedoch schon [§ 383 Abs. 1 Nr. 6 ZPO und § 384 Nr. 3 ZPO]). Vor der Polizei als Ermittlungsbehörde besteht eine solche Aussagepflicht jedoch nicht. Ferner haben die Bundesanstalt für Finanzdienstleistungsaufsicht und die Deutsche Bundesbank Einsichts- und Auskunftsrechte ohne Beschränkung durch das Bankgeheimnis (§ 44 KWG). Die Pflicht zur Auskunftserteilung in Steuerverfahren unterliegt allgemeinen rechtsstaatlichen Grenzen, d.h. die von der Steuerbehörde verlangte Auskunft muss zur Sachverhaltsaufklärung geeignet und notwendig, die Pflichterfüllung für den Betroffenen möglich und die Inanspruchnahme erforderlich, verhältnismäßig und zumutbar sein. Ferner gibt es diverse weitere Durchbrechungen des Bankgeheimnisses, etwa

- bei der Verhinderung des Insiderhandels (§§ 9, 14 Abs. 1 WpHG),
- bei der ad-hoc-Publizitätspflicht (§ 15 Abs. 1 WpHG),
- bei der Wahrnehmung berechtigter Interessen (§ 193 StGB),
- wenn die Bank einen konkreten Wissensvorsprung gegenüber dem Kunden hat.

Marginalien:
Einwilligung

Strafverfahren

Verhältnismäßigkeit muss gewahrt werden.

Beispiel: Kapitalanleger K wollte eine Eigentumswohnung erwerben und benötigte dafür eine bankseitige Zwischenfinanzierung. Er erhielt von der Bank B den entsprechenden Darlehensvertrag. K erwarb – die noch nicht gebaute – Wohnung und wies die Bank an, den Kaufpreis direkt an die Verkäuferin V zu überweisen. Kurze Zeit später wurde die Verkäuferin V insolvent und die Insolvenzreife war der Bank B bei Abschluss des Darlehensvertrages mit K bekannt. K klagte gegen die Bank B auf Schadensersatz mit der Begründung, sie hätte ihn auf die drohenden Insolvenz und das damit verbundene Risiko, die Wohnung nicht zu erhalten, der Bank B aber das Darlehen in vollem Umfang zurückzahlen zu müssen, hinweisen müssen. Die Bank B berief sich demgegenüber zu ihrer Rechtfertigung auf das Bankgeheimnis, nämlich dass sie die Insolvenzgefährdung der Verkäuferin V nicht offenbaren durfte. Hier entwickelte sich eine ständige Rechtsprechung, dass ein Ausnahmefall vom Bankgeheimnis dann vorliege, wenn die Bank einen konkreten Wissensvorsprung gegenüber dem Kunden habe, so dass eine Warnpflicht bestanden hätte. Die Bank musste Schadensersatz leisten.

Aus diesem Beispielsfall ergibt sich bereits deutlich die Konsequenz, wenn die Bank das Bankgeheimnis verletzt (in diesem Fall handelt es sich um eine leistungsbezogene Pflichtverletzung). In Betracht kommen folgende Anspruchsgrundlagen:

- § 280 Abs. 1 i.V.m. z.B. Girovertrag i.V.m. Nr. 2 AGB/B

  Die Voraussetzungen: Schuldverhältnis (= Girovertrag), Pflichtverletzung (= Verschwiegenheit wurde nicht beachtet), zu vertreten (Erfüllungsgehilfen, § 278 BGB) und ein Schaden muss eingetreten sein (zu beachten ist, dass bei einer Steuernachzahlung dem Kunden kein »Schaden« entsteht, da der Steuertatbestand ohnehin entstanden ist).

  ⇨ Hier wird nur der konkrete Schaden abgewickelt und lässt das Vertragsverhältnis unberührt.

- §§ 280 Abs. 1 i.V.m. Abs. 3 i.V.m. 282 i.V.m. 241 Abs. 2 BGB

  Die Voraussetzungen: Schuldverhältnis (= Girovertrag), Pflichtverletzung (= Verschwiegenheit wurde nicht beachtet), zu vertreten (Erfüllungsgehilfen, § 278 BGB) und ein Schaden muss eingetreten sein. Weitere Voraussetzung ist nach § 282 BGB, dass die Pflichtverletzung derart intensiv, gravierend und das Vertrauensverhältnis erschütternd ist, dass dem Gläubiger die Leistung durch diesen konkreten Schuldner nicht mehr zumutbar ist.

⇨ Es wird Schadensersatz statt der Leistung geschuldet, d.h. es sind auch weitergehende Schäden zu erstatten (oder der Kunde hat Anspruch auf Aufwendungsersatz, § 284 BGB).

- § 314 bzw. § 324 BGB

Der Kunde kann das Dauerschuldverhältnis außerordentlich kündigen (und Schadensersatz verlangen, vgl. oben) oder, falls es sich nicht um ein Dauerschuldverhältnis handelt, nach § 324 BGB vom Vertrag zurücktreten. Wichtig hierbei ist es zu erkennen, dass entweder ein wichtiger Grund für die außerordentliche Kündigung vorliegt oder dem Gläubiger (Kunden) ein Festhalten am Vertrag nicht mehr zuzumuten ist.

- § 823 Abs. 1 BGB

Da § 823 BGB nicht das Vermögen als solches schützt, muss untersucht werden, ob eines der Katalogrechtsgüter verletzt ist. In Betracht kommt in solchen Fällen entweder das allgemeine Persönlichkeitsrecht oder der eingerichtete und ausgeübte Gewerbebetrieb als verletztes Rechtsgut. Die Widerrechtlichkeit muss geprüft werden, also insbesondere ob nicht Rechtfertigungsgründe vorliegen, Verschulden und ein Schaden muss entstanden sein. Zu beachten ist jedoch, dass regelmäßig eine *eigene* Handlung des Anspruchsgegners (weil juristische Person) nicht gegeben sein wird.

Wichtig: Regelmäßig eigene Handlung des Anspruchsgegners nicht gegeben!

- § 823 Abs. 2 BGB i.V.m. §§ 28, 29 BDSG

Die Vorschriften des Bundesdatenschutzgesetzes sind als Schutzgesetze anerkannt und eine Zuwiderhandlung muss schuldhaft vorliegen. Auch hier stellt sich aber das Problem der eigenen Handlung dar.

- § 831 BGB

In der Regel werden die Voraussetzungen (Verrichtungsgehilfeneigenschaft, widerrechtliche Handlung des Verrichtungsgehilfen, in Ausübung der Verrichtung, Schaden) vorliegen, jedoch eine Exkulpation des Geschäftsherrn möglich sein.

- § 253 Abs. 2 BGB

Schmerzensgeld wegen Verletzung des Persönlichkeitsrechts wird in dieser Konstellation von den Gerichten regelmäßig abgelehnt, dürfte aber bei besonders schweren Persönlichkeitsrechtsverletzungen durchaus in Betracht kommen.

Weitere Ansprüche des Kunden

Nicht vergessen werden dürfen die Unterlassungsansprüche bei drohender Verletzung der Geheimhaltungspflicht, die Möglichkeit der einstweiligen Verfügung hiergegen sowie die strafrechtlichen Folgen (Strafanzeige; § 203 Abs. 2 Ziff. StGB). Der Mitarbeiter der Bank selbst haftet nur aus gesetzlichen Anspruchsgrundlagen (§§ 823, 826 BGB) und muss im Innenverhältnis mit arbeitsrechtlichen Konsequenzen (Abmahnung bis Kündigung und Schadensregress) rechnen.

Inneres Bankgeheimnis

Es gibt auch ein inneres Bankgeheimnis: Die Verpflichtung zur Wahrung des Bankgeheimnisses besteht auch innerhalb des Kreditinstitutes selbst, d.h. der Kunde ist regelmäßig nicht mit der Weitergabe von Informationen über sich an diejenigen Bankangestellten einverstanden, die mit der Durchführung der ihn betreffenden bankgeschäftlichen Aufgaben nicht befasst sind. Damit dürfen die Banken auch nicht filialbezogen oder gar gesamtbankweit einen Informationspool über Kundeninformationen bilden, auf die im Ergebnis jeder Bankmitarbeiter (ohne Einwilligung) Zugriff nehmen könnte.

4. Die Bankauskunft

Grundlage der Erteilung von Auskünften durch die Bank über ihre Kunden an Dritte kann entweder die Einwilligung des Kunden sein oder die Befugnis der Bank zur Erteilung der Bankauskunft.

Nr. 3 AGB/Sp I, II

Bankauskünfte

(1) Inhalt von Bankauskünften

Bankauskünfte sind allgemeingehaltene Feststellungen und Bemerkungen über die wirtschaftlichen Verhältnisse von Kunden, deren Kreditwürdigkeit und Zahlungsfähigkeit. Betragsmäßige Angaben über Kontostände, Sparguthaben, Depot- oder sonstige dem Kreditinstitut anvertraute Vermögenswerte sowie Kreditinanspruchnahmen werden nicht gemacht.

(2) Voraussetzungen für die Auskunftserteilung

Die Sparkasse darf Bankauskünfte über juristische Personen und im Handelsregister eingetragene Kaufleute erteilen, sofern sich die Anfrage auf deren geschäftliche Tätigkeit bezieht und der Sparkasse keine anders lautende Weisung des Kunden vorliegt. In allen anderen Fällen darf die Sparkasse Bankauskünfte nur erteilen, wenn der Kunde dem allgemein oder im Einzelfall ausdrücklich zugestimmt hat.

Bankauskünfte erhalten nur eigene Kunden sowie andere Kreditinstitute für deren eigene Zwecke und die ihrer Kunden; sie werden nur erteilt, wenn der Anfragende ein berechtigtes Interesse an der gewünschten Auskunft glaubhaft darlegt.

Ähnlich enthält es auch die Nr. 2 Abs. 2 bis 4 der AGB/B. Die Bank muss ihre Auskunft oder die Ablehnung der Auskunft so formulieren, dass kein negativer Eindruck über den Kunden entsteht; hier sind viel Fingerspitzengefühl oder gut vorbereitete Textbausteine erforderlich. In diesem Zusammenhang ist zu beachten, dass die Bank gegenüber ihrem Kunden haftet, wenn sie über ihn eine fehlerhafte Auskunft schuldhaft erteilt hat. Anspruchsgrundlage ist wieder § 280 Abs. 1 i.V.m. dem einschlägigen Vertragsverhältnis i.V.m. der einschlägigen AGB-Klausel i.V.m. § 241 Abs. 2 BGB (zu den Anspruchsvoraussetzungen vgl. oben).

AGB/B formulieren es ähnlich.

Beispiel: Hat die Auskunft gebende Bank zu der Frage, ob ein Kunde für einen Lieferantenkredit i. H. v. 1.0 Mio. € gut sei, in der Auskunft keine Stellung genommen, so ist dies als Hinweis zu verstehen, dass der Angefragte über einen Kredit in dieser Höhe nicht gut ist.

5. Die Schufa

www.schufa.de

Die Schufa Holding AG ist ein Informationsdienstleister. Gesellschafter der fünf regionalen Schufa-Gesellschaften sind Kreditinstitute sowie Einzelhandels- und Versandhandelsunternehmen.

Wirtschaftseigener Informationspool

Schufa bedeutet: Schutzgemeinschaft für allgemeine Kreditsicherung. Die Banken melden an diese Schutzgemeinschaft ihre Daten über die Kunden betreffend Girokonten, Kredite und Bürgschaften und erhalten ihrerseits von der Schufa Auskünfte über die dort registrierten Daten.

Die bei der Schufa gespeicherten Daten werden dann relevant, wenn über den Kunden Auskünfte eingeholt werden und diese negativ sind (sog. Negativmerkmale). Auf jedem Kreditvertrag oder Kontoeröffnungsvertrag befindet sich eine sog. Schufa-Klausel, die der Bankkunde gesondert unterschreiben muss. Dort erklärt er sein Einverständnis zur Datenweitergabe. Es dürfen immer nur die für das betreffende Bankgeschäft relevanten Daten (Positivmerkmale und Negativmerkmale) übermittelt werden. Für die Übermittlung der Positivmerkmale ist nach §§ 4; 4 a BDSG die Einwilligung des Kunden erforderlich, die Übermittlung von Negativmerkmalen ist nach § 29 Abs. 1 BDSG auch ohne Einwilligung des Kunden zulässig, wenn bestimmte Voraussetzungen erfüllt sind: Die berechtigten Interessen des Kreditinstitutes, eines Vertragspartners der Schufa oder der Allgemeinheit an einer Datenübermittlung an die Schufa müssen die schutzwürdigen Belange des Kunden im Einzelfall überwiegen. Jeder Kunde kann bei der örtlich zuständigen Schufa eine Auskunft über die zu seiner Person gespeicherten Daten einholen.

Positivmerkmale Negativmerkmale

6. Die Beratungshaftung

Ein wichtiger Themen-
komplex: Vorwurf einer
mangelhaften Beratung

Bei diesem sehr wichtigen Themenkomplex verlangt regelmäßig der Kunde von dem Kreditinstitut Schadensersatz anlässlich eines wie auch immer gearteten Engagements, das fehlgeschlagen ist. Anspruchsteller ist damit fast immer der Kunde, Anspruchsgegner ist das Kreditinstitut (seltener der einzelne Mitarbeiter). Die hierzu ergangenen Gerichtsurteile beziehen sich zu einem großen Teil auf eine (fehlgeschlagene) Anlageberatung, zum Teil aus Anlass einer Kreditgewährung und zu einem geringeren Teil auf die übrigen Bankgeschäfte. Die Grundstruktur ist jedoch in allen Fällen sehr ähnlich: Der Kunde wirft dem Kreditinstitut mangelhafte Beratung vor.

Im Wort »Beratung« steckt der »Rat«, also die Raterteilung. Diese ist wie folgt im BGB geregelt:

§ 675 BGB

Entgeltliche Geschäftsbesorgung

(1) ...

(2) Wer einem anderen einen Rat oder eine Empfehlung erteilt, ist, unbeschadet der sich aus einem Vertragsverhältnis, einer unerlaubten Handlung oder einer sonstigen gesetzlichen Bestimmung ergebenden Verantwortlichkeit, zum Ersatz des aus der Befolgung des Rates oder der Empfehlung entstehenden Schadens nicht verpflichtet.

Geringe Bedeutung im
Bankrecht

Diese Vorschrift mag im Alltagsleben eine gewisse Rolle spielen, nicht jedoch im Bankrecht.

Beispiel: Der Tourist T fragt den Einheimischen E nach dem Weg zu einer Sehenswürdigkeit. Der Einheimische E ist zerstreut und gibt einen falschen Weg an. Auf diesem falschen Weg erleidet der Tourist T einen Verkehrsunfall. Hier haftet der Ratgeber nicht (er hätte auch bei richtiger Wegangabe nicht gehaftet).

Anknüpfungspunkt kann
ein eigenständiger Vertrag
sein:
• Beratungsvertrag

Die Haftung einer Bank kann sich jedoch aus einem speziell auf Beratung oder Auskunftserteilung gerichteten Vertrag ergeben. Hierbei sind zunächst die Begriffe zu unterscheiden:

- Aufklärung,
- Auskunft,
- Rat/Beratung,
- Empfehlung.

Die Aufklärung ist eine nicht angeforderte Mitteilung, die Auskunft eine angefragte Mitteilung von Tatsachen, der Rat oder Beratung die Erklärung über die Tatsachen einschließlich der Bewertung von Entscheidungsalternativen und die Empfehlung ist der Vorschlag eines bestimmten Verhaltens. Die Haftung kann sich unter drei Gesichtspunkten ergeben:

- spezieller Beratungsvertrag,
- Nebenpflicht aus einem anderen Vertragsverhältnis oder
- vorvertraglichem Schuldverhältnis.

Ein Beratungsvertrag kommt entweder ausdrücklich oder – wie meist – konkludent nach den üblichen Vertragsregeln zustande, wenn eine ganz bestimmte Beratung des Kunden durch die Bank oder konkrete Auskunftserteilung der Bank an den Kunden im Vordergrund steht.

Beispiel: Das ist etwa dann der Fall, wenn ein Interessent an eine Bank mit dem Ziel der Beratung über eine Vermögensanlage oder bei der Beratung über eine Finanzierung, z.B. einer Eigentumswohnung, herantritt.

Nebenpflichten ergeben sich aus jedem Vertragsverhältnis (Girovertrag etc.). Sie umfassen beiderseits Sorgfalts-, Aufklärungs-, Informations- und Schutzpflichten, um nur die wichtigsten zu nennen. Zu beachten ist, dass unterschieden werden muss, ob diese Nebenpflichten leistungsbezogen sind (eine Nebenpflicht der Leistung wurde verletzt) oder ob sie hiervon losgelöst sind (eine Nebenpflicht außerhalb der Leistung wurde verletzt [allgemeines Integritätsinteresse]).

Nebenpflichten
- leistungsbezogen
- nicht leistungsbezogen

Beispiel: Bei Auskünften im Rahmen dieses (z.B. Giro-) Vertragsverhältnisses dürfen vom Sachbearbeiter nicht Angaben ins Blaue hinein gemacht werden, auch wenn es sich um eine Auskunft handelt, die mit dem direkten Vertragsverhältnis nichts zu tun hat (etwa bei der Frage nach den aktuellen Goldpreisen).

Unabhängig davon, ob später ein Vertrag zustande kommt oder nicht, kann die Pflichtverletzung schon im vorvertraglichen Bereich liegen und so einen Haftungstatbestand begründen.

Beispiel: Die Bank B wirbt beim Kunden K um einen Vertrag über Vermögensverwaltung. Im Rahmen der Vertragsverhandlungen kommt es zu Pflichtverletzungen des Mitarbeiters M der Bank B, weil dieser vertragsrelevante Umstände nicht oder nicht richtig darstellt, z.B. den sehr wichtigen Punkt des Risikos eines Totalverlustes des verwalteten Vermögens. Selbst wenn es dann später zum Vermögensverwaltungsvertrag kommt, haftet die Bank B für die Pflichtverletzungen ihres Mitarbeiters M bei Schadensentstehung (Anspruchsgrundlage: § 280 Abs. 1 i.V.m. § 311 Abs. 2 Nr. 1 i.V.m. § 282 i.V.m. § 241 Abs. 2 BGB, siehe oben).

Immer auch an gesetz-
liche Anspruchsgrundlagen
denken

Daneben kommt auch die Haftung aus unerlaubter Handlung in Betracht, nämlich aus § 823 Abs. 2 BGB i.V.m. einem Schutzgesetz, z.B. § 264 StGB (Betrug), § 826 BGB oder § 831 BGB.

Beispiel: Die Bank B rät dem Kunden K, dem Geschäftsmann G einen Kredit zu gewähren, um die eigene Forderung gegen den Geschäftsmann G zu stärken. Der Bundesgerichtshof hat hierin ein grob anstößiges, gewerbsmäßiges Ausnutzen des eigenen Wissens und Erfahrungsvorsprungs unter Zuschieben des ganzen Verlustrisikos an andere gesehen.

Die Rechtsprechung zu Pflichtverletzungen im Beratungsbereich ist kaum noch überschaubar. Dennoch lässt sich ihr eine gewisse Tendenz entnehmen, wie sich Kreditinstitute bzw. deren Mitarbeiter im Rahmen der Beratung zu verhalten haben: Sie haben eine Pflicht zur

- Wahrheit,
- Klarheit und
- Vollständigkeit

der Angaben.

Da das Kreditinstitut regelmäßig ein Kaufmann im Sinne des Handelsgesetzbuches ist, unterliegt es auch den Regeln des Handelsgesetzbuches.

§ 347 HGB

Sorgfaltspflicht

(1) Wer aus einem Geschäfte, das auf seiner Seite ein Handelsgeschäft ist, einem anderen zur Sorgfalt verpflichtet ist, hat für die Sorgfalt eines ordentlichen Kaufmanns einzustehen.

(2) ...

Keine Anspruchs-
grundlage

Diese Vorschrift regelt den Sorgfaltsmaßstab (nicht den Anspruch) und den Inhalt der Verantwortlichkeit des Kaufmanns und ist im Rahmen der Prüfung der Anspruchsvoraussetzungen (insbesondere die Prüfungspunkte »Pflichtverletzung« und »Vertretenmüssen«) heranzuziehen.

Beispiel: Bei Umschuldungen von Verbraucherkrediten ist umfänglich auch über eventuelle Zinsnachteile aufzuklären.

Intensität der
Beratungspflichten

Der Rechtscharakter eines Auskunfts- bzw. Beratungsvertrages ist je nach Fallgestaltung ein Dienstvertrag mit Geschäftsbesorgungscharakter (§§ 611, 675 BGB) oder ein Werkvertrag (§ 631 BGB) im Falle einer einmaligen Raterteilung (erfolgsorientiert). Die Intensität der Beratungspflichten orientiert sich auch am Wissensstand des Beratenen: Die Sorgfaltspflichten bei der Raterteilung sind umso weitgehender, je geringer die Sachkunde des Kunden und je schwieriger das Geschäft ist. Jedoch findet eine sog. Wissenszusammenrechnung aller leitenden Mitarbeiter der Bank nicht statt (Argument: inneres Bankgeheimnis).

Beispiel: Die Bank B erteilt dem Ausländer A eine Auskunft. Wenn erkennbar ist, dass dieser mit den Feinheiten der deutschen Sprache (insbesondere mit der deutschen »Auskunftssprache«) nicht vertraut ist, sollte die Bank erkennen, dass hier eine Pflicht zur intensiveren oder weitergehenden Beratung bestehen kann. Diese Beratungsaufgabe folgt dann der Auskunftserteilung im Rahmen des § 241 Abs. 2 BGB. Die Banken haften dabei für jedes Verschulden ihrer Mitarbeiter und derjenigen Personen, derer sie sich zur Erfüllung ihrer Verpflichtungen bedienen.

Bei der Frage der Haftung des Kreditinstituts ist zunächst zu untersuchen, ob und falls ja welche Regelungen es im Vertrag, speziell in den Allgemeinen Geschäftsbedingungen, gibt.

Haftung der Bank; Mitverschulden des Kunden   § 3 AGB/B

(1) Haftungsgrundsätze

Die Bank haftet bei der Erfüllung ihrer Verpflichtungen für jedes Verschulden ihrer Mitarbeiter und der Personen, die sie zur Erfüllung ihrer Verpflichtungen hinzuzieht. Soweit die Sonderbedingungen für einzelne Geschäftsbeziehungen oder sonstige Vereinbarungen etwas Abweichendes regeln, gehen diese Regelungen vor. Hat der Kunde durch ein schuldhaftes Verhalten [...] zu der Entstehung eines Schadens beigetragen, bestimmt sich nach den Grundsätzen des Mitverschuldens, in welchem Umfang Bank und Kunde den Schaden zu tragen haben.

...

Unwirksam ist der Ausschluss und Beschränkung der Haftung wegen Vorsatzes und aus eigener grober Fahrlässigkeit und solcher von leitenden Angestellten. Ansonsten ist ein Haftungsausschluss im Einzelvertrag (!) möglich bis zur Grenze der Sittenwidrigkeit des § 138 BGB.

7. Wiederholungsfragen

1. Wodurch unterscheiden sich Primär-, Sekundär- und Nebenpflichten? Lösung S. 31/32

2. Gibt es bei der Vertragsanbahnung schon Primärpflichten?
Lösung S. 36

3. Nach welcher Vorschrift wird gehaftet, wenn im vorvertraglichen
Stadium Nebenpflichten verletzt werden? Lösung S. 37

4. Wer vertritt das Kreditinstitut beim Vertragsschluss? Lösung S.
39

5. Ist Schweigen auf ein Angebot als Willenserklärung (Annahme)
zu werten? Lösung S. 39

6. Gibt es einen allgemeinen Bankvertrag? Lösung S. 40

7. Was sind Allgemeine Geschäftsbedingungen? Lösung S. 41

8. Was bedeutet »Einbeziehung«? Lösung S. 42/43

9. Warum sind Allgemeine Geschäftsbedingungen bei Bankgeschäften so außerordentlich wichtig? Lösung S. 43

10. Nach welchen Kriterien findet eine Inhaltskontrolle statt? Lösung
S. 44

11. Wie wird ein Fall mit einer AGB-Problematik geprüft? Lösung S.
44

12. Wo ist das Bankgeheimnis geregelt? Lösung S. 45

13. Was ist das innere Bankgeheimnis? Lösung S. 50

14. Wo sind die Grenzen des Bankgeheimnisses? Lösung S. 47

15. Welche Ansprüche kommen in Betracht und was sind deren Voraussetzungen, wenn die Bank das Bankgeheimnis verletzt?
Lösung S. 48/49

16. Was ist die Bankauskunft? Lösung S. 50

17. Was ist die Schufa? Lösung S. 51

18. Was bedeutet Beratungshaftung? Lösung S. 52

19. Was sind die Anforderungen an eine ordnungsgemäße Beratung?
Lösung S. 52/53

20. Was ist der Rechtscharakter eines Auskunfts- bzw. Beratungsvertrages? Lösung S. 54

21. Ist ein Haftungsausschluss möglich? Lösung S. 55

Der Zahlungsverkehr

1. Zivilrechtliche Grundfragen zu Zahlungen

Der Bedarf nach
Zahlungsverkehr
ist mannigfaltig.

Das Bedürfnis nach Zahlungsverkehr entsteht dann, wenn eine Zahlungsverbindlichkeit zu begleichen ist. Der Grund für diese Zahlungsverbindlichkeit kann verschiedene Ursachen haben, z.B.:

- vertragliche Zahlungsgrundlage
  - Zahlung eines Kaufpreises
  - Zahlung der Miete
  - Lohnzahlung durch den Arbeitgeber

Vertragliche oder
gesetzliche Ursachen

  - Versicherungsleistungen
  - Darlehensaus- oder -rückzahlung
  - Zahlung der Autoreparatur
- nicht vertragliche Zahlungsursachen
  - Zahlung von Unterhalt
  - Zahlung eines Schadensersatzes
  - Geschäftsführung ohne Auftrag
  - Zahlung von Finderlohn
  - bereicherungsrechtlicher Ausgleich

Regelmäßig hat der Schuldner Geld zu zahlen. Hierfür stehen grundsätzlich folgende Möglichkeiten zur Verfügung:

- Barzahlung,
- Überweisung,
- Lastschrift,
- Scheck.

Die Zahlungsverpflichtung des Schuldners resultiert in der Regel aus einem Schuldverhältnis zwischen ihm und dem Gläubiger. Dies bedeutet, dass der Gläubiger einen Zahlungsanspruch gegen den Schuldner hat, z.B. Kaufpreiszahlung. Durch die Zahlung will der Schuldner seine Schuld für immer tilgen.

§ 362 BGB

Erlöschen durch Leistung

(1) Das Schuldverhältnis erlischt, wenn die geschuldete Leistung an den Gläubiger bewirkt wird.

(2) Wird an einen Dritten zum Zwecke der Erfüllung geleistet, so findet die Vorschrift des § 185 Anwendung.

Dieses Erlöschen der Zahlungsverpflichtung ist genau das Ziel, das der Zahlungsschuldner verfolgt. Er will seine Verpflichtung erledigen und beenden.

Beispiel: Wer beim Versandhaus »Ursprung« Ware bestellt und geliefert erhält, ist zur Bezahlung verpflichtet. Wird diese Zahlung geleistet, so hat das Versandhaus selbstverständlich keinen Anspruch darauf, dass diese Zahlung noch einmal geleistet wird, denn »das Schuldverhältnis«, also die Zahlungsverpflichtung, ist damit erloschen. Achtung: Nicht das zugrunde liegende Schuldverhältnis, also der Kaufvertrag erlischt, sondern nur die daraus resultierenden Leistungsverpflichtungen!

Die causa bleibt bestehen.

Rechtlicher Ausgangspunkt des Zahlungsverkehrs allgemein ist § 270 BGB:

Zahlungsort

§ 270 BGB

(1) Geld hat der Schuldner im Zweifel auf seine Gefahr und seine Kosten dem Gläubiger an dessen Wohnsitz zu übermitteln.

(2) Ist die Forderung im Gewerbebetrieb des Gläubigers entstanden, so tritt, wenn der Gläubiger seine gewerbliche Niederlassung an einem anderen Orte hat, der Ort der Niederlassung an die Stelle des Wohnsitzes.

(3) Erhöhen sich infolge einer nach der Entstehung des Schuldverhältnisses eintretenden Änderung des Wohnsitzes oder der gewerblichen Niederlassung des Gläubigers die Kosten oder die Gefahr der Übermittlung, so hat der Gläubiger im ersteren Falle die Mehrkosten, im letzteren Falle die Gefahr zu tragen.

(4) Die Vorschriften über den Leistungsort bleiben unberührt.

Nach Absatz 1 dieser Vorschrift hat der Schuldner dem Gläubiger Geld an dessen Wohnsitz bzw. nach Absatz 2 an dessen gewerbliche Niederlassung zu übermitteln. Bei einer Barzahlung kann es sich hierbei also nur um Bargeld, mithin gesetzlich zugelassene Geldscheine und Geldmünzen handeln. Nur für diese besteht der bereits in der Einführung dargestellte Annahmezwang! Der technische und vor allem rechtliche Anknüpfungspunkt ist demzufolge das Bedürfnis, Geld von einer Person zur anderen, oft über weite Entfernungen, zu transferieren, wobei der Grund hierfür in einem Schuldverhältnis liegt.

Geldübermittlung an den Gläubiger

Der Rechtscharakter dieser Zahlungsverpflichtung ist nach § 270 BGB eine qualifizierte Schickschuld, obwohl neuerdings wieder zunehmend die Theorie der modifizierten Bringschuld vertreten wird. Der Unterschied zwischen diesen beiden Theorien manifestiert sich vor allem in der Verzögerungsgefahr. Hier wird die noch herrschende Meinung der

Qualifizierte Schickschuld

qualifizierten Schickschuld vertreten: Der Schuldner muss hierbei das Geld an seinem Wohnort (!) auf den Weg bringen. Entgegen § 447 Abs. 1 BGB trägt der Schuldner aber die Verlustgefahr bei der Übermittlung, so dass der Gläubiger von der ihn sonst bei der Schickschuld nach Erbringung der Leistungshandlung am Wohnsitz des Schuldners regelmäßig treffenden Gefahrtragung befreit wird. Die Art der Übermittlung des geschuldeten Geldes ist dem Schuldner grundsätzlich nur dann freigestellt, wenn der Gläubiger dem Schuldner die Wahl lässt, insbesondere wenn er auf Briefen, Rechnungen etc. ein Bankkonto angibt. Dann besteht die Möglichkeit der Nachnahme, Scheckzahlung, Lastschriftverfahren, Kreditkartenzahlung etc. Ist jedoch ausdrücklich Barzahlung vereinbart, so scheidet jede Überweisung als Erfüllung aus!

Die Kosten der Übermittlung trägt der Schuldner (z.B. Überweisungskosten, Wertbriefkosten, Nachnahmekosten etc.), wie sich aus der Formulierung »seine Kosten« in § 270 Abs. 1 BGB ergibt. Der Schuldner zahlt aber auch auf »seine Gefahr«, wie in eben dieser Vorschrift geregelt ist. Gemeint ist damit, dass der Schuldner nochmals zahlen muss, wenn die erste Zahlung nicht beim Gläubiger ankommt. Allerdings ist für diese Risikozuweisung nur Absatz 1 maßgeblich. Wenn nämlich in der Zeit zwischen der Entstehung des Schuldverhältnisses und der Übermittlung des Geldbetrages der Wohnsitz des Gläubigers oder der Ort seiner gewerblichen Niederlassung wechselt und hat sich dadurch die Gefahr erhöht, so hat der Gläubiger die Gefahr der Übermittlung zu tragen, wie in Absatz 3 des § 270 BGB geregelt ist.

Der Zeitpunkt der Zahlung (Fälligkeit) ergibt sich aus dem Schuldverhältnis. Ist dort nichts geregelt, so gilt die sofortige Fälligkeit.

§ 271 BGB

Leistungszeit

(1) Ist eine Zeit für die Leistung weder bestimmt noch aus den Umständen zu entnehmen, so kann der Gläubiger die Leistung sofort verlangen, der Schuldner sie sofort bewirken.

(2) Ist eine Zeit bestimmt, so ist im Zweifel anzunehmen, dass der Gläubiger die Leistung nicht vor dieser Zeit verlangen, der Schuldner aber sie vorher bewirken kann.

Diese Vorschrift regelt also, dass die Leistungszeit zwischen den Parteien des Schuldverhältnisses individuell geregelt werden kann. Ist dies nicht der Fall, tritt sofortige Fälligkeit ein, wobei natürlich Einreden und Zurückbehaltungsrechte hiervon unberührt bleiben.

2. Die Barzahlung

Die Barzahlung ist die Übereignung und Übergabe von echtem gülti-
gem Bargeld in Form von Euroscheinen und Euromünzen durch den
Schuldner an den Gläubiger, für das Annahmezwang in Höhe der zu
tilgenden Schuld besteht. Soll eine andere Art der Zahlung möglich
sein, so muss dies entweder ausdrücklich vertraglich geregelt sein oder
sich aus den Gesamtumständen ergeben, etwa wenn der Gläubiger auf
seinem Briefpapier eine Kontonummer zur Zahlung angibt.

Barzahlung ist die gesetzlich vorgesehene Zahlungsart.

Bei der Barzahlung bedeutet die Übereignung und Übergabe der einzelnen Scheine und Münzen vom Schuldner an den Gläubiger die Geltung der sachenrechtlichen Regeln.

Einigung und Übergabe

§ 929 BGB

Zur Übertragung des Eigentums an einer beweglichen Sache ist erforderlich, dass der Eigentümer die Sache dem Erwerber übergibt und
beide darüber einig sind, dass das Eigentum übergehen soll. ...

Diese Vorschrift regelt, wie die in Verträgen eingegangenen Verpflichtungen auszuführen sind, wenn bewegliche Sachen von einer Person
auf die andere übereignet werden sollen, also insbesondere der Kauf-
gegenstand oder wie hier der Kaufpreis. Durch den dinglichen Vertrag
(Verfügungsgeschäft) klären die Vertragsparteien untereinander, dass
das Eigentum an den Geldscheinen und Münzen vom Noch-Eigentü-
mer (Kaufpreisschuldner) auf den Neu-Eigentümer (Kaufpreisgläubi-
ger) übergehen soll und die konkreten Scheine und Münzen werden
übergeben. Übergabe bedeutet, dass der Besitz auf der Schuldnerseite
aufgegeben und auf der Gläubigerseite begründet wird.

Verfügungsgeschäft über das Geld: Einigung und Übergabe

Erwerb des Besitzes

§ 854 BGB

(1) Der Besitz einer Sache wird durch die Erlangung der tatsächlichen
Gewalt über die Sache erworben.

(2) ...

Besitzerwerb bedeutet nach dieser Vorschrift also die Erlangung der
tatsächlichen Sachherrschaft über die Sache.

Besitz: tatsächliche Sachherrschaft

Die Barzahlung ist nach alldem die vom Gesetz einzig und allein vorgesehene Zahlungsvariante, aufgrund derer die zu begleichende Verbindlichkeit erlischt. Es versteht sich von selbst, dass die Erfüllungswirkung nur dann eintritt, wenn echte Zahlungsmittel verwendet werden. Demgegenüber ist es wegen § 935 Abs. 2 BGB ohne Bedeutung,
ob das Geld dem Eigentümer gestohlen wurde, verloren gegangen oder
sonst abhanden gekommen war: Bekanntlich tritt nach § 932 Abs. 1

Gutgläubiger Erwerb

BGB gutgläubiger Erwerb ein, wenn der Erwerber in Bezug auf das Eigentum des Übereigners (also desjenigen, der nicht Eigentümer ist und zur Übereignung nicht berechtigt ist, sog. »Nichtberechtigter«) gutgläubig ist. Dieser gutgläubige Erwerb wird jedoch nach § 935 Abs. 1 BGB verhindert, wenn die Sache dem Eigentümer z.B. gestohlen wurde (wird also ein gestohlener Gegenstand übereignet, wird der Erwerber, mag er noch so gutgläubig sein, nicht Eigentümer). Dies gilt für Geld gerade nicht:

§ 935 BGB

Kein gutgläubiger Erwerb von abhanden gekommenen Sachen

(1) Der Erwerb des Eigentums auf Grund der §§ 932 bis 934 tritt nicht ein, wenn die Sache dem Eigentümer gestohlen worden, verloren gegangen oder sonst abhanden gekommen war. Das Gleiche gilt, falls der Eigentümer nur mittelbarer Besitzer war, dann, wenn die Sache dem Besitzer abhanden gekommen war.

(2) Diese Vorschriften finden keine Anwendung auf Geld oder Inhaberpapiere sowie auf Sachen, die im Wege öffentlicher Versteigerung veräußert werden.

Der Geldempfänger muss sich also nicht darum sorgen oder nachfragen, ob er Geldscheine oder Münzen erhält, die möglicherweise – irgendwann und irgendwo – dem ursprünglichen Eigentümer gestohlen wurden oder sonst wie abhanden gekommen waren, sofern er nur gutgläubig ist.

Verhältnismäßigkeit zwischen Preis und Geldschein muss gewahrt sein.

Die Erfüllungswirkung des § 362 BGB tritt jedoch nur dann ein, wenn nicht Münzen im Übermaß oder unverhältnismäßig große Geldscheine (im Verhältnis zu einem relativ kleinen Zahlungsbetrag) zur Bezahlung (Übereignung) angeboten werden. Dann nämlich ist der Annahmezwang (zumindest nach § 242 BGB, also dem Grundsatz von Treu und Glauben) außer Kraft gesetzt.

Beispiel: Wer 80 Cent zu fordern hat, muss nicht darauf vorbereitet sein, auf einen 100 €-Schein herausgeben zu können. Andererseits muss etwa von einem Taxifahrer, der einen Fahrpreis von 16,20 € zu fordern hat, erwartet werden können, dass er den Rest auf einen 20 €-Schein herausgeben kann.

Wechselvertrag

In rechtlichen Kategorien handelt es sich beim Rückgeld um einen Wechselvertrag: Im obigen Taxifall wird durch die Hingabe des 20 €-Scheins die Schuld für die Taxifahrt getilgt und gleichzeitig liegt darin der Abschluss eines Wechselvertrages, wonach der Taxifahrer rechnerisch die Differenz in Scheinen bzw. Münzen an den Schuldner, der nunmehr jedoch Gläubiger aus dem Wechselvertrag ist, zurück- oder herauszugeben hat.

Wird jedoch ein zu großer Geldschein hingegeben oder zu viele Münzen (mehr als 50 Münzen in einer Zahlung) zur Schuldtilgung angeboten und lehnt der Gläubiger dies dann berechtigt ab, so gerät er nicht in Annahmeverzug und die Erfüllungswirkung tritt auch nicht ein. Dies geschieht vielmehr erst dann, wenn der Gläubiger das darin enthaltene Angebot auf Abschluss eines Wechselvertrages annimmt.

Zu großer Schein oder zu viele Münzen können abgelehnt werden.

Nur der Vollständigkeit halber sei darauf hingewiesen, dass – relativ selten – im Unterschied zum bargeldlosen Zahlungsverkehr auch ein halbbarer Zahlungsverkehr stattfindet, d.h. es werden Bargeld- als auch Buchgeldzahlungen in bestimmten Zahlungsinstrumenten verknüpft, etwa beim Zahlschein oder beim Barscheck. Dieser halbbare Zahlungsverkehr spielt im Grunde nur dann eine Rolle, wenn die betreffende Person kein Bankkonto unterhält (oder es nicht angeben oder verwenden will).

3. Das Konto

Zahlungsverkehr wird im Wesentlichen unbar über Konten abgewickelt.

Ohne die Einschaltung von Kreditinstituten ist Zahlungsverkehr heute nicht mehr denkbar. Die einzige große Ausnahme hierzu, nämlich die Bargeschäfte des täglichen Lebens, also Barzahlungen, sind soeben erörtert worden. Auch bei unbaren Zahlungen ist Anknüpfungspunkt für das Bedürfnis nach einem Geldtransfer ein zugrunde liegendes Schuldverhältnis und die daraus resultierende Zahlungsverpflichtung. Diese Zahlungen werden über (Giro-) Konten abgewickelt. Dazu haben in der Regel beide, also Schuldner und Gläubiger, (Giro-) Konten bei einem oder unterschiedlichen Kreditinstituten eröffnet. Es ermöglicht unbare Zahlungen durch:

- Überweisung,
- Lastschrift,
- Verrechnungsscheck,
- Kreditkarte,
- Akkreditiv u.a.

Buchgeld = Giralgeld

Die Zahlung erfolgt durch Übertragung von Buchgeld (Giralgeld), also ohne Verwendung von Bargeld; hierbei wird dieses Buch- bzw. Giralgeld von einem Bankkonto auf ein anderes transferiert.

Von Buchgeld spricht man deshalb, weil es »nur im Buche steht«; meist wird es als Giralgeld oder Kreditgeld bezeichnet. Es handelt sich hierbei um ein jederzeit fälliges Guthaben auf einem Konto bei einem Kreditinstitut. Man spricht auch von einer Sichteinlage. Das Giralgeld stellt heute die bedeutendste Form von Geld dar. In der Einführung ist bereits der Begriff und die Funktion des Geldes erläutert worden. An dieser Stelle sei vertiefend die Buchgeldschöpfung (Giralgeldschöpfung) erläutert:

Geldschöpfung
• passiv

Bei einer passiven Buchgeldschöpfung spricht man von Umwandlung von Bargeld in Buchgeld.

Beispiel: Der Kunde zahlt Bargeld am Schalter (oder Einzahlungsautomaten) ein und dieser Betrag wird dem eigenen Konto gutgeschrieben. Dafür »gehören« die Geldscheine nunmehr dem Kreditinstitut, d.h. es wird Eigentümer.

Hierdurch verändert sich der Zahlungsmittel-Bestand eines selbst einzahlenden Kunden nicht. Der einzige Unterschied ist, dass er nunmehr nicht über Bargeld, sondern über Buchgeld verfügen kann.

Geldschöpfung
• aktiv

Von einer aktiven Buchgeldschöpfung spricht man im Falle der Schaffung von zusätzlichem Buchgeld durch Kreditvergabe der Kreditinstitute (sog. Kreditschöpfung).

Beispiel: Die Einlagen der Kunden auf der einen Seite werden an Kreditsuchende auf der anderen Seite gegen Zinszahlung ausgereicht. Die gebuchte Einlage hat sich so »vermehrt«.

Die Summe aus dem Bargeldumlauf (ohne Kassenbestände der Kreditinstitute) und die Sichteinlagen von inländischen Nichtbanken bei Kreditinstituten werden als Geldmenge M1 bezeichnet. Aus gesamtwirtschaftlicher Sicht bestehen die für die Wirtschaft relevanten Geldbestände also aus Bargeld und Giralgeld. Will die ESZB das Ziel der Geldwertstabilität erreichen, muss sie daher auch für die Knapphaltung des Giralgeldes (z.B. durch Zinspolitik) Sorge tragen.

Geldmenge M1:
• Bargeld
  +
• Sichteinlagen von Kunden

Die Sichtbarmachung des Giralgeldes erfolgt durch Erfassung der Zahlungsvorgänge auf Konten.

3.1. Kontoarten

Bei den Kreditinstituten werden die Konten vor allem nach dem Zweck der Kontoverbindung und nach der Art der Kundschaft unterschieden, also z.B.

- Konten für den Zahlungsverkehr,
- Konten für die Geldanlage,
- Konten für die Wertpapierverwahrung,
- Konten für das Kreditgeschäft

Zweck des Kontos

sowie

- Privatkunden und
- Firmenkunden.

Art der Kundschaft

Ein Konto ist die Summe der ab- und gutgeschriebenen Gelder. Es dient der Aufzeichnung aller Zahlungsvorgänge und der daraus resultierenden Forderungen und Verbindlichkeiten zwischen den Vertragsparteien. Für den Zahlungsverkehr ist das Girokonto von entscheidender Bedeutung. Es handelt sich bei diesen Konten der Rechtsnatur nach regelmäßig um Kontokorrentkonten.

3.1.1. Das Kontokorrentkonto als Girokonto

Übersetzt bedeutet Kontokorrentkonto »laufendes Konto« und wird charakterisiert als ein Bankkonto, das der Verrechnung gegenseitiger Ansprüche und Leistungen in regelmäßigen Zeitabschnitten dient. Es beinhaltet ein gegenseitiges Abrechnungssystem gemäß §§ 355 ff. HGB:

Kontokorrentkonto = laufendes Konto

§ 355 HGB   ### Laufende Rechnung, Kontokorrent

(1) Steht jemand mit einem Kaufmann derart in Geschäftsverbindung, daß die aus der Verbindung entspringenden beiderseitigen Ansprüche und Leistungen nebst Zinsen in Rechnung gestellt und in regelmäßigen Zeitabschnitten durch Verrechnung und Feststellung des für den einen oder anderen Teil sich ergebenden Überschusses ausgeglichen werden (laufende Rechnung, Kontokorrent), so kann derjenige, welchem bei dem Rechnungsabschluß ein Überschuß gebührt, von dem Tag des Abschlusses an Zinsen von dem Überschuß verlangen, auch soweit in der Rechnung Zinsen enthalten sind.

(2) Der Rechnungsabschluß geschieht jährlich einmal, sofern nicht ein anderes bestimmt ist.

(3) Die laufende Rechnung kann im Zweifel auch während der Dauer einer Rechnungsperiode jederzeit mit der Wirkung gekündigt werden, daß derjenige, welchem nach der Rechnung ein Überschuß gebührt, dessen Zahlung beanspruchen kann.

Girokonto

Der wichtigste Anwendungsfall des Kontokorrents ist das Girokonto.

Beispiel: In den Allgemeinen Geschäftsbedingungen (AGB) der Sparkassen heißt es in Nr. 7 Abs. 1: »Die Sparkasse führt ein Konto zur Abwicklung des laufenden Geschäfts- und Zahlungsverkehrs (Girokonto) als Kontokorrent im Sinne des § 355 des Handelsgesetzbuches (Konto in laufender Rechnung).« Ähnlich lauten die AGB-Banken in Nr. 7 Abs. 1: »Die Bank erteilt bei einem Kontokorrentkonto, sofern nicht etwas anderes vereinbart ist, jeweils zum Ende eines Kalenderquartals einen Rechnungsabschluss; dabei werden die in diesem Zeitraum entstandenen beiderseitigen Ansprüche (einschließlich der Zinsen und Entgelte der Bank) verrechnet. ...«

Forderungen und Gegenforderungen werden im Kontokorrent saldiert.

Das wesentliche Merkmal des Giro- bzw. Kontokorrentkontos ist der Umstand, dass für beide Seiten als Forderung/Verbindlichkeit nur der Saldo maßgeblich ist, also die Differenz der beiden Kontoseiten. Die einzelnen Ansprüche verlieren dann ihre Eigenständigkeit und können weder an Dritte abgetreten (§ 399 BGB) noch verpfändet (§ 1274 BGB) werden; auch eine Aufrechnung mit oder gegen sie ist nicht mehr möglich (§ 394 BGB). Dies liegt darin begründet, dass beim Bankkontokorrent (im Vergleich zum handelsrechtlichen Kontokorrent) jeden Tag oder permanent der Saldo gezogen wird, also die Ein- und Auszahlungen auf einem Konto miteinander verrechnet werden und dem Kunden täglich durch übersandten Kontoauszug (oder durch Bereitstellung im Kontoauszugsdrucker) die Möglichkeit gegeben wird, sich Kenntnis über den Saldo zu verschaffen. Bei diesem Tagessaldo handelt es sich jedoch nicht um einen Rechnungsabschluss, denn die eigenen Geschäftsbedingungen stellen auf den Abschluss am Ende jedes Quartals ab. Dennoch sind die Einzelansprüche im Bankkontokorrent, sobald sie in das Konto eingestellt sind, weder abtretbar noch pfändbar.

Jeweils zum Ende eines Kalenderquartals erfolgt im Rahmen des Kontokorrents ein Rechnungsabschluss (Periodenabschluss). Hierbei werden die Einzelansprüche unter Anrechnung der in der Periode erbrachten Leistungen durch den Saldoanspruch ersetzt. Man spricht auch von einer Novation (lat. Erneuerung).

Rechnungsabschluss =
Saldoanerkenntnis =
Novation

Das ausdrückliche oder stillschweigende Saldoanerkenntnis nach einer Rechnungsperiode bewirkt, dass der Saldo als neue einheitliche Forderung zwischen den Parteien festgestellt wird. Dieser Saldo (sog. Zustellungssaldo) ist pfändbar und unterliegt den Einzelzwangsvollstreckungsmaßnahmen in Geldforderungen gemäß §§ 829 ff. ZPO.

Anerkenntnis

Beispiel: Der sich aus der Verrechnung ergebende Saldo (Tagesauszug) hat Beweiswirkung für die Richtigkeit des Saldos und soll im Falle von Unrichtigkeiten zur Reklamation dienen. Die eigentliche kontokorrentbedingte Verrechnungsabrede erfolgt erst zum Ende der Rechnungsperiode.

3.1.2. Sparkonten

Diese dienen der Verbuchung von Spareinlagen. Spareinlagen sind unbefristete Gelder, die

Spareinlagen

- durch Ausfertigung einer Urkunde gekennzeichnet sind,
- der Ansammlung oder Anlage von Vermögen dienen und
- nicht für den Zahlungsverkehr und für den Geschäftsverkehr bestimmt sind sowie
- eine Kündigungsfrist von mindestens drei Monaten aufweisen.

Spareinlagen werden in verschiedenen Rechtsvorschriften privilegiert behandelt. Daher bestimmt § 11 KWG i.V.m. mit der Rechnungslegungsverordnung der Kreditinstitute (RechKredV), dass im Jahresabschluss des Kreditinstituts Spareinlagen als solche nur dann ausgewiesen werden dürfen, wenn sie die vorbenannten Voraussetzungen erfüllen.

Soweit also nichts anderes vereinbart ist, können je Sparkonto und Kalendermonat bis zu 2.000,– € von den Spareinlagen abgehoben werden; darüber hinausgehende Beträge bedürfen einer dreimonatigen Kündigungsfrist. Die Sparguthaben werden verzinst (der Spareckzins

ergibt sich aus den Preisaushängen der Kreditinstitute) und die
Kontoführung ist im Allgemeinen provisions- und gebührenfrei.

3.1.3. Termingeldkonten

Geld wird auf bestimmte
Zeit überlassen.

Auf Termingeldkonten werden Termineinlagen, also befristete Einlagen, verbucht. Hierbei verzichten die Einleger mindestens für einen
Monat auf die Verfügung. Dies ergibt sich aus der rechtlichen Ausgestaltung als Darlehen, wonach die Termineinlagen erst nach einer bestimmten Frist zurückgefordert werden können. Eine gesetzliche Vorschrift für die 1-Monats-Mindestlaufzeit gibt es jedoch nicht; so ist z.B.
auch das 10-Tage-Geld üblich. Der Zinssatz richtet sich nach der Fest-
legungsdauer bzw. der Kündigungsfrist und nach der Höhe der Einlagen. Die Kontoführung ist in der Regel gebührenfrei.

3.1.4. Darlehenskonten

Gelddarlehen

Darlehenskonten dienen der Erfassung von Krediten, die an den Kontoinhaber als Darlehen gewährt werden. Die Einrichtung eines solchen
Kontos erfolgt anlässlich des Abschlusses eines Darlehensvertrages,
z.B. für einen Ratenkredit. Enthalten sind hierin der Kreditbetrag, der
tatsächlich ausgezahlte Kreditbetrag und die Tilgungsleistungen.

3.1.5. Weitere Konten

Es gibt noch weitere Konten wie z.B. Depotkonten, Fremdgeldkonten,
Sonderkonten, Treuhandkonten, Sperrkonten, Anderkonten oder
Nummerkonten. Eingegangen werden soll hier nur auf zwei weitere
Arten:

Und-Konto: nur
gemeinsam verfügen

Bei einem sog. »Und-Konto« können alle Kontoinhaber (naturgemäß
gibt es mehrere, z.B. Eheleute oder Gesellschafter einer Gesellschaft
bürgerlichen Rechts), nur gemeinsam verfügen, d.h. Abhebungen,
Überweisungen etc. können nur gemeinschaftlich erfolgen.

Oder-Konto: einzeln
verfügen

Das sog. »Oder-Konto« berechtigt jeden Inhaber, allein zu verfügen.
Bei einem Oder-Konto kann also jeder Ehepartner oder Gesellschafter
die Auszahlung des gesamten Kontoguthabens an sich allein verlangen.
Ob dies rechtens war oder nicht ist nicht im Rahmen des Kontoverhält-
nisses, sondern im Rahmen des Verhältnisses der Eheleute oder Gesellschafter untereinander zu klären.

3.2. Der Kontovertrag

Damit ein Kreditinstitut ein Konto anlegt und der Kunde Zahlungen hierüber abwickeln kann, muss zunächst eine entsprechende Vereinbarung zwischen Kreditinstitut und Kunde abgeschlossen werden. Diese Vereinbarung wird als Kontovertrag bezeichnet. Deren Abschluss erfolgt nach allgemeinen Vertragsregeln, d.h. eine Seite macht ein Angebot, die andere Seite nimmt dieses Angebot an. Aus diesem Vertrag ergeben sich dann entsprechende Rechte und Pflichten.

Angebot, Annahme und Übereinstimmung

3.2.1. Der Antrag

Wenn der Kunde die Räumlichkeiten der Geschäftsstelle des Kreditinstituts betritt und gegenüber dem Mitarbeiter des Kreditinstituts äußert, er möchte ein Konto eröffnen, so ist dies in der Regel noch kein Angebot, sondern die Anbahnung eines solchen. Die eigentliche Offerte des Kunden wird dann vom Kreditinstitut durch Vordrucke (Formulare) ermöglicht: Auf diesen Formularen oder Vordrucken werden die Angaben des Kunden zu dessen Verhältnissen eingetragen und vom Kunden unterschrieben. Nunmehr liegt dem Kreditinstitut ein Antrag vor, über dessen Annahme das Kreditinstitut noch zu entscheiden hat.

Anbahnung

Angebot durch Kunden

Grundsätzlich besteht Vertragsfreiheit, d.h. kein Mensch ist staatlicherseits gezwungen, ein Konto zu eröffnen oder zu führen. Umgekehrt steht es den Kreditinstituten grundsätzlich frei, einen Kunden abzulehnen. Allerdings hat sich im Jahre 1995 die deutsche Kreditwirtschaft verpflichtet, eine Kontoeröffnung für jedermann zu ermöglichen (dies ist nicht mit der Frage zu verwechseln, ob wegen Pflichtverletzungen eine Kündigung möglich ist oder nicht). Dieses von jedermann zu eröffnende Mindestkonto wird im Guthaben geführt und berechtigt zur Entgegennahme aller Arten von Gutschriften und zur Teilnahme am Überweisungsverkehr, nicht aber zum Bezug einer ec- oder Kreditkarte und zu Kontoüberziehungen. Daneben gibt es eine Rechtspflicht zur Ablehnung einer Kontoeröffnung, wenn für das Kreditinstitut erkennbar wird, dass über dieses Konto missbräuchliche Vorgänge abgewickelt werden sollen.

Vertragsfreiheit

Selbstverpflichtung zum Mindestkonto

Beispiel: Der Drogenhändler möchte seine Geschäfte über ein Girokonto abwickeln. Die Kontoeröffnung wird abgelehnt.

3.2.2. Der Rechtscharakter des Kontovertrages

Rechtlich ist der Kontovertrag ein entgeltlicher Geschäftsbesorgungsvertrag gemäß § 675 BGB.

§ 675 BGB

Entgeltliche Geschäftsbesorgung

(1) Auf einen Dienstvertrag oder einen Werkvertrag, der eine Geschäftsbesorgung zum Gegenstand hat, finden, soweit in diesem Untertitel nichts Abweichendes bestimmt wird, die Vorschriften der §§ 663, 665 bis 670, 672 bis 674 und, wenn dem Verpflichteten das Recht zusteht, ohne Einhaltung einer Kündigungsfrist zu kündigen, auch die Vorschriften des § 671 Abs. 2 entsprechende Anwendung.

(2) ...

Aufeinander abgestimmte Rechtsgeschäfte

Der Kontovertrag als Girovertrag besteht aus mehreren aufeinander abgestimmten Rechtsgeschäften, nämlich

- dem eigentlichen Girovertrag,
- der damit zusammenhängenden Kontokorrentabrede sowie
- die jeweiligen künftigen Einzelgeschäfte des Zahlungsverkehrs.

Im Wesentlichen hat der Geschäftsbesorgungsvertrag Dienstvertragscharakter, nur vereinzelt auch werkvertragliche Elemente. Er ist ein gegenseitiger Vertrag und wegen seines auf Dauer angelegten Inhalts ein Dauerschuldverhältnis mit dem Ziel der Abwicklung des bargeldlosen Zahlungsverkehrs des Kunden über ein für diesen bei dem Kreditinstitut eingerichtetes Konto. Gesetzlich wird dies als Girovertrag bezeichnet.

§ 676f BGB

Vertragstypische Pflichten beim Girovertrag

Durch den Girovertrag wird das Kreditinstitut verpflichtet, für den Kunden ein Konto einzurichten, eingehende Zahlungen auf dem Konto gutzuschreiben und abgeschlossene Überweisungsverträge zu Lasten dieses Kontos abzuwickeln. Es hat dem Kunden eine weitergeleitete Angabe zur Person des Überweisenden und zum Verwendungszweck mitzuteilen.

Bei der Kontoeröffnung bestehen für das Kreditinstitut umfangreiche Prüfungspflichten.

Bei der Kontoeröffnung werden dem Kreditinstitut durch das Gesetz umfangreiche Prüfungspflichten auferlegt, so dass dem Neukunden im Kontoeröffnungsantrag umfangreiche Fragen gestellt werden müssen.

Dies beginnt schon mit dem Namen und der Anschrift des Kontoinhabers:

Kontenwahrheit § 154 AO

(1) Niemand darf auf einen falschen oder erdichteten Namen für sich oder einen Dritten ein Konto errichten oder Buchungen vornehmen lassen, Wertsachen (Geld, Wertpapiere, Kostbarkeiten) in Verwahrung geben oder verpfänden oder sich ein Schließfach geben lassen.

(2) Wer ein Konto führt, Wertsachen verwahrt oder als Pfand nimmt oder ein Schließfach überlässt, hat sich zuvor Gewissheit über die Person und Anschrift des Verfügungsberechtigten zu verschaffen und die entsprechenden Angaben in geeigneter Form, bei Konten auf dem Konto, festzuhalten. Er hat sicherzustellen, dass er jederzeit Auskunft darüber geben kann, über welche Konten oder Schließfächer eine Person verfügungsberechtigt ist.

(3) Ist gegen Absatz 1 verstoßen worden, so dürfen Guthaben, Wertsachen und der Inhalt eines Schließfaches nur mit Zustimmung des für die Einkommen- und Körperschaftsteuer des Verfügungsberechtigten zuständigen Finanzamts herausgegeben werden.

Weiterhin ist das Kreditinstitut gesetzlich verpflichtet, den Vertragspartner zu identifizieren und den wirtschaftlich Berechtigten festzustellen:

Allgemeine Identifizierungspflichten für Institute § 2 GwG

(1) Ein Institut hat bei Abschluss eines Vertrages zur Begründung einer auf Dauer angelegten Geschäftsbeziehung den Vertragspartner zu identifizieren. Eine auf Dauer angelegte Geschäftsbeziehung besteht insbesondere bei der Führung eines Kontos und bei den sonstigen in § 154 Abs. 2 Satz 1 der Abgabenordnung genannten Geschäften. ...

(2) ...

Feststellung des wirtschaftlich Berechtigten § 8 Abs. 1 GwG

(1) Ein nach § 2 Abs. 1 ... zur Identifizierung Verpflichteter hat sich bei dem zu Identifizierenden zu erkundigen, ob dieser für eigene Rechnung handelt. ...

Handelt der Kontoinhaber also nicht für eigene Rechnung (das Geld aus dem Bankgeschäft ist nicht für ihn bestimmt), muss das Kreditinstitut Namen und Anschrift desjenigen erfragen und festhalten, für dessen Rechnung gehandelt wird.

3.2.3. Die Kontofähigkeit

Hinter diesem Begriff verbirgt sich die Frage, wer unter rechtlichen Gesichtspunkten überhaupt Inhaber eines Kontos sein kann und darf.

Als Kunden kommen (vgl. oben Seite 6) natürliche und juristische Personen sowie Personenhandelsgesellschaften in Betracht.

3.2.3.1. Die Rechtsfähigkeit

Die Prüfung der Rechtsfähigkeit ist erforderlich, um sicherzustellen, dass der Kontovertrag und die sich anschließenden einzelnen Bankgeschäfte (Überweisungen etc.) rechtswirksam sind.

§ 1 BGB

Beginn der Rechtsfähigkeit

Die Rechtsfähigkeit des Menschen beginnt mit der Vollendung der Geburt.

Natürliche Personen

Rechtsfähigkeit bedeutet, dass eine natürliche Person, also ein Mensch, Träger von Rechten und Pflichten sein kann.

Beispiel: Der Onkel schenkt dem Neugeborenen zum Lebensanfang 1.000,– €. Das Neugeborene kann Eigentümer des Geldes werden, ist jedoch selbst nicht handlungsfähig und muss noch durch die Eltern vertreten werden, die auch sein Vermögen verwalten.

Juristische Personen

Die Rechtsfähigkeit juristischer Personen beginnt erst mit deren Eintragung im Handelsregister.

Personengesellschaften sind zwar keine juristischen Personen, sondern Gesamthandsgemeinschaften; dennoch haben die Offene Handelsgesellschaft, die Kommanditgesellschaft, die Partnerschaftsgesellschaft und die Europäische wirtschaftliche Interessenvereinigung vom Gesetzgeber die Fähigkeit verliehen bekommen, Trägerinnen von Rechten und Pflichten zu sein, so dass zwischen diesen Gesellschaften und Kapitalgesellschaften in der Praxis kein wesentlicher Unterschied besteht (dieser ergibt sich vor allem in der steuerlichen Behandlung). Auch die Gesellschaft bürgerlichen Rechts ist rechtsfähig, sofern sie als Teilnehmerin am Rechtsverkehr eigene Rechte und Pflichten begründet.

3.2.3.2. Geschäftsfähigkeit und Vertretung

Geschäftsunfähige

Kinder unter sieben Jahren (und dauerhaft Geisteskranke) sind nach § 104 Nr. 1 (bzw. Nr. 2) BGB geschäftsunfähig; deren Willenserklärungen sind nichtig (§ 105 Abs. 1 BGB). Dennoch können sie, wie oben anhand des Neugeborenen dargestellt wurde, Kontoinhaber sein. Das Konto jedoch kann nur der gesetzliche Vertreter (in der Regel die Eltern) einrichten.

Beschränkt Geschäftsfähige

Kinder und Jugendliche zwischen sieben und achtzehn Jahren bezeichnet man als beschränkt geschäftsfähig, d.h. sie können nur mit Einwilligung oder Genehmigung des gesetzlichen Vertreters ein Konto eröff-

nen (§§ 106 bis 113 BGB), weil mit der Konteneröffnung nicht nur
Vorteile, sondern auch Nachteile (manchmal Kontoführungsgebühr,
auf jeden Fall Überweisungen und damit Vermögensminderung) verbunden sind.

Juristische Personen werden durch deren Organe vertreten, also z.B.
die Gesellschaft mit beschränkter Haftung durch den Geschäftsführer,
die Aktiengesellschaft durch den Vorstand. Personenhandelsgesellschaften werden durch die Gesellschafter, regelmäßig in Einzelvertretung, vertreten, die Gesellschaft bürgerlichen Rechts entweder gemeinschaftlich oder bei entsprechendem Gesellschaftsvertrag auch einzeln.

Vertretung juristischer Personen

3.2.4. Die Annahme des Antrages

Zu beachten ist, dass das Kreditinstitut durch die Entgegennahme der
Identifikationsangaben etc. noch nicht den Antrag auf Kontoeröffnung
annimmt, sondern diesen erst noch prüft. So wird regelmäßig die Auskunft der Schufa eingeholt, aber auch Auskünfte anderer Kreditschutz-
vereinigungen, gewerbsmäßiger Auskunfteien, anderer Kreditinstitute
oder von Geschäftspartnern. Es geht schlichtweg darum, das Risiko
einzugrenzen, eventuell mit Personen in Geschäftsverbindung zu treten, von denen keine einwandfreie Kontobenutzung zu erwarten ist.

Der Antrag des Kunden wird geprüft.

Die Annahme kann ausdrücklich oder konkludent erfolgen, also durch
ein »Begrüßungs- und Dankesschreiben« oder durch schlichte Ausführung des ersten Auftrages (Entgegennahme einer Einzahlung, Ausführung einer Überweisung etc.). Zu beachten ist, dass regelmäßig die
Allgemeinen Geschäftsbedingungen Vertragsinhalt werden.

Annahme erfolgt ausdrücklich oder konkludent.

3.2.5. Die Verfügungsberechtigung

Nachdem die wichtigsten Rechtsanforderungen geklärt sind, stellt sich
die Frage, wer über das Konto verfügen darf, also »zu bestimmen hat«.

»Verfügen« im Rechtssinne bedeutet, ein bestehendes Recht zu

Verfügung

* ändern,
* aufheben,
* belasten oder
* übertragen.

*Beispiel: Durch die Erteilung eines Überweisungsauftrages wird der
Forderungsstand auf dem Konto verringert, also das bestehende Recht
geändert. Es wurde also verfügt.*

Verfügungsberechtigt kann grundsätzlich sein:

- der Kontoinhaber selbst,

- sein gesetzlicher Vertreter,

- ein rechtsgeschäftlicher Vertreter (Bevollmächtigter).

Die Verfügungsbefugnis ergibt sich zunächst aus den oben dargestellten Vertretungsverhältnissen:

- Geschäftsunfähige ⇨ verfügungsberechtigt ist der gesetzliche Vertreter

- beschränkt Geschäftsfähiger ⇨ verfügungsberechtigt ist der Kontoinhaber selbst bei Einwilligung oder Zustimmung des gesetzlichen Vertreters zur Kontoeröffnung/-führung

- voll Geschäftsfähiger ⇨ verfügungsberechtigt ist der Kontoinhaber selbst (oder bei Betreuung der Betreuer)

- juristische Personen ⇨ verfügungsberechtigt ist der gesetzliche Vertreter

- Personengesellschaften

  - OHG/KG/PartG/EWIV ⇨ Alleinverfügung

  - BGB-Gesellschaft (GbR) ⇨ alle Gesellschafter zusammen (oder einzeln, wenn im Gesellschaftervertrag vorgesehen)

Bei den juristischen Personen und den Personengesellschaften kann jedoch im Gesellschaftsvertrag etwas anderes vereinbart sein, z.B. Vertretung bei einer GmbH durch den Geschäftsführer zusammen mit einem Prokuristen oder Einzelvertretung bei der GbR.

Daneben können Vollmachten nach BGB oder HGB erteilt werden, insbesondere Prokura oder Handlungsvollmacht, die dann auch zur Verfügung berechtigen.

Zu ihrer eigenen Sicherheit erfassen die Kreditinstitute die Verfügungsberechtigung (als Zeichnungsberechtigung) in den Kontounterlagen mit entsprechenden Unterschriftsproben.

Besondere Verfügungsrechte ergeben sich beim Tod des Kontoinhabers: dann sind Erben mit Erbschein oder Testamentsvollstrecker mit Testamentsvollstreckungszeugnis oder ein für den Todesfall Bevollmächtigter oder ein über den Tod hinaus Bevollmächtigter verfügungsberechtigt.

Mit der Eröffnung des Insolvenzverfahrens verliert der Gemeinschuldner das Verfügungs- und Verwaltungsrecht über sein Vermögen; es geht auf den Insolvenzverwalter über, so dass über Konten nur noch der Insolvenzverwalter verfügen kann. Er legitimiert sich durch eine

gerichtliche Bestallungsurkunde. Bankvollmachten, die der Gemeinschuldner erteilt hat, sind mit Eröffnung des Insolvenzverfahrens erloschen.

Bei der Pfändung von Kontoguthaben (nicht einzelner Forderungen!)
wird vom Vollstreckungsgericht ein Pfändungs- und Überweisungsbeschluss auf Basis eines vollstreckbaren Titels ausgestellt. Die Pfändung
führt dazu, dass in Höhe des Beschlusses die Verfügungsberechtigung
nicht mehr besteht und aufgrund des Überweisungsbeschlusses das
Kreditinstitut verpflichtet ist, eine Auszahlung zugunsten des Pfand-
gläubigers vorzunehmen. Hierzu erstellt es eine sog. Drittschuldnererklärung (§ 840 ZPO):

Pfändung des Kontos

Erklärungspflicht des Drittschuldners

§ 840 Abs. 1 ZPO

(1) Auf Verlangen des Gläubigers hat der Drittschuldner binnen zwei
Wochen, von der Zustellung des Pfändungsbeschlusses an gerechnet,
dem Gläubiger zu erklären:

1. ob und inwieweit er die Forderung als begründet anerkenne und
   Zahlung zu leisten bereit sei;
2. ob und welche Ansprüche andere Personen an die Forderung machen;
3. ob und wegen welcher Ansprüche die Forderung bereits für andere
   Gläubiger gepfändet sei.

Hieraus resultiert die Verpflichtung des Kreditinstituts, das nicht der
eigentliche Direktschuldner ist, sondern wegen der Führung des Kontos als Drittschuldner bezeichnet wird, binnen zwei Wochen dem
Gläubiger die erforderlichen Angaben zu machen. Weigert sich das
Kreditinstitut oder unterlässt es dies, so riskiert es, vom Gläubiger auf
Schadensersatz (unter Streitverkündung an den Schuldner) in Anspruch
genommen zu werden.

Drittschuldnererklärung

Gemäß § 850k Abs. 2 ZPO hebt das Vollstreckungsgericht auf Antrag
des Schuldners die Pfändung vorab bereits für den Teil des Guthabens
auf, den der Schuldner für seinen notwendigen Unterhalt und zur Erfüllung seiner gesetzlichen Unterhaltspflichten dringend benötigt.

Schuldnerschutzantrag

Pfändungsschutz für Kontoguthaben aus Arbeitseinkommen

§ 850k ZPO

(1) Werden wiederkehrende Einkünfte der in den §§ 850 bis 850b bezeichneten Art auf das Konto des Schuldners bei einem Geldinstitut
überwiesen, so ist eine Pfändung des Guthabens auf Antrag des
Schuldners vom Vollstreckungsgericht insoweit aufzuheben, als das
Guthaben dem der Pfändung nicht unterworfenen Teil der Einkünfte
für die Zeit von der Pfändung bis zu dem nächsten Zahlungstermin
entspricht.

(2) Das Vollstreckungsgericht hebt die Pfändung des Guthabens für den Teil vorab auf, dessen der Schuldner bis zum nächsten Zahlungstermin dringend bedarf, um seinen notwendigen Unterhalt zu bestreiten und seinen laufenden gesetzlichen Unterhaltspflichten gegenüber den dem Gläubiger vorgehenden Berechtigten zu erfüllen oder die dem Gläubiger gleichstehenden Unterhaltsberechtigten gleichmäßig zu befriedigen. ...

Damit der Schuldner diese Schutzanträge stellen kann, gilt eine »Zwei-Wochen-Sperre«, innerhalb derer das Kreditinstitut nicht an den Gläubiger zahlen darf.

§ 835 Abs. 3 ZPO

Überweisung einer Geldforderung

(3) ... Wird ein bei einem Geldinstitut gepfändetes Guthaben eines Schuldners, der eine natürliche Person ist, dem Gläubiger überwiesen, so darf erst zwei Wochen nach der Zustellung des Überweisungsbeschlusses an den Drittschuldner aus dem Guthaben an den Gläubiger geleistet oder der Betrag hinterlegt werden.

Sozialleistungen

Einen Pfändungsschutz bei Kontenpfändung bezüglich Sozialleistungen regelt für die Dauer von sieben Tagen § 55 Abs. 1 Satz 1 SGB I.

§ 55 SGB I

Kontenpfändung und Pfändung von Bargeld

(1) Wird eine Geldleistung auf das Konto des Berechtigten bei einem Geldinstitut überwiesen, ist die Forderung, die durch die Gutschrift entsteht, für die Dauer von sieben Tagen seit der Gutschrift der Überweisung unpfändbar. Eine Pfändung des Guthabens gilt als mit der Maßgabe ausgesprochen, daß sie das Guthaben in Höhe der in Satz 1 bezeichneten Forderung während der sieben Tage nicht erfaßt.

(2) ...

(3) ...

(4) Bei Empfängern laufender Geldleistungen sind die in Absatz 1 genannten Forderungen nach Ablauf von sieben Tagen seit der Gutschrift sowie Bargeld insoweit nicht der Pfändung unterworfen, als ihr Betrag dem unpfändbaren Teil der Leistungen für die Zeit von der Pfändung bis zum nächsten Zahlungstermin entspricht.

Sobald also die Sozialleistung durch Zahlung erbracht ist, greift der Schutz des § 55 SGB I ein. Sinn und Zweck dieser Vorschrift ist es, sicherzustellen, dass der Empfänger der Sozialleistung durch den auf Massenbetrieb ausgerichteten Zahlungsverkehr über Girokonten nicht schlechter gestellt wird als derjenige, der die Rente bar am Schalter abholt.

3.3. Die Kontoauflösung

Dem Kunden steht es selbstverständlich frei, die gesamte Geschäftsverbindung oder einzelne Teile der Geschäftsbeziehung, für die weder eine Laufzeit noch eine Kündigungsregelung vereinbart ist, jederzeit ohne Einhaltung einer Kündigungsfrist zu beenden. Die Kreditinstitute ihrerseits können die Geschäftsverbindung oder einzelne Geschäftsbeziehungen unter Einhaltung einer angemessenen Kündigungsfrist auflösen; diese Frist beträgt für die Kündigung von laufenden Konten mindestens sechs Wochen.

Beide Seiten können kündigen.

Kündigungsrechte der Bank

Nr. 19 AGBBanken

(1) Kündigung unter Einhaltung einer Kündigungsfrist

Die Bank kann die gesamte Geschäftsverbindung oder einzelne Geschäftsbeziehungen, für die weder eine Laufzeit noch eine abweichende Kündigungsregelung vereinbart ist, jederzeit unter Einhaltung einer angemessenen Kündigungsfrist kündigen (den Scheckvertrag, der zur Nutzung von Scheckvordrucken berechtigt). Bei der Bemessung der Kündigungsfrist wird die Bank auf die berechtigten Belange des Kunden Rücksicht nehmen. Für die Kündigung der Führung von laufenden Konten oder Depots beträgt die Kündigungsfrist mindestens sechs Wochen.

Ähnlich zum Beispiel Nr. 26 AGB Sparkassen

(2) ...

Die Geschäftsverbindung endet auch, wenn der Vertrag nur für eine bestimmte Zeit abgeschlossen war, mit Zeitablauf.

Die Folge der Kündigung ist, dass die auf den betroffenen Konten enthaltenen Beträge sofort fällig sind: Guthaben zur Auszahlung, Schulden zur Begleichung.

Gegenseitige Ausgleichspflicht

4. Der Geldautomat

Bargeld zu jeder Zeit und
an jedem Ort.

Die Möglichkeit, an einem Geldautomaten Bargeld zu ziehen, ist heutzutage aus dem Alltag nicht mehr wegzudenken und stellt etwas ganz Selbstverständliches dar. Für den Kunden bedeutet dies höchste Flexibilität, bezogen auf Ort und Zeit, für das Kreditinstitut evtl. (Personal-) Einspareffekte.

Um diese beliebte Möglichkeit zu nutzen, bedarf es einer ec-Abrede zwischen dem Kreditinstitut und dem Kunden.

Es bedarf einer ec-Abrede, einer Karte sowie
einer PIN.

Eine solche Vereinbarung wird als Ergänzung zu den Allgemeinen Geschäftsbedingungen in den Sonderbedingungen der einzelnen Kreditinstitute für die Bankkarte geregelt.

Beispiel: Die Sparkassen bezeichnen dies als »Sonderbedingungen für die SparkassenCard«. Die Banken sprechen von ec-Karten (oder Bankkarten), wobei das Kürzel »ec« für »electronic-cash« steht.

Diese Sonderabrede zu den Allgemeinen Geschäftsbedingungen berechtigt den Kunden, zu jeder Zeit an Geldautomaten (gebräuchliche Abkürzung: GAA oder auch GA) Geld zu ziehen. Die Höhe des zu ziehenden Geldbetrages wird durch einen vorher vereinbarten Verfügungsrahmen festgelegt. Vergleichbar ist das Gebrauchmachen der Karte zur Abhebung am Geldautomaten mit der Barauszahlung am Schalter. Bei der Schalterauszahlung besteht jedoch der Unterschied, dass dann der kartenmäßige Verfügungsrahmen nicht gilt, sondern ggf. nach Voranmeldung eine Gesamtabhebung oder Komplettausnutzung des Kreditrahmens erfolgen kann.

Ein Verfügungsrahmen wird
festgelegt:
• Höchstauszahlungs-
  beträge

Zu unterscheiden ist an dieser Stelle der Verfügungsrahmen von einem zuvor eingeräumten Kontoüberziehungskredit. Wird der bestehende Verfügungsrahmen überschritten, so wird die Verfügung abgewiesen, auch wenn ein Guthaben oder eine Überziehungsmöglichkeit besteht.

Bei jeder Nutzung der ec-Karte wird geprüft, ob der Verfügungsrahmen durch vorangegangene Verfügungen bereits ausgeschöpft worden ist.

Kosten

Die Bargeldabhebung an Geldautomaten des eigenen Kreditinstituts ist normalerweise kostenlos. Die Abhebung an Automaten anderer Kreditinstitute kann sehr teuer sein. Die Banken und Sparkassen haben die Verfügungen an Geldautomaten instituts-/verbandsübergreifend organisiert und vereinbart. Die vier deutschen Bankenverbände haben zu diesem Zweck Autorisierungszentralen eingerichtet, an die sämtliche von diesen Kreditinstituten betriebenen Geldausgabeautomaten angebunden sind. Es handelt sich um ein Online-System, bei dem die Geldausgabeautomaten durch Datenleitungen sowie durch Vernetzung mit den die Auszahlung genehmigenden Stellen verbunden sind. So verlangen manche Kreditinstitute für Auszahlungen an Fremdkunden bis zu 5,– € für eine Abhebung mit der ec-Bankkarte oder Kreditkarte. Es haben sich vier Verbundstrukturen herausgebildet, die jeweils ein mehr oder weniger flächendeckendes Netz an gebührenfreien Geldautomaten für die eigene Kundschaft zur Verfügung stellen:

- die CashGroup (Commerzbank, Deutsche Bank, Dresdner Bank, Postbank, HypoVereinsbank und die jeweiligen Töchter),

- der CashPool (AllBank, BW-Bank, CC-Bank, Citibank Privatkunden),

- Sparkassenverband,

- Bankcard Service Netz (Volks- und Raiffeisenbanken).

Die Benutzung der Geldautomaten ist technisch einheitlich:

- Einführung der Karte in den dafür vorgesehenen Schlitz, natürlich in der richtigen Position,

- Prüfung der Echtheit der Karte,

- Prüfung, ob die Karte gesperrt ist,

- Eingabe der Persönlichen Identifikations-Nummer (PIN) durch den Kunden,

- Prüfung der PIN durch den Rechner,

- Eingabe des gewünschten Geldbetrages/ Kontostandsabfrage,

- Prüfung der Verfügungsberechtigung direkt am Konto des Kunden,

- Rückgabe der Karte,

- Ausgabe des Geldes.

Die für das Geldabheben am Geldautomaten erforderliche ec-Karte / Kundenkarte ist ein Legitimationspapier im Sinne des Wertpapierrechts; zivilrechtliche betrachtet ist diese Karte eine Anweisung nach § 783 BGB.

Vier deutsche Bankverbände:
- Bundesverband deutscher Banken (BdB)
- Deutscher Sparkassen- und Giroverband (DSGV)
- Bundesverband der deutschen Volksbanken und Raiffeisenbanken e.V. (BVR)
- Verband öffentlicher Banken (VöB)

Der technische Ablauf ist standardisiert.

§ 783 BGB

Rechte aus der Anweisung

Händigt jemand eine Urkunde, in der er einen anderen anweist, Geld, Wertpapiere oder andere vertretbare Sachen an einen Dritten zu leisten, dem Dritten aus, so ist dieser ermächtigt, die Leistung bei dem Angewiesenen im eigenen Namen zu erheben; der Angewiesene ist ermächtigt, für Rechnung des Anweisenden an den Anweisungsempfänger zu leisten.

Abhebung ist Verwirklichung des Auszahlungsanspruchs.

Die Abhebung an einem Geldautomaten beim eigenen Kreditinstitut wirkt als Erfüllung der Rückzahlungspflicht bei bestehendem Guthaben bzw. Kreditgewährung bei Überziehungsvereinbarung, denn das auf dem Konto ausgewiesene Guthaben stellt eine Forderung des Kunden aus § 700 BGB (siehe unten beim Passivgeschäft) gegen das Kreditinstitut dar.

Verlangt der Kunde Bargeld, so ist diese Forderung wie jede andere Forderung auch in Bargeld zu erfüllen. Verlangt der Kunde eine Weiterleitung dieses Betrages (Überweisung), so geschieht dies im Wege des Buchgeldtransfers.

Haftungsfragen

Haftungsrechtlich ist bei dieser Geschäftsbeziehung allgemein ein technisches Versagen am Gerät und der Missbrauch der Karte zu unterscheiden.

Technisches Versagen

Bei technischen Haftungsfragen gilt im Wesentlichen, dass der Geschädigte (Kunde) das Risiko trägt. Wenn also das Kreditinstitut den Geldautomaten korrekt betreut und wartet und es dennoch zu einer Funktionsstörung kommt, haftet das Kreditinstitut dem Kunden nicht auf den entstandenen Schaden.

Beispiel: Der Kunde hat trotz korrekter Handhabung und Dateneingabe kein Geld erhalten; dennoch wird der von ihm eingegebene aber nicht erhaltene Betrag von seinem Konto abgebucht. Der Kunde hat die Darlegungs- und Beweislast und befindet sich in erheblicher Beweisnot und hat keinen Anspruch auf Ersatz eines evtl. Verzugsschadens.

Es gibt jedoch eine Rechtsauffassung die besagt, dass für technische Fehler in der dem Geldautomaten nachgeschalteten internen Datenverarbeitung das Kreditinstitut haften soll (eine Art Gefährdungshaftung).

Ein weiterer technischer Fehler kann auftreten: Der Geldautomat zahlt nicht den vom Kunden eingegebenen und vom Kontostand abgebuchten Betrag aus, sondern weniger. Rechtlich gesehen ist dieser Vorfall nicht weiter schwierig: Der Kunde hat einen Anspruch auf Auszahlung des Differenzbetrages (§§ 280 ff.; 812 ff. BGB). Wieder aber ist der Kunde in der Beweisnot und sollte daher unverzüglich bei seinem Kreditinstitut reklamieren. Diesbezüglich erstellt der Geldautomat Protokolle, die einen Auszahlungsvorgang dokumentieren (wobei auch hier Fehler nicht auszuschließen sind) und einen Anscheinsbeweis darstellen können.

Beim Kartenmissbrauch sind die Haftungsfragen anders ausgestaltet. Verliert der Kunde die Karte oder wird sie ihm gestohlen, so muss er dies unverzüglich seinem Kreditinstitut bzw. dem zentralen Sperrannahmedienst melden. Ab Eingang der Verlustmeldung übernehmen die Kreditinstitute die Haftung für eine missbräuchliche Verwendung der Karte am Geldautomaten in voller Höhe. Für vom Finder oder Dieb getätigte Abhebungen vor Eingang der Verlustmeldung sind in den Sonderbedingungen die Haftungsfragen einzeln geregelt.

Missbrauchshaftung

Verlustmeldung, z.B. Tel. Nr. 116 116, www.sperr-notruf.de

Beispiel: Sparkassen übernehmen das Haftungsrisiko dann voll, wenn dem Kunden kein grob fahrlässiges Verhalten nachgewiesen werden kann, er also den Verlust sofort meldet und die Geheimnummer vertraulich behandelt hat.

Grobe Fahrlässigkeit

Grundsätzlich gilt bei Haftungsfragen das Verschuldensprinzip.

Missbrauch von Zahlungskarten

§ 676h BGB

Das Kreditinstitut kann Aufwendungsersatz für die Verwendung von Zahlungskarten oder von deren Daten nur verlangen, wenn diese nicht von einem Dritten missbräuchlich verwendet wurden. Wenn der Zahlungskarte nicht ein Girovertrag, sondern ein anderer Geschäftsbesorgungsvertrag zugrunde liegt, gilt Satz 1 für den Kartenaussteller entsprechend.

Der Zweck dieser Vorschrift ist der Schutz des Inhabers einer Zahlungskarte gegen missbräuchliche Verwendung der Karte durch Dritte.

Jedoch kann dem Kartenaussteller ein Schadensersatzanspruch nach den §§ 280 ff. BGB gegen den Karteninhaber zustehen, wenn dieser seine Pflichten im Rahmen des Deckungsverhältnisses (= Verhältnis zwischen Kunde und Kartenaussteller, also i. d. R. dem Kreditinstitut) verletzt und dadurch den Missbrauch ermöglicht hat; hierbei sind die Regeln zum Mitverschulden (§ 254 BGB) zu beachten.

Beispiel: Der Kunde vermerkt sich die Geheimzahl (PIN) auf der Karte oder zwar anderweitig, jedoch so, dass die PIN vom Finder/Dieb als solche erkannt werden kann.

5. Der Überweisungsverkehr

Überweisung führt zum
Buchgeldtransfer

Grundsätzlich gilt, dass nur der Kontoinhaber einen Überweisungsauftrag an das Kreditinstitut erteilen kann und darf. Die Überweisung stellt im Rahmen des Girovertrages ein einzelnes Bankgeschäft dar. Durch den Überweisungsvertrag hat das Kreditinstitut die Pflicht, einen konkreten Leistungserfolg mit der Gutschrift des Überweisungsbetrages auf dem Konto des Begünstigten herbeizuführen, natürlich unter Reduzierung des Guthabens auf dem Konto des Überweisenden.

§ 676a Abs. 1 BGB

Vertragstypische Pflichten, Kündigung

(1) Durch den Überweisungsvertrag wird das Kreditinstitut (überweisendes Kreditinstitut) gegenüber demjenigen, der die Überweisung veranlasst (Überweisender), verpflichtet, dem Begünstigten einen bestimmten Geldbetrag zur Gutschrift auf dessen Konto beim überweisenden Kreditinstitut zur Verfügung zu stellen (Überweisung) sowie Angaben zur Person des Überweisenden und einen angegebenen Verwendungszweck, soweit üblich, mitzuteilen. Soll die Gutschrift durch ein anderes Kreditinstitut erfolgen, ist das überweisende Kreditinstitut verpflichtet, den Überweisungsbetrag rechtzeitig und, soweit nicht anders vereinbart, ungekürzt dem Kreditinstitut des Begünstigten unmittelbar oder unter Beteiligung zwischengeschalteter Kreditinstitute zu diesem Zweck zu übermitteln und die in Satz 1 bestimmten Angaben weiterzuleiten. ...

Beim Überweisungsvertrag erteilt also der Kunde seinem Kreditinstitut einen Überweisungsauftrag, regelmäßig auf einem Überweisungsvordruck oder am Überweisungsautomaten. Dieser Auftrag kann jedoch auch formlos, z.B. persönlich am Schalter oder telefonisch erteilt werden; ferner kann er als Einzel-, Sammel- oder Dauerauftrag erteilt werden.

Gironetze der
Kreditinstitute

Damit die Kreditinstitute untereinander die Überweisungen ausführen können, brauchen sie dazu Verbindungen. Diese Kontoverbindungen zwischen den einzelnen Kreditinstituten bezeichnet man als Gironetze. Sie ermöglichen den Austausch ausschließlich von Buchgeld und sind damit eine unabdingbare Voraussetzungen für den bargeldlosen Zahlungsverkehr. Stark zunehmende Bedeutung gewinnt das Online-Banking; hierbei nimmt der Kunde Bankgeschäfte wie z.B. die Überweisung mit Hilfe des Internets durch seinen mit dem Kreditinstitut verbundenen Computer vor, wobei natürlich zuvor eine vom Kreditinstitut zur Verfügung gestellte Software auf dem Computer des Kunden installiert werden muss.

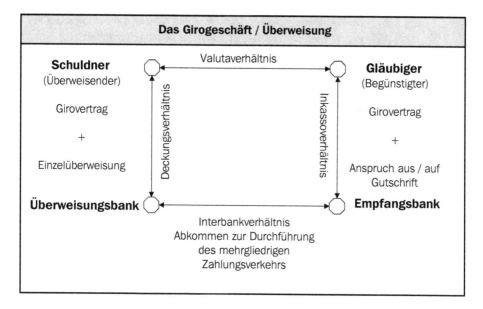

Bei der Überweisung entsteht regelmäßig mindestens ein Vierecksver-
hältnis, dessen Grundschema in obiger Übersicht dargestellt ist:

- Valutaverhältnis: Vertrags- bzw. Grundverhältnis zwischen
  Schuldner und Gläubiger als eigentlicher Zahlungs-(Über-
  weisungs-)anlass,

- Deckungsverhältnis: Vertragsverhältnis zwischen Schuldner
  und seinem Kreditinstitut,

- Deckungsverhältnis/Inkassoverhältnis: Vertragsverhältnis
  zwischen Gläubiger und seinem Kreditinstitut,

- Interbankenverhältnis: Rechtsverhältnis zwischen den beteiligten Kreditinstituten.

Beispiel: Herr Schummi bestellt beim Versandhaus »Günstig« einen
Rasenmäher. Der Rasenmäher wird pünktlich und in einwandfreiem
Zustand geliefert und im Begleitschreiben wird Herr Schummi unter
Angabe einer Bankverbindung gebeten, den Kaufpreis i.H.v. 500,– € zu
bezahlen. Zwischen Schummi und »Günstig« ist ein Kaufvertrag zu-
stande gekommen und dieser stellt das Valutaverhältnis dar. Da
Schummi der Schuldner der Kaufpreiszahlung und Günstig der Gläu-
biger ist, stimmt die Bezeichnung mit dem obigen Schema überein.

Nunmehr weist Schummi sein Kreditinstitut in einem ausgefüllten und
unterschriebenen Überweisungsformular an, den Kaufpreis i.H.v.
500,– € von seinem Konto abzubuchen und dem Konto des Günstig bei
dessen Empfangsbank gutschreiben zu lassen. Erforderlich ist hierfür

*ein Girovertrag zwischen Schummi und seiner Überweisungsbank so-
wie die Einzelüberweisung. Dies ist das Deckungsverhältnis.*

*Aufgrund des Abkommens zur Durchführung des mehrgliedrigen Zah-
lungsverkehrs transferiert die Überweisungsbank des Schummi den
Betrag als Buchgeld unter Belastung des Schummi-Kontos auf das
Konto des Günstig bei der Empfangsbank. Dieses Rechtsverhältnis
zwischen den beteiligten Kreditinstituten nennt man das Interbankenverhältnis.*

*Nunmehr schreibt die Empfangsbank das Buchgeld dem Günstig gut
und dieser hat aus dem Girovertrag heraus einen Anspruch gegen die
Empfangsbank. Dieses Verhältnis wird das Inkassoverhältnis genannt.*

*Günstig steht es nunmehr frei, das Geld bar am Schalter oder am
Geldautomaten abzuheben oder anderweitig zu transferieren, z.B.
durch Überweisung.*

Das Kreditinstitut ist verpflichtet, die Überweisung binnen bestimmter
Fristen auszuführen:

§ 676a BGB

Ausführungsfristen

5 Tage

3 Tage

1 Tag

2 Tage

Vertragstypische Pflichten, Kündigung

(1) ...

(2) Soweit keine andere Fristen vereinbart werden, sind Überweisungen baldmöglichst zu bewirken. Es sind

1. grenzüberschreitende Überweisungen ... binnen fünf Werktagen...

2. inländische Überweisungen ... binnen drei Bankgeschäftstagen auf
das Konto des Kreditinstituts des Begünstigten und

3. Überweisungen ... [innerhalb eines] Kreditinstituts längstens binnen
eines Bankgeschäftstags, andere institutsinterne Überweisungen längstens binnen zwei Bankgeschäftstagen auf das Konto des Begünstigten
zu bewirken (Ausführungsfrist). ...

(3) ...

Die Ausführungsfrist beginnt, soweit nichts anderes vereinbart ist, mit
Ablauf des Tages, an dem der Name des Begünstigten, sein Konto, sein
Kreditinstitut und die sonst zur Ausführung erforderlichen Angaben
dem überweisenden Kreditinstitut vorliegen und ein zur Ausführung
ausreichendes Guthaben vorhanden ist oder eine ausreichende Kreditlinie eingeräumt wurde (§ 676a Abs. Satz 3 BGB).

Führt das Kreditinstitut die Überweisung verspätet durch, so haftet es
dem Kunden:

Haftung für verspätete Ausführung; Geld-zurück-Garantie

§ 676b BGB

(1) Wird die Überweisung erst nach Ablauf der Ausführungsfrist bewirkt, so hat das überweisende Kreditinstitut dem Überweisenden den Überweisungsbetrag für die Dauer der Verspätung zu verzinsen, es sei denn, dass der Überweisende oder der Begünstigte die Verspätung zu vertreten hat. Der Zinssatz beträgt fünf Prozentpunkte über dem Basiszinssatz im Jahr.

(2) ...

Nach dieser Vorschrift haftet das überweisende Kreditinstitut seinem Kunden für Verspätungen, unberechtigte Abzüge und für den Verlust des Überweisungsbetrages. Hierbei ist die Haftung unabhängig von einem Verschulden des überweisenden Kreditinstituts oder dem Verschulden weiterleitender Kreditinstitute.

Verschuldensunabhängige Haftung; sonstige Ansprüche

§ 676c BGB

(1) Die Ansprüche nach § 676b setzen ein Verschulden nicht voraus.
...
(2) ...

Diese Haftung besteht jedoch dann nicht, wenn der Überweisende dem überweisenden Kreditinstitut eine fehlerhafte oder unvollständige Weisung erteilt oder wenn ein von dem Überweisenden ausdrücklich bestimmtes zwischengeschaltetes Kreditinstitut die Überweisung nicht ausgeführt hat. Ist die Überweisung bis zum Ablauf der Ausführungsfrist und auch nicht innerhalb einer Nachfrist von 14 Bankgeschäftstagen bewirkt, so kann der Überweisende die Erstattung des Überweisungsbetrages bis zu einem Betrag von 12.500,– € (Garantiebetrag) zzgl. Entgelte und Auslagen verlangen (§ 676b Abs. 3 BGB). Macht der Kunde diese Erstattung geltend, gilt der Überweisungsauftrag als gekündigt.

Voraussetzung sind klare Angaben.

Eine Kündigung ist im Übrigen sowohl vom überweisenden Kreditinstitut als auch vom Überweisenden nach § 676a Abs. 3 bzw. Abs. 4 BGB möglich:

Vertragstypische Pflichten, Kündigung

§ 676a BGB

(1) ...
(2) ...
(3) Das überweisende Kreditinstitut kann den Überweisungsvertrag, solange die Ausführungsfrist noch nicht begonnen hat, ohne Angabe von Gründen, danach nur noch kündigen, wenn ein Insolvenzverfahren über das Vermögen des Überweisenden eröffnet worden oder ein zur Durchführung der Überweisung erforderlicher Kredit gekündigt wor-

den ist. Im Rahmen von Zahlungsverkehrssystemen kann eine Überweisung abweichend von Satz 1 bereits von dem in den Regeln des Systems bestimmten Zeitpunkt an nicht mehr gekündigt werden.

(4) Der Überweisende kann den Überweisungsvertrag vor Beginn der Ausführungsfrist jederzeit, danach nur kündigen, wenn die Kündigung dem Kreditinstitut des Begünstigten bis zu dem Zeitpunkt mitgeteilt wird, in dem der Überweisungsbetrag diesem Kreditinstitut endgültig zur Gutschrift auf dem Konto des Begünstigten zur Verfügung gestellt wird. Im Rahmen von Zahlungsverkehrssystemen kann eine Überweisung abweichend von Satz 1 bereits von dem in den Regeln des Systems bestimmten Zeitpunkt an nicht mehr gekündigt werden. Das überweisende Kreditinstitut hat die unverzügliche Information des Kreditinstituts des Begünstigten über eine Kündigung zu veranlassen.

Der Zeitpunkt des Kündigungszuganges ist entscheidend.

Entscheidend ist danach, dass im Falle der Kündigung des Überweisungsauftrages die Kündigung dem Kreditinstitut des Begünstigten bis zu dem Zeitpunkt mitgeteilt werden muss, zu dem der Geldbetrag zur Gutschrift auf dessen Kundenkonto zur Verfügung gestellt wurde. Erfolgt die Gutschrift nach Eingang der Kündigung, so kann diese wieder rückgängig gemacht werden.

Prüfungspflichten des Kreditinstituts

Vor der Ausführung eines Überweisungsauftrages prüft das Kreditinstitut des Zahlungspflichtigen, ob

- genügend Deckung auf dem Konto des Überweisenden vorhanden ist,

- die Unterschrift mit der hinterlegten Unterschriftsprobe übereinstimmt,

- die angegebene Bankleitzahl mit dem angegebenen Empfängerinstitut übereinstimmt.

Beispiel: Ein Nichtverfügungsberechtigter füllt einen Überweisungsauftrag vom Konto seines Feindes auf das eigene Konto aus und unterschreibt mit dem Namen des Feindes. Der Angestellte des Kreditinstituts unterlässt eine Unterschriftenprüfung und dem Nichtverfügungsberechtigten wird der Betrag endgültig gutgeschrieben. In einem solchen Fall haftet das Kreditinstitut dem »Feind« auf Schadensersatz nach §§ 280 Abs. 1; 241 Abs. 2 BGB wegen Pflichtverletzung (Verletzung der Sorgfaltspflicht) und hat dementsprechend einen Regressanspruch gegen den Nichtverfügungsberechtigten.

Das Preisverzeichnis ist wichtiger Vertragsbestandteil.

Das Entgelt und die Wertstellungszeitpunkte kann der Kunde dem Preisverzeichnis entnehmen. Jedoch dürfen bei institutsübergreifenden Überweisungen keine Entgelte vom Überweisungsbetrag abgezogen werden; beim Empfänger muss der volle Überweisungsbetrag ankommen. Das Konto des Überweisenden wird mit Wertstellung am Tag des

Überweisungsausgangs bei seinem Kreditinstitut belastet. Vor der end-
gültigen Gutschrift des Überweisungsbetrages auf dem Konto des Zahlungsempfängers ist dessen Kreditinstitut nach dem Abkommen zum
Überweisungsverkehr verpflichtet, einen Kontonummern-Namensver-
gleich durchzuführen. Ist eine eindeutige Zuordnung nicht möglich, so
muss das Kreditinstitut des Begünstigten Rücksprache mit dem Kreditinstitut des Überweisenden halten.

Für besonders eilige Überweisungen (Eilüberweisung) bieten die Kre-   Eilüberweisung
ditinstitute an, die Aufträge als Eilüberweisung mittels Telefax, Telex
oder elektronisch durchzuführen. Auf diesem Wege erfolgt die Wertstellung der Zahlung beim Empfänger noch am selben Tag. Die separat
anfallenden Gebühren lassen sich dem Preis- und Leistungsverzeichnis
des Kreditinstituts entnehmen.

6. Der Scheck

Der Rechtscharakter
des Schecks ist eine
Anweisung.

Der Scheck ist eine Anweisung des Scheckausstellers an sein Kreditinstitut, zu Lasten seines Girokontos eine bestimmte Geldsumme an den Zahlungsempfänger zu leisten.

Rechtliche Bestimmungen zum Scheck finden sich im Scheckgesetz (ScheckG) sowie in den Allgemeinen Geschäftsbedingungen mit dem Kreditinstitut. Der Scheck ist als Urkunde ein Wertpapier, das ein Recht verbrieft. Der Scheck muss bestimmte formale Anforderungen erfüllen:

Scheck ist Wertpapier.

Art. 1 ScheckG

Bestandteile

Der Scheck enthält:

1. die Bezeichnung als Scheck im Texte der Urkunde, und zwar in der Sprache, in der sie ausgestellt ist;

2. die unbedingte Anweisung, eine bestimmte Geldsumme zu zahlen;

3. den Namen dessen, der zahlen soll (Bezogener);

4. die Angabe des Zahlungsortes;

5. die Angabe des Tages und des Ortes der Ausstellung;

6. die Unterschrift des Ausstellers.

Als Bezogener wird normalerweise immer das Kreditinstitut des Scheckausstellers anzusehen sein. Fehlt eines der vorgenannten Merkmale, so gilt die Urkunde nicht als Scheck, abgesehen von der Ortsangabe (Art. 2 ScheckG).

Ein Zahlungsempfänger kann, muss jedoch nicht angegeben werden.

Art. 5 ScheckG

Zahlungsempfänger

(1) Der Scheck kann zahlbar gestellt werden:

an eine bestimmte Person, mit oder ohne den ausdrücklichen Vermerk »an Order«;

an eine bestimmte Person, mit dem Vermerk »nicht an Order« oder mit einem gleichbedeutenden Vermerk;

In Deutschland sind
Schecks aufgrund des
Vordruckes regelmäßig
Inhaberpapiere, d.h. das
verbriefte Recht steht
dem Inhaber (Besitzer,
nicht notwendig Eigen-
tümer) zu. Auch hier gilt
§ 935 Abs. 2 BGB.

an den Inhaber.

(2) Ist im Scheck eine bestimmte Person mit dem Zusatz »oder Überbringer« oder mit einem gleichbedeutenden Vermerk als Zahlungsempfänger bezeichnet so gilt der Scheck als auf den Inhaber gestellt.

(3) Ein Scheck ohne Angabe des Nehmers gilt als zahlbar an den Inhaber.

Regelmäßig enthalten die von den Kreditinstituten zur Verfügung gestellten Scheckvordrucke den Zusatz »oder Überbringer« so dass diese als Inhaberpapiere anzusehen sind. Der Vermerk »Order« hat Bedeutung für die Frage, ob der Scheck weiter übertragbar ist. Man spricht schecktechnisch von einem Indossament.

Zulässigkeit des Indossaments

Art. 14 ScheckG

(1) Der auf eine bestimmte Person zahlbar gestellte Scheck mit oder ohne den ausdrücklichen Vermerk »an Order« kann durch Indossament übertragen werden.

(2) Der auf eine bestimmte Person zahlbar gestellte Scheck mit dem Vermerk »nicht an Order« oder mit einem gleichbedeutenden Vermerk kann nur in der Form und mit den Wirkungen einer gewöhnlichen Abtretung übertragen werden.

(3) Das Indossament kann auch auf den Aussteller oder jeden anderen Scheckverpflichteten lauten. Diese Personen können den Scheck weiter indossieren.

Das Indossament ist eine Übertragungserklärung dahingehend, dass die Rechte aus dem Scheck vom Indossant auf den Indossatar übertragen werden. Diese Übertragungserklärung wird meist auf die Rückseite des Schecks geschrieben (und so erklärt sich der Fachausdruck: italienisch bedeutet »in dosso« »auf dem Rücken«).

Das Mittel für den Übergang des verbrieften Scheckrechts ist die Übereignung der Scheckurkunde; sie geschieht durch Einigung und Übergabe, § 929 BGB. Wird die Urkunde indossiert, so kommt dem Rechtsübergang eine besondere Wirkung zu.

Transportfunktion

Art. 17 ScheckG

(1) Das Indossament überträgt alle Rechte aus dem Scheck.
(2) ...

Daneben erfüllt das Indossament eine Garantiefunktion (Art. 18 ScheckG) sowie eine Legitimationsfunktion (Art. 19 ScheckG).

Beim Inhaberscheck, der in Deutschland dominiert (im Ausland dagegen die Orderschecks), ist ein Indossament nicht erforderlich. Wenn dennoch die Kreditinstitute ihre Kunden veranlassen, auf der Rückseite eines Inhaber- bzw. Überbringerschecks zu unterschreiben, so bewirkt dies, dass der Einreicher als Indossatar für die Einlösung des Schecks entsprechend der im Scheckgesetz für den Rückgriff vorgesehenen Bestimmungen haftet.

Inhaberschecks benötigen kein Indossament.

Art. 40 ScheckG

Voraussetzungen des
Rückgriffs mangels
Zahlung

Voraussetzungen

Der Inhaber kann gegen die Indossanten, den Aussteller und die anderen Scheckverpflichteten Rückgriff nehmen, wenn der rechtzeitig vorgelegte Scheck nicht eingelöst und die Verweigerung der Zahlung festgestellt worden ist:

1. durch eine öffentliche Urkunde (Protest) oder

2. durch eine schriftliche, datierte Erklärung des Bezogenen auf dem Scheck, die den Tag der Vorlegung angibt oder

3. durch eine datierte Erklärung einer Abrechnungsstelle, daß der Scheck rechtzeitig eingeliefert und nicht bezahlt worden ist.

Natürlich möchte der Inhaber eines Schecks diesen einlösen und entweder in Bargeld »umwandeln« oder sich den Betrag gutschreiben lassen (Buchgeld).

Art. 28 ScheckG

Fälligkeit

(1) Der Scheck ist bei Sicht zahlbar. Jede gegenteilige Angabe gilt als nicht geschrieben.

(2) Ein Scheck, der vor Eintritt des auf ihm angegebenen Ausstellungstages zur Zahlung vorgelegt wird, ist am Tage der Vorlegung zahlbar.

Die Vordatierung ist daher als Kreditmittel nicht geeignet, da stets bei Sicht, also wenn der Scheck zur Einlösung vorgelegt wird, zu zahlen ist. Allerdings kann sich der Inhaber mit der Vorlage nicht ewig Zeit lassen.

Art. 29 ScheckG

Vorlegungsfristen

(1) Ein Scheck, der in dem Lande der Ausstellung zahlbar ist, muß binnen acht Tagen zur Zahlung vorgelegt werden.

(2) Ein Scheck, der in einem anderen Lande als dem der Ausstellung zahlbar ist, muß binnen zwanzig Tagen vorgelegt werden, wenn Ausstellungsort und Zahlungsort sich in demselben Erdteil befinden, und binnen siebzig Tagen, wenn Ausstellungsort und Zahlungsort sich in verschiedenen Erdteilen befinden.

(3) Hierbei gelten die in einem Lande Europas ausgestellten und in einem an das Mittelmeer grenzenden zahlbaren Schecks ebenso wie die in einem an das Mittelmeer grenzenden Lande ausgestellten und in einem Lande Europas zahlbaren Schecks als Schecks, die in demselben Erdteile ausgestellt und zahlbar sind.

(4) Die vorstehend erwähnten Fristen beginnen an dem Tage zu laufen, der in dem Scheck als Ausstellungstag angegeben ist.

Lässt der Inhaber die Vorlagefrist von acht Tagen verstreichen, bleibt der Scheck dennoch wirksam. Jedoch kann ihn der Aussteller nunmehr widerrufen (man spricht auch von sperren) und der Regress wird erschwert. In einem Grundsatzurteil hat der Bundesgerichtshof entschieden, dass eine Schecksperre auch vor Ablauf der Vorlegungsfrist durch das bezogene Kreditinstitut zu beachten ist. Jedoch muss der Widerruf dem bezogenen Kreditinstitut so rechtzeitig zugehen, dass seine Berücksichtigung im Rahmen des ordnungsgemäßen Arbeitsablaufs möglich ist. Die Schecksperre wirkt nur sechs Monate, kann jedoch verlängert werden.

Für die Nichteinlösung von Scheks gelten folgende Regeln:

- Das bezogene Kreditinstitut kann die Einlösung von Scheks verweigern, wenn das Konto des Ausstellers keine ausreichende Deckung aufweist oder die Vorlegungsfrist abgelaufen ist.

- Das bezogene Kreditinstitut muss die Einlösung von Scheks verweigern, wenn die Unterschrift des Ausstellers nicht der hinterlegten Unterschriftsprobe entspricht, ein rechtzeitig eingegangener Widerruf vorliegt oder ein erkennbarer Fall nicht berechtigter Vorlage gegeben ist.

Der Scheckinhaber hat die Pflicht, den Aussteller bzw. Indossanten innerhalb von vier bzw. zwei Werktagen von der Nichteinlösung zu benachrichtigen.

Benachrichtigungen

(1) Der Inhaber muß seinen unmittelbaren Vormann und den Aussteller von dem Unterbleiben der Zahlung innerhalb der vier Werktage benachrichtigen, die auf den Tag der Protesterhebung oder der Vornahme der gleichbedeutenden Feststellung oder, im Falle des Vermerks »ohne Kosten«, auf den Tag der Vorlegung folgen. Jeder Indossant muß innerhalb zweier Werktage nach Empfang der Nachricht seinem unmittelbaren Vormanne von der Nachricht, die er erhalten hat, Kenntnis geben und ihm die Namen und Adressen derjenigen mitteilen, die vorher Nachricht gegeben haben, und so weiter in der Reihenfolge bis zum Aussteller. Die Fristen laufen vom Empfang der vorhergehenden Nachricht.

...

(6) Wer die rechtzeitige Benachrichtigung versäumt, verliert nicht den Rückgriff; er haftet für den etwa durch seine Nachlässigkeit entstandenen Schaden, jedoch nur bis zur Höhe der Schecksumme.

Acht-Tage-Frist

Schecksperre

Nichteinlösung

Art. 42 ScheckG

Diese Benachrichtigungspflichten muss der Inhaber des Schecks unbedingt beachten, um den Regress gemäß Scheckgesetz geltend machen zu können.

Formelle Voraussetzung für den Rückgriff ist die formgebundene Feststellung der Zahlungsverweigerung nach Art. 40 ScheckG. So kann der Protest in einer öffentlichen Urkunde festgehalten werden, jedoch kann die Zahlungsverweigerung auch durch eine schriftlich datierte und unterschriebene Erklärung über die Vorlegung und Nichtzahlung durch die bezogene Bank oder eine Abrechnungsstelle erfolgen.

Die Rückgriffsschuldner haften gesamtschuldnerisch.

Art. 44 ScheckG

Haftung der Scheckverpflichteten

(1) Alle Scheckverpflichteten haften dem Inhaber als Gesamtschuldner.

(2) Der Inhaber kann jeden einzeln oder mehrere oder alle zusammen in Anspruch nehmen, ohne an die Reihenfolge gebunden zu sein, in der sie sich verpflichtet haben.

(3) Das gleiche Recht steht jedem Scheckverpflichteten zu, der den Scheck eingelöst hat.

(4) Durch die Geltendmachung des Anspruchs gegen einen Scheckverpflichteten verliert der Inhaber nicht seine Rechte gegen die anderen Scheckverpflichteten, auch nicht gegen die Nachmänner desjenigen, der zuerst in Anspruch genommen worden ist.

Für die Rückgriffsansprüche gilt eine sehr kurze, nämlich sechsmonatige Verjährungsfrist.

Art. 52 ScheckG

Verjährungsfrist

(1) Die Rückgriffsansprüche des Inhabers gegen die Indossanten, den Aussteller und die anderen Scheckverpflichteten verjähren in sechs Monaten vom Ablauf der Vorlegungsfrist.

(2) Die Rückgriffsansprüche eines Verpflichteten gegen einen anderen Scheckverpflichteten verjähren in sechs Monaten von dem Tage, an dem der Scheck von dem Verpflichteten eingelöst oder ihm gegenüber gerichtlich geltend gemacht worden ist.

Zu beachten ist hierbei, dass der Neubeginn der Verjährung und ihre Hemmung nach § 204 BGB nur gegen den Scheckverpflichteten, in Ansehung dessen die Tatsache eingetreten ist, welche den Neubeginn oder die Hemmung bewirkt, wirken.

Wenn der Scheck nicht bezahlt wird, verliert der Inhaber nicht den dem Scheck zugrunde liegenden Zahlungsanspruch, da Schecks in der Regel nur erfüllungshalber angenommen werden.

Annahme an Erfüllungs statt

§ 364 BGB

(1) Das Schuldverhältnis erlischt, wenn der Gläubiger eine andere als die geschuldete Leistung an Erfüllungs statt annimmt.

(2) Übernimmt der Schuldner zum Zwecke der Befriedigung des Gläubigers diesem gegenüber eine neue Verbindlichkeit, so ist im Zweifel nicht anzunehmen, dass er die Verbindlichkeit an Erfüllungs statt übernimmt.

Der Scheck stellt eine solche neue Verbindlichkeit erfüllungshalber im Sinne des Absatzes 2 dar. Dies bereits deshalb, weil das Kreditinstitut gegenüber dem Scheckinhaber rechtlich nicht verpflichtet ist, den Betrag auszuzahlen. Auf den ersten Blick erscheint dies merkwürdig, aber es besteht kein Direktverhältnis zwischen dem Kreditinstitut und dem Scheckinhaber. Wenn das Kreditinstitut dennoch auszahlt, dann nur deshalb, weil es der in dem Scheck enthaltenen Anweisung seines Kunden folgt und zahlt gegen Hereinnahme des Schecks an den Inhaber bzw. Indossatar. Anders ausgedrückt: Der Scheck gibt dem Inhaber keinen Direktanspruch gegen das bezogene Kreditinstitut.

Es besteht kein Rechtsanspruch des Scheckinhabers auf Auszahlung gegen das Kreditinstitut.

Schecks können mit einer Einlösungsgarantie versehen werden. Eine solche war die eurocheque-Garantie, die jedoch zum 31.12.2001 ausgelaufen ist. Im Wesentlichen spielen nur noch bankbestätigte LZB-Schecks eine Rolle.

Es besteht die Möglichkeit, auf dem Scheck »nur zur Verrechnung« zu vermerken. Es handelt sich dann um einen Verrechnungsscheck. Sie dürfen vom bezogenen Kreditinstitut nur im Wege der Gutschrift eingelöst werden, wobei die Gutschrift dann als Zahlung gilt. Eine Streichung des Verrechnungsvermerks gilt als nicht erfolgt; fehlt ein solcher Vermerk, handelt es sich um einen Barscheck, der durch Barauszahlung an den Vorleger eingelöst werden kann. Aktiv scheckfähig sind rechts- und geschäftsfähige Personen, also auch die Gesellschaft bürgerlichen Rechts.

Verrechnungsschecks führen zum Buchgeld.

7. Der Wechsel

Der Wechsel ist eine übernommene historische Entwicklung, die kodifiziert wurde.

Der Wechsel ist eine Schöpfung der kaufmännischen Praxis und wurde bereits Mitte des 12. Jahrhunderts verwendet. Eine gesetzliche Festlegung des Wechselrechts geschah erst, nachdem es sich gewohnheitsmäßig gebildet hatte. Das »Genfer einheitliche Wechselrecht« gilt heute in fast allen europäischen Ländern.

Wechsel ist Wertpapier.

Der Wechsel ist ein Wertpapier, das in erster Linie als Mittel zur Kreditbeschaffung dient.

Wie beim Scheck liegt dem Wechsel zunächst eine Verbindlichkeit zwischen Gläubiger und Schuldner (Valutaverhältnis) zugrunde.

Beispiel: Der Schreinermeister Säge installiert beim Gastwirt Gustav in dessen Gaststätte eine neue Einrichtung für 50.000,– €. Der Gastwirt Gustav ist jedoch nicht flüssig und bietet dem Schreinermeister Säge an, einen Wechsel auszustellen. Der Schreinermeister Säge muss nicht, kann aber zustimmen (akzeptieren). Am besten ist es, wenn bereits im zugrunde liegenden Vertrag die Möglichkeit des Wechsels vereinbart wird.

Wechsel ist unabhängig vom Kausalgeschäft.

Der Wechsel verbrieft eine selbständige Forderung, denn aus der Wechselurkunde ergibt sich, dass dem Wechselgläubiger eine bestimmte Geldsumme geschuldet wird, nicht jedoch aus welchem Grunde sie geschuldet wird. Ganz im Gegenteil, Bezugnahmen auf das Grundgeschäft machen den Wechsel nichtig.

Art. 1 WG

Bestandteile des gezogenen Wechsels

Bestandteile

Der gezogene Wechsel enthält:

1. die Bezeichnung als Wechsel im Texte der Urkunde, und zwar in der Sprache, in der sie ausgestellt ist;

2. die unbedingte Anweisung, eine bestimmte Geldsumme zu zahlen;

Bedingungen sind nicht erlaubt und führen zur Nichtigkeit des Wechsels.

3. den Namen dessen, der zahlen soll (Bezogener);

4. die Angabe der Verfallzeit;

5. die Angabe des Zahlungsortes;

6. den Namen dessen, an den oder an dessen Order gezahlt werden soll;

7. die Angabe des Tages und des Ortes der Ausstellung;

8. die Unterschrift des Ausstellers.

Zwei Grundformen des Wechsels

Die beiden Grundformen des Wechsels sind:

• der eigene Wechsel (auch sola oder trockener Wechsel genannt), in welchem der Aussteller selbst die Zahlung einer bestimmten

Geldsumme an einem bestimmten Tag verspricht,

- der gezogene Wechsel (Tratte bzw. Akzept), in welchem der Aussteller einen anderen anweist, an den durch die Urkunde als berechtigt ausgewiesenen (die »Order«) eine bestimmte Geldsumme an einem bestimmten Tag zu zahlen, wobei er, der Aussteller, jedoch für Annahme und Einlösung selbst haftet.

Der gezogene Wechsel ist im Wirtschaftsleben die am häufigsten verwendete Form des Wechsels. Unter Tratte versteht man den noch nicht angenommenen, unter Akzept den angenommenen (akzeptierten) Wechsel. Als Bankakzept bezeichnet man einen auf ein Kreditinstitut gezogenen und von ihm angenommenen Wechsel.

§ 1 WG ist zu entnehmen, dass acht Formerfordernisse bestehen. Vorbehaltlich der in Art. 2 Abs. 2 bis 4 WG genannten Ausnahmen ist ein Wechsel, der gegen diese Formerfordernisse verstößt, nichtig. Acht Formerfordernisse

Fehlen von Bestandteilen **Art. 2 WG**

(1) Eine Urkunde, der einer der in vorstehendem Artikel bezeichneten Bestandteile fehlt, gilt nicht als gezogener Wechsel, vorbehaltlich der in den folgenden Absätzen bezeichneten Fälle.

(2) Ein Wechsel ohne Angabe der Verfallzeit gilt als Sichtwechsel.

(3) Mangels einer besonderen Angabe gilt der bei dem Namen des Bezogenen angegebene Ort als Zahlungsort und zugleich als Wohnort des Bezogenen.

(4) Ein Wechsel ohne Angabe des Ausstellungsortes gilt als ausgestellt an dem Orte, der bei dem Namen des Ausstellers angegeben ist.

Beispiel: Wenn der Text lautet: »Zahlen Sie gegen diesen Wechsel als Kaufpreis an Herrn X am 03.04.2004 in Dresden 500,– € nebst 5 % Zinsen«, so verstößt dies gegen die Bedingungsfeindlichkeit des Art. 1 Nr. 2 WG. Jeder Zusatz, der die vom Grundgeschäft losgelöste Anweisung selbst unter eine Bedingung stellt, macht also den Wechsel formnichtig. Zulässig sind dagegen bloße Hinweise auf das Grundverhältnis zwischen dem Aussteller und dem Bezogenen (sog. Deckungsklausel) oder zwischen Aussteller und Remittenten (sog. Valutaklausel), die den Inhalt der Wechselerklärung in keiner Weise einschränken, also »Zahlen Sie 1.000,– € als Kaution«, »Zahlen Sie für gelieferte Ware laut Rechnung vom 04.03.2004« etc.

Auch der Wechsel wird wie der Scheck nur erfüllungshalber angenommen (§ 364 Abs. 2 BGB). Die ursprüngliche Forderung bleibt daher bestehen, ist jedoch bis zur Fälligkeit des Wechsels gestundet, sofern die Parteien nichts anderes vereinbart haben.

Die Verfallzeit gem. Art. 1 Nr. 4 WG ist derjenige Termin, an dem zu zahlen ist. Fehlt eine Verfallzeit, gilt der Wechsel als Sichtwechsel.

Art. 34 WG

Sichtwechsel

(1) Der Sichtwechsel ist bei der Vorlegung fällig. Er muss binnen einem Jahr nach der Ausstellung zur Zahlung vorgelegt werden. ...

(2) ...

Der Bezogene ist natürlich nur dann aus dem Wechsel zur Zahlung an den Wechselnehmer verpflichtet, wenn er den Wechsel angenommen hat (akzeptiert hat).

Art. 25 WG

Annahmeerklärung

(1) Die Annahmeerklärung wird auf den Wechsel gesetzt. Sie wird durch das Wort »angenommen« oder ein gleichbedeutendes Wort ausgedrückt; sie ist vom Bezogenen zu unterschreiben. Die bloße Unterschrift des Bezogenen auf der Vorderseite des Wechsels gilt als Annahme.

(2) ...

Durch das Akzept wird der Bezogene zum Akzeptanten und damit zum Hauptschuldner der Wechselverbindlichkeit.

Art. 28 WG

Wirkung der Annahme

(1) Der Bezogene wird durch die Annahme verpflichtet, den Wechsel bei Verfall zu bezahlen.

(2) ...

Da der Wechsel ein Wertpapier ist, muss der Bezogene nur bei Vorlage der Wechselurkunde die Zahlung leisten. Um den Anspruch des Ausstellers auf die Geldforderung auf einen neuen Wechselnehmer wirksam zu übertragen, muss der Wechsel bei Weitergabe indossiert werden. Das Indossament wird – wie beim Scheck – auf der Rückseite des Wechsels angebracht (zur Erinnerung: »in dosso« bedeutet italienisch »auf dem Rücken«).

Art. 11 WG

Übertragung des Wechsels

(1) Jeder Wechsel kann durch Indossament übertragen werden, auch wenn er nicht ausdrücklich an Order lautet.

(2) Hat der Aussteller in den Wechsel die Worte »nicht an Order« oder einen gleichbedeutenden Vermerk aufgenommen, so kann der Wechsel nur in der Form und mit den Wirkungen einer gewöhnlichen Abtretung übertragen werden.

(3) Das Indossament kann auch auf den Bezogenen, gleichviel ob er den Wechsel angenommen hat oder nicht, auf den Aussteller oder auf jeden anderen Wechselverpflichteten lauten. Diese Personen können den Wechsel weiter indossieren.

Nach Art. 13 WG muss das Indossament auf den Wechsel oder auf ein mit dem Wechsel verbundenes Blatt gesetzt werden.

Beispiel: Die übliche Klausel lautet: »Für mich an die Order des X. Ort, Datum, Unterschrift«

Auch beim Wechsel hat das Indossament wie beim Scheck eine Transportfunktion (Art. 14 WG) und Garantiefunktion (Art. 15 WG).

Einwendungen sind jedoch aus dem Grundverhältnis nicht möglich.　　Einwendungen

Einwendungen des Wechselschuldners　　Art. 17 WG

Wer aus dem Wechsel in Anspruch genommen wird, kann dem Inhaber keine Einwendungen entgegensetzen, die sich auf seine unmittelbaren Beziehungen zu dem Aussteller oder zu einem früheren Inhaber gründen, es sei denn, daß der Inhaber bei dem Erwerb des Wechsels bewußt zum Nachteil des Schuldners gehandelt hat.

Beispiel: Im obigen Fall des Schreinermeisters Säge kann der Gastwirt Gustav die Einwendung aus dem Grundverhältnis (Werkvertrag), die Einbauten seien schief oder fehlerhaft, nicht geltend machen. Diese Einrede bleibt dem Grundverhältnis vorbehalten.

Grundsätzlich ist der Wechsel am Verfalltag bzw. am ersten Werktag nach dem Verfalltag zur Zahlung fällig. Zahlungsschuldner ist in erster Linie der Aussteller und der Bezogene:

Haftung des Ausstellers　　Art. 9 WG

(1) Der Aussteller haftet für die Annahme und die Zahlung des Wechsels.

(2) ...

Wird der Wechsel innerhalb der Vorlegungsfrist nicht eingelöst, bezeichnet man ihn als Not leidend. Dies gilt auch für Wechsel, die vom Bezogenen nicht akzeptiert werden oder bei denen während der Laufzeit Zweifel an der Zahlungsfähigkeit des Bezogenen aufkommen.

Rückgriff mangels Zahlung　　Art. 43 WG

(1) Der Inhaber kann gegen die Indossanten, den Aussteller und die anderen Wechselverpflichteten bei Verfall des Wechsels Rückgriff nehmen, wenn der Wechsel nicht bezahlt worden ist.

(2) Das gleiche Recht steht dem Inhaber schon vor Verfall zu,

1. wenn die Annahme ganz oder teilweise verweigert worden ist;

2. wenn über das Vermögen des Bezogenen ... das Insolvenzverfahren eröffnet worden ist oder wenn der Bezogene auch nur seine Zahlungen eingestellt hat oder wenn eine Zwangsvollstreckung in sein Vermögen fruchtlos verlaufen ist;

3. wenn über das Vermögen des Ausstellers eines Wechsels ... das Insolvenzverfahren eröffnet worden ist.

In einem solchen Fall ist ein Protest erforderlich:

Art. 44 WG

Protest

(1) Die Verweigerung der Annahme oder der Zahlung muß durch eine öffentliche Urkunde (Protest mangels Annahme oder mangels Zahlung) festgestellt werden.

(2) Der Protest mangels Annahme muß innerhalb der Frist erhoben werden, die für die Vorlegung zur Annahme gilt. ...

(3) ...

Benachrichtigung

Der Inhaber muss seinen unmittelbaren Vormann und den Aussteller von dem Unterbleiben der Annahme oder Zahlung innerhalb der vier Werktage benachrichtigen, die auf den Tag der Protesterhebung folgen; jeder Indossant muss innerhalb zweier Werktage nach Empfang der Nachricht seinem unmittelbaren Vormann von der Nachricht, die er erhalten hat, Kenntnis geben, Art. 45 WG. Alle, die einen Wechsel ausgestellt, angenommen, indossiert oder mit einer Bürgschaftserklärung versehen haben, haften dem Inhaber als Gesamtschuldner (Art. 47 WG).

Verjährungsfrist: drei Jahre

Für die Rückgriffsansprüche gilt eine dreijährige Verjährungsfrist, berechnet vom Verfalltage an (Art. 70 WG).

8. Die Lastschrift

Das Lastschriftverfahren ist als Sonderform des Giroverkehrs eine Möglichkeit, aufgrund derer der Zahlungsempfänger einen Betrag vom Konto des Zahlungspflichtigen abbuchen lässt. Zivilrechtlich liegt hier wieder eine Zahlungsverpflichtung (Kaufpreis, Steuerberaterrechnung etc.) zwischen Gläubiger (Zahlungsempfänger) und Schuldner (Zahlungspflichtiger) zugrunde.

Da der Zahlungsvorgang nicht vom Zahlungspflichtigen, sondern vom Zahlungsempfänger ausgelöst wird, verfügt dieser über das Konto seines Schuldners. Dieser muss daher mit der Verfügung einverstanden sein. Er kann seine Zustimmung auf zwei Arten erklären:

Verfügung durch den Gläubiger

- als Einzugsermächtigung gegenüber dem Gläubiger oder
- als Abbuchungsauftrag gegenüber seinem Kreditinstitut.

Natürlich müssen sich beide Seiten gegenseitig vertrauen: Der Schuldner muss sich darauf verlassen können, dass der Gläubiger den richtigen Betrag abbucht; der Gläubiger wiederum muss sich darauf verlassen können, dass der Schuldner für die entsprechende Deckung auf seinem Konto sorgt. Sind diese Voraussetzungen eingehalten, bedeutet der Lastschriftverkehr für den Gläubiger

- Erhöhung seiner Liquidität, da ein schnellerer Zahlungseingang erfolgt,

Vorteile für den Gläubiger

- Er muss die Zahlungseingänge nicht einzeln überwachen, da sich die Nichtzahlung durch Rückgabe der Lastschrift erkennen lässt,
- Vereinfachung des Mahnwesens (und ggf. Kostenersparnis).

Für den Schuldner bedeutet der Lastschriftverkehr:

- Zahlungstermine können nicht mehr versäumt werden,

Vorteile für den Schuldner

- für ihn fallen keine Gebühren an, da der Gläubiger die Kosten für die Zahlung zu übernehmen hat,
- Zeitersparnis, da weder Daueraufträge noch Überweisungen oder Schecks auszufüllen sind.

8.1. Die Einzugsermächtigung

Die Einzugsermächtigung ist eine schriftliche, jederzeit widerrufliche Ermächtigung des Gläubigers durch den Schuldner, den jeweils fälligen Betrag vom Girokonto des Zahlungspflichtigen einzuziehen. Damit der Zahlungsempfänger am Lastschriftverkehr teilnehmen kann, muss

Jederzeit widerrufbar

er von seinem Kreditinstitut hierzu zugelassen werden. Dazu muss er neben zweifelsfreier Bonität (wegen Missbrauchsgefahr) auch eine Vereinbarung über die Einhaltung der Regeln für den Einzug von Lastschriften unterschreiben:

- Einzug ausschließlich fälliger Forderungen,
- Zustimmung des Schuldners,
- Rückbelastung bei Nichteinlösung.

Die Spitzenverbände des Kreditgewerbes haben ein entsprechendes Abkommen über den Lastschriftverkehr abgeschlossen, wonach vom Kunden beleghaft eingereichte Lastschriften von der ersten Inkassostelle (Kreditinstitut des Zahlungsempfängers) erfasst und im Verrechnungsverkehr zwischen den Kreditinstituten beleglos abgewickelt werden (sog. EZL-Verfahren). Dieses Abkommen enthält auch Haftungsregelungen für den Fall, dass durch die unrichtige Erfassung oder Weiterleitung der Daten (finanzielle) Schäden entstehen. Bei Einzugsermächtigungslastschriften haftet die erste Inkassostelle der Zahlstelle für jeden Schaden, der dieser durch unberechtigt eingereichte Lastschriften entsteht, bei Abbuchungsauftragslastschriften haftet jedoch die Zahlstelle, wenn sie den Lastschriftbetrag einem nicht zahlungspflichtigen Kontoinhaber belastet, obwohl dieser Fehler bei Prüfung auf Vorliegen des Abbuchungsauftrages zu vermeiden gewesen wäre.

Haftung der ersten Inkassostelle

Die Prüfung der Rechtmäßigkeit der Lastschrift kann bei Veranlassung des Einzuges natürlich nur der Zahlungsempfänger vornehmen. Daher kann der Zahlungsverpflichtete einer Lastschrift binnen sechs Wochen widersprechen. Mit seinem Widerspruch macht er die Belastung seines Kontos rückgängig. Die Zahlstelle schreibt ihm den Betrag mit der Wertstellung des Belastungstages und damit zinsneutral wieder gut. Obwohl der Zahlungspflichtige sechs Wochen Zeit für den Widerspruch hat, muss er von seinem Widerspruchsrecht unverzüglich, also ohne schuldhaftes Zögern, Gebrauch machen, sobald ihm die unberechtigte Belastung bekannt wird (und nicht dann noch z.B. fünf Wochen zuwarten).

8.2. Der Abbuchungsauftrag

Jederzeit widerrufbar

Der Abbuchungsauftrag ist eine schriftliche, jederzeit widerrufliche Beauftragung der Zahlstelle (das ist das Kreditinstitut des Schuldners) durch den Zahlungspflichtigen, vom Zahlungsempfänger ausgestellte Lastschriften zu Lasten seines Kontos einzulösen. Dieses weniger genutzte Verfahren wird hauptsächlich für Forderungen aus Kaufverträgen zwischen Wirtschaftsunternehmen verwendet.

8.3. Die Nichteinlösung

Die Zahlstelle kann die Einlösung einer Lastschrift ablehnen, wenn

- das Konto des Zahlungspflichtigen keine Deckung aufweist,
- die Lastschrift uneinbringlich ist (z.B. falsche Kontonummer oder nicht eindeutige Namensangabe),
- wenn bei Abbuchungsauftragslastschriften kein Abbuchungsauftrag vorliegt.

Die Zahlstelle muss entsprechend des Lastschriftabkommens folgende Rückgabemodalitäten beachten:

- Rückgabe nicht eingelöster Lastschriften spätestens am Folgetag des Lastschriftengangs,
- unverzügliche Rückgabe nach Kenntnisnahme vom Widerspruch an die erste Inkassostelle,
- Eilnachricht an die erste Inkassostelle bei Lastschriftbeträgen von mehr als 3.000,– € (spätestens bis 14.30 Uhr am Folgetag des Eingangs mittels Telex, Telefax, Telefon oder Telegramm),
- die Zahlstelle kann für Rücklastschriften ein Rücklastschriftenentgelt berechnen,
- bei Nichteinlösung muss die Zahlstelle den Zahlungspflichtigen hierüber unverzüglich benachrichtigen, damit dieser ggf. erforderliche Veranlassungen (z.B. Einzelüberweisung) treffen kann.

Macht der Zahlungsempfänger trotz Widerrufs des Lastschriftverfahrens (aus Beweisgründen Einschreiben mit Rückschein) von der Lastschrift Gebrauch, macht er sich schadensersatzpflichtig und muss alle Auslagen infolge des zur Stornierung der Abbuchung notwendigen Schriftverkehrs mit der Bank ersetzen.

Bei Missbrauch Schadensersatzpflicht des Gläubigers

9. Kartengesteuerte Zahlungssysteme

Die Kreditinstitute bieten ihren Kunden eine Karte an, die als Zahlungsinstrument eingesetzt werden kann. Diese Zahlungsverfahren werden als kartengestützt oder kartengesteuert bezeichnet. Hierzu zählen

- Bankkarte,
- Chipkarte,
- Kreditkarte.

Altes ec-System

Die frühere ec-Karte enthielt eine Einlösungsgarantie für einen hierzu ausgestellten ec-Scheck. Das Kürzel »ec« stand für »eurocheque«. Zum 31.12.2001 wurde das eurocheque-Verfahren eingestellt. Der Grund hierfür liegt darin, dass die ursprüngliche Scheckkarte, die eine Garantieerklärung des ausgebenden Kreditinstituts enthielt, durch die fortschreitende Technisierung zunehmend auch zur Abhebung von Geldbeträgen an ec-Geldautomaten sowie zur bargeldlosen Bezahlung an automatisierten Kassen eingesetzt und die Schecknutzung fast aufgegeben worden ist. Das alte ec-System war damit überholt.

EC-KARTENZAHLUNG

»ec« als brand
(Marke)

Da jedoch das Zeichen »ec« für ein sich seit Jahrzehnten entwickeltes Vertrauenssystem stand, wurde dieses Zeichen als Kürzel beibehalten, bedeutet jedoch heute »electronic-cash«. Die vielen nach und nach hinzugekommenen Funktionen der alten ec-Karte finden sich nunmehr auf den vorbenannten Bankkarten, Geldkarten und Kreditkarten, deren Rechtscharakter und Funktionsweise nachfolgend im Einzelnen dargestellt werden.

9.1. Die Bankkarte

Nachdem das ec-Garantiesystem ein Auslaufmodell war, gingen die Kreditinstitute dazu über, die bisherige ec-Karte und daneben bestehende Kundenkarte zu einer einheitlichen Bankkarte (Debitkarte) zu verschmelzen. So entstand beispielsweise

- die VR BankCard der Volks- und Raiffeisenbanken,
- die SparkassenCard der Sparkassenorganisation,
- die MaestroCard.

9.1.1. Grundsätzliches

Der multifunktionale Charakter der BankCard bewirkt, dass die rechtlichen Fragen in diesem Zusammenhang und den diversen Funktionen nahezu gleich zu beurteilen sind. Gleichgültig, ob die Karte zum Ziehen von Bargeld, zum Bezahlen am ec-Terminal, zum Ausdruck für Kontoauszüge oder aber für die elektronische Eingabe von Überweisungen und Lastschriften am Bankterminal gebraucht wird, stets ist das Bestehen eines Girovertrages zwischen dem Kunden und dem Kreditinstitut mitsamt zusätzlicher einschlägiger Geschäftsbedingungen Voraussetzung. Durch die ec-Karte wird also das bestehende Vertragsverhältnis durch entsprechende Sonderbedingungen und Sondervereinbarungen erweitert.

Multifunktionalität

Verbunden mit dieser Bankkarte ist die persönliche Geheimzahl (PIN = Persönliche Identifikationsnummer). Ohne diese PIN kann der Karteninhaber folgende Dienstleistungsangebote der Kreditwirtschaft nutzen:

PIN

- elektronische Geldbörse (sofern Geldkarten-Chip aufgebracht ist) als Chipkarte,
- bargeldloses Bezahlen ohne Zahlungsgarantie (PoS bzw. PoZ-System),
- als Servicekarte für Kundenselbstbedienungseinrichtungen [Kontoauszugsdrucker etc].

In Verbindung mit der PIN kann der Kunde
- Bargeld an Geldautomaten abheben,
- an automatisierten Kassen bargeldlos bezahlen (im Rahmen des ec-Systems und des internationalen Maestro-Systems),
- Geldkarte am Lade-Terminal aufladen (bzw. den Geldkarten-Chip).

Die Übermittung der mit der Bankkarte zusammenhängenden Daten erfolgt nach dem Standard der Secure Electronic Transaction, kurz SET. Es handelt sich hierbei um ein Übermittlungsverfahren, das die

Sicherheit des Datentransfers bei Einkäufen im Internet gewährleisten soll. Ziel ist es, die Integrität der Zahlungen und die Vertraulichkeit der übermittelten Informationen sowie die Identität des Karteninhabers und des Händlers sicherzustellen. Bewirkt wird dies durch den Einsatz modernster Kryptografieverfahren (asymmetrische Verschlüsselung) und den Einsatz von Zertifikatssystemen (Zuordnung eines definierten Schlüssels zu einer bestimmten Person).

Eine Verpflichtung des Kreditinstituts, seinem Kunden eine ec-Karte zur Verfügung zu stellen, besteht nicht. Allerdings wird die Weigerung, eine solche Karte zur Verfügung zu stellen, in der Regel sachliche Gründe haben. Die Karte gilt nur für das auf ihr angegebene Girokonto und kann nur auf den Namen des Kontoinhabers oder eines Bevollmächtigten ausgestellt werden.

Die rechtliche Ausgestaltung der Kartenbenutzung ist eine Weisung des Kunden an sein Kreditinstitut im Sinne von § 675 BGB, einen bestimmten Betrag einem anderen zur Verfügung zu stellen.

Wichtig ist, dass Verfügungen nur im Rahmen des vereinbarten Verfügungsrahmens möglich sind. Dieser Verfügungsrahmen ist, wie schon oben beim Geldautomaten dargestellt wurde, nicht mit der »Überziehungsmöglichkeit« zu verwechseln. Dieser Verfügungsrahmen soll das Missbrauchsrisiko begrenzen.

9.1.2. Einsatz am ec-Geldautomaten

Die Einsatzmöglichkeit der Bankkarte an ec-Geldautomaten ist bereits oben (vgl. S. 78) dargestellt worden.

9.1.3. PoS- und PoZ-Systeme

PoS

PoZ

Kunden wollen und können an automatisierten Kassen von Einzelhandels- und anderen Dienstleistungsunternehmen an deren electronic-cash-Terminal unter Einsatz ihrer Bankkarte bargeldlos bezahlen. Dies soll so vonstatten gehen, dass vom Girokonto des Kunden der zu zahlende Betrag auf das Girokonto des Vertragspartners (z.B. Supermarkt), natürlich in Form von Buchgeld, übertragen wird.

Die Kreditwirtschaft hat im Jahre 1992 das Point-of-Sale-System eingeführt; gebräuchliche Abkürzung dafür ist PoS. Gemeint ist damit, dass mit dieser Karte am Ort (Point) des (of) Geschäfts (Sale) mit der Karte unter Einsatz der PIN bezahlt werden kann.

Jedoch ist das ec-System wegen der Zahlungsgarantie recht teuer. Daher wollten der Handel und das Dienstleistungsgewerbe auf die Zahlungsgarantie verzichten und es wurde das PoZ-Verfahren eingeführt.

Das »P« steht für »Point of Sale«, das »o« steht für »ohne« und das »Z« steht für Zahlungsgarantie. Der Kunde legitimiert sich bei dieser Zahlungsart nicht mit seiner PIN, sondern durch Unterschrift auf dem Kassenbeleg. Rechtlich handelt es sich um eine Einzugsermächtigung im Lastschriftverfahren.

Es ist zwischen den Gironetzteilnehmern zwingend geregelt, dass bei Rechnungsbeträgen über 30,68 € eine Abfrage an die Sperrdateien der Kreditinstitute zu erfolgen hat, um Missbrauch vorzubeugen. So kann kontrolliert werden, ob die Karte gesperrt ist. Die Kreditwirtschaft berechnet dem Handel hierfür pro Abfrage eine Pauschale (0,05 €). Unabhängig davon gelten die oben zur Lastschrift aufgezeigten Regeln, also z.B. die Rückgabe.

Abfragekosten

9.1.4. ELV-Systeme

Diese Abkürzung steht für elektronisches Lastschriftverfahren. Dieses System gestattet es dem Karteninhaber durch Erteilung einer Einzugsermächtigung an den Händler, den Kaufpreis mittels Lastschrift direkt von seinem Konto einzuziehen. Auch hier besteht keine Zahlungsgarantie. Der Unterschied ist jedoch, dass keine kostenpflichtige Abfrage einer Sperrdatei erfolgt. Hierdurch wird die Händlerspanne nicht gemindert, jedoch sein Risiko erhöht. Auch hier kann der Kunde oder das bezogene Kreditinstitut die Lastschrift zurückgeben. Beim Handel ist das eine Kostenabwägung: Die Kosten aller Sperrabfragen sind meist höher als die Kosten, die aufgrund Missbrauch (Zahlungsausfall) zu tragen sind. Die Kreditwirtschaft sieht dieses ELV-System angeblich nicht allzu gerne und unterstützt es nicht aktiv. Man spricht hier in diesem Zusammenhang auch von »wilden Lastschriften«, die jedoch von der Kreditwirtschaft geduldet werden.

Keine Zahlungsgarantie
• höheres Ausfallrisiko
• geringere Kosten
• Abwägungsfrage

9.1.5. Die Chipkarte

Die Chipkarte, oder der auf der Bankkarte aufgebrachte Chip ist nichts anderes als eine elektronische Geldbörse. Geht man zum Einkaufen, so nimmt man Bargeld in der Geldbörse oder in der Hosentasche mit. Man bezahlt bar und hat entsprechend weniger Geld. Dies wird dadurch substituiert, dass vom Girokonto maximal 200,– € auf die Chipkarte transferiert werden, d.h. die Buchgeldposition auf dem Girokonto verringert sich um 200,– € und der Chip auf der Geldkarte erhält durch den Aufladevorgang am entsprechenden Gerät 200,– € gutgeschrieben. Mit dieser Geldkarte geht dann der Kunde zum Einkaufen und führt die Karte (ohne die PIN eingeben zu müssen) in ein entsprechendes Lesegerät beim Händler (z.B. Supermarkt) ein. Dieser Betrag wird abge-

Elektronische Geldbörse

bucht und dem Händler (natürlich aus einem Pool) gutgeschrieben. Ist die Karte leer, ähnlich wie die Geldbörse, muss sie wieder aufgefüllt werden.

Ladevorgang erfordert
PIN-Eingabe.

Zum Laden allerdings benötigt der Kunde die PIN, da bei diesem Ladevorgang über das Konto verfügt wird.

Rechtlich ist das Verhältnis zwischen dem Karteninhaber (das muss nicht unbedingt der Kontoinhaber sein!) und der Akzeptanzstelle (Supermarkt) anonym; der Einsatz der PIN findet nicht statt. Allerdings garantiert das Karten-ausgebende-Kreditinstitut dem Akzeptanten die Zahlungen, die mit dieser (aufgefüllten) Geldkarte geleistet werden.

Bei Diebstahl oder Verlust der Karte können unbefugte Dritte diese Funktion nutzen, d.h. den Chip/die Karte entleeren. Eine Sperrung der Geldkartenfunktion (die der übrigen Kartenfunktionen natürlich schon) ist nicht möglich. Das ist dann so, wie wenn Bargeld verloren oder gestohlen wird.

9.2. Die Kreditkarte

Kredit i. w. S. ist jede Vorleistung

Das Wort »Kredit« bedeutet im weitesten Sinne, dass anlässlich eines Schuldverhältnisses jemand in Vorleistung tritt und die Bezahlung erst später erfolgt, er also vorfinanziert. Definiert wird dies als Überlassung von Kaufkraft auf Zeit. Der Kredit umfasst aber nicht nur die Überlassung von Geld auf Zeit (Darlehen), sondern auch andere Kreditarten wie z.B. Warenkredit, Avalkredit, Akzeptkredit etc.

9.2.1. Grundsätzliches

Kreditkarten dienen
• bargeldloser Zahlung
• Bargeldbeschaffung.

Übertragen auf die Kreditkarte bedeutet dies, dass der Kreditkarteninhaber berechtigt ist, bei denjenigen Unternehmen, die im Rahmen des Kreditkartensystems teilnehmen (Vertragsunternehmen, auch als Akzeptanzstelle oder Akquisitionsverhältnis bezeichnet) Leistungen ohne Bargeld und ohne Eigentumsvorbehalt gegen Vorlage der Kreditkarte in Anspruch zu nehmen.

Beispiel: Kauf eines Schmuckstücks beim Juwelier kann gegen Barzahlung, aber auch mit Kreditkarte erfolgen.

Kreditkarten finden somit vorwiegend im bargeldlosen Zahlungsverkehr bei entsprechenden Vertragsunternehmen (Akzeptanzstellen) ihren Einsatz. Oft sind sie jedoch auch mit weiteren Funktionen ausgestattet, wie z.B. der Geldkartenfunktion oder ec-Funktion für automatisierte Kassen. Für diese Zusatzfunktionen wird dem Karteninhaber eine PIN zur Verfügung gestellt.

9.2.2. Grundschema des Kreditkartengeschäfts

Dem Kreditkartengeschäft liegt ein mindestens dreiseitiges, regelmäßig jedoch vierseitiges Vertragsgeflecht zugrunde.

Es besteht ein aufeinander abgestimmtes Vertragsgeflecht.

Erforderlich ist zunächst, dass möglichst viele Verkaufsstellen bereit sind, Kreditkarten zu akzeptieren. Hierzu verpflichten sie sich in einem entsprechenden Vertrag gegenüber dem die Karte emittierenden (herausgebenden) Kartenunternehmen. Dieses Verhältnis wird als Akquisitionsverhältnis bezeichnet, die Verkaufsstelle als Vertragsunternehmen.

• Akquisitionsverhältnis

Ebenso wichtig ist es jedoch, dass möglichst viele Benutzer der Kreditkarte mitmachen. Dies wird in einem Vertrag zwischen dem Karteninhaber und dem Kartenherausgeber festgehalten. Dieses Verhältnis bezeichnet man als Deckungsverhältnis und stellt einen entgeltlichen Geschäftsbesorgungsvertrag gemäß § 675 BGB dar. Alle erforderlichen Einzelheiten werden in entsprechenden Kreditkarten-Bedingungen getroffen.

• Deckungsverhältnis

Nun kann der Kunde unter Einsatz seiner Karte beim Gläubiger Ware erwerben, die er natürlich auch bezahlen muss. Dies erfolgt jedoch nicht in bar, sondern »über die Kreditkarte«.

• Valutaverhältnis

In manchen Fällen, wie z.B. bei der Eurocard, wurde das Kreditkartensystem nicht von den Kreditinstituten, sondern von einem eigenen Kartenunternehmen aufgebaut. Um die Rechtsverhältnisse zu vereinfachen, lizenziert das Kartenunternehmen das Kreditinstitut dahingehend, dass dieses die Karte emittieren darf. Dafür führt das Kreditinstitut dem Kartenunternehmen (man spricht vom Interchangesystem) Lizenzgebühren ab.

• Lizenzverhältnis

Beispiel: Der Kunde erwirbt beim Juwelier einen Ring und bezahlt mit der Kreditkarte. Der Juwelier überträgt diese Kaufpreisforderung an das Kartenunternehmen (oder direkt an das Kreditinstitut) und erhält dafür sofort unter Abzug eines Disagio den Kaufpreis ausbezahlt. Erwirbt das Kartenunternehmen die Kaufpreisforderung, wird diese an das Kreditinstitut im Rahmen des Lizenzvertrages weiterverkauft. Das Kreditinstitut belastet (auch beim Direkterwerb der Kaufpreisforderung vom Gläubiger) am Ende der Abrechnungsperiode dem Kunden (Kaufpreisschuldner) den Kaufpreis.

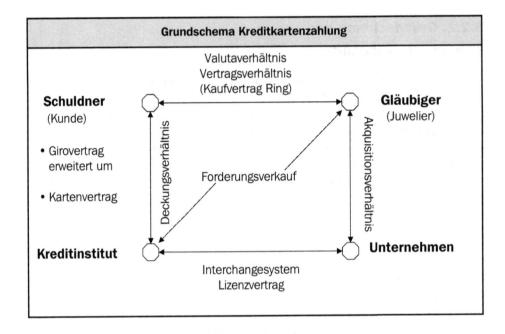

9.2.3. Rechtsbeziehungen beim Kreditkartengeschäft

Rechtlich ist das Kreditkartensystem wie folgt ausgestaltet:

Valutaverhältnis

- Das Vertragsunternehmen (z.B. Verkäufer/Juwelier) erwirbt durch den Kaufvertrag eine (Kaufpreis-)Forderung gegen den Kunden, der mit der Kreditkarte bezahlt.

Forderungsverkauf

- Das Vertragsunternehmen verkauft die Forderung gegen den Karteninhaber an das Kartenunternehmen oder dasjenige Kreditinstitut, das die Karte herausgegeben hat.

Abtretung gegen Gutschrift

- Im Rahmen dieses Kaufvertrages tritt das Vertragsunternehmen die Forderung gegen den Kunden an das Kartenunternehmen oder das Kreditinstitut ab und erhält dafür den Gegenwert kurzfristig gutgeschrieben.

Entgelt

- Das Vertragsunternehmen muss den Abzug eines Disagios (das sind die Kosten und der Gewinn des Kartenunternehmens bzw. des Kreditinstituts; zwischen 2 und 4 % des Umsatzes) hinnehmen.

Charakteristisch ist hierbei, dass die Belastung beim Kunden nicht sofort erfolgt. Die Zahlung an das Vertragsunternehmen leistet zunächst die Kartengesellschaft (z.B. bei der EuroCard die Gesellschaft für Zahlungssystem, GZS). Die per Karte getätigten Ausgaben werden dann mit meist mehrwöchiger Verspätung dem Girokonto des Karteninhabers belastet.

Das Kreditinstitut leistet also vor, so dass der Karteninhaber gewisse Bonitätskriterien erfüllen muss, die er bei Ausgabe der Karte (beim Abschluss des Kreditkartenvertrages, der wiederum im Rahmen eines bestehenden Giroverhältnisses eine Erweiterung desselben darstellt) nachweisen muss. Im Rahmen dieses Kreditkartenvertrages ist der Karteninhaber verpflichtet,

Bonitätserfordernis

- einen Jahresbeitrag für die Kreditkarte zu zahlen,

- den ihm eingeräumten Verfügungsrahmen nicht zu überschreiten und

- auf seinem Girokonto zum Abrechnungszeitpunkt für ausreichende Deckung zu sorgen.

Um die Attraktivität ihrer Kreditkarten zu steigern, verbinden die Kreditinstitute zunehmend weitere Leistungsangebote mit den Karten, z.B. diverse Versicherungen (z.B. Auslandskrankenversicherung, die (nur) dann greift, wenn die betreffende Auslandsreise mit der Kreditkarte bezahlt worden ist).

10. Wiederholungsfragen

1. Was bewirken Zahlungen im Rahmen eines Schuldverhältnisses? Lösung S. 59

2. Wie geht eine Barzahlung rechtlich von statten? Lösung S. 61

3. Was ist ein Kontokorrentkonto, was ein Girokonto? Lösung S. 65

4. Erläutern Sie den Rechtscharakter des Kontovertrages. Lösung S. 70

5. Grenzen Sie die Begriffe Verfügungsberechtigung und Vertretungsvollmacht ab. Lösung S. 74

6. Wer haftet bei Abhebungen am Geldautomaten für technisches Versagen, wer haftet für Missbrauch? Lösung S. 80

7. Wo sind die vertragstypischen Pflichten einer Überweisung geregelt? Lösung S. 82

8. Was ist ein Scheck? Lösung S. 88

9. Was ist ein Indossament? Lösung S. 89

10. Erläutern Sie den Unterscheid zwischen Bar- und Verrechnungsscheck. Lösung S. 93

11. Was ist ein Wechsel? Lösung S. 94

12. Welche zwei Arten der Lastschriften kennen Sie? Lösung S. 99

13. Was bedeutet PoZ? Lösung S. 104

14. Wann wird beim Einsatz einer Chipkarte die PIN benötigt? Lösung S. 105

15. Erläutern Sie den Rechtscharakter der Vorgänge bei Zahlung durch eine Kreditkarte. Lösung S. 107

Das Passivgeschäft

1. Grundsätzliches zum Passivgeschäft

Unternehmen, die die Nanotechnologie beherrschen, nennt man High-Tech-Unternehmen. Unternehmen, die den schwierigen Umgang mit Geld beherrschen, nennt man Kreditinstitute. Die Unterscheidung nach Unternehmen in unterschiedlichen Branchen ließe sich nahezu endlos fortsetzen. Was aber ist ein Unternehmen?

Was aber ist ein
Unternehmen?

Unter einem Unternehmen versteht man unabhängig von der Branche ein wirtschaftlich-rechtlich organisiertes Gebilde, in dem auf nachhaltig Ertrag bringende Leistung gezielt wird. Man kann dies auch als produzierende Sachgesamtheit bezeichnen. Sachgesamtheit deshalb, weil verschiedene Einzelsachen (z.B. Rohstoffe und Maschinen bei einem Produktionsbetrieb oder Reißbrett und Bleistift in einem Architekturbüro) nur in ihrer Gesamtheit den Dienstleitungs- oder Produktionsprozess ermöglichen.

⇨ produzierende
Sachgesamtheit

Die Wissenschaft, die sich mit der Art und Weise der Führung von Unternehmen beschäftigt, ist die Betriebswirtschaftslehre (BWL). Hierbei wird der Begriff »Betrieb« mit dem Begriff »Unternehmen« synonym verwendet. Zunächst gibt es einen allgemeinen Teil der BWL, der sich mit den Grundsätzen beschäftigt, die jedes Unternehmen betreffen (z.B. Organisation, Buchführung etc.).

Allgemeine BWL

»FAULES GELD«

1.1. Der Bankbetrieb

Daneben gibt es die spezielle Betriebswirtschaftslehre, die sich mit den Spezifika der Branche bzw. der Unternehmen befasst; bei Kreditinstituten ist das die – allgemein gesagt – Bankbetriebslehre. Es geht hierbei um Informationen über Aufbau, Arbeitsweise und Beziehungen des Unternehmens mit der Gesamtwirtschaft sowie diese durch Analyse und Auswertung für die Gestaltung von Strukturen und Prozessen

Spezielle BWL
Bankbetriebslehre

nutzbar zu machen. In diesem Buch wird vor allem der rechtliche Rahmen der typischen Bankgeschäfte behandelt.

Die Grundlage der finanziellen Transaktionen der Kreditinstitute ist jedoch nicht der Umgang mit eigenem Geld (Eigenkapital), sondern primär mit fremdem Geld. Es handelt sich hierbei um das Geld der Sparer, Anleger etc. Dieses Fremdkapital wird von den Kreditinstituten hereingenommen und dafür erhält der Einleger ein Entgelt, den Zins. Das Kreditinstitut muss jedoch diesen Zins wieder erwirtschaften. Dies geschieht dadurch, dass das eingelegte Geld an Kreditsuchende ausgereicht wird gegen ein Entgelt, nämlich Zins, der höher ist als derjenige Zins, der den Einlegern gezahlt wird. Bei der Hereinnahme von Geld spricht man von Passivgeschäften, bei der Ausreichung von Geld von Aktivgeschäften.

Zinsgefälle

Der Begriff der Passivgeschäfte wurde bereits in der Einführung beim Begriff des Kreditinstituts erwähnt (vgl. S. 4) und umfasst alle Maßnahmen des Kreditinstituts zur Beschaffung von Finanzierungsmitteln. Im kurzen Abriss der Geschichte der Banken (vgl. 1.2. Die Stellung der Kreditinstitute oben) wurde bereits erwähnt, dass schon im Altertum die Vergabe von Krediten gegen Schuldscheine gebräuchlich war. Damals wurden aber diese Kredite nur aus eigenen Mitteln, die der reiche Kreditgeber sein Eigen nannte, gewährt. Das ist heute wie gesagt anders: Die Kreditinstitute reichen das bei ihnen eingelegte Geld an Kreditsuchende aus und finanzieren sich unter anderem aus dem sich daraus ergebenden Zinsgefälle.

1.2. Begriffserläuterung des Passivgeschäfts

Diese so beschafften Mittel stellen Forderungen der Kunden gegen die Kreditinstitute dar, mithin Verbindlichkeiten der Kreditinstitute gegenüber den Kunden. Sie werden daher in der Bilanz des Kreditinstituts auf der Passivseite ausgewiesen. Aus diesem Umstand leitet sich der Begriff »Passivgeschäfte« her.

Passivgeschäfte sind alle Bankgeschäfte, die sich auf der Passivseite der Bilanz niederschlagen.

Die verkürzte Bilanz eines Kreditinstituts sieht gemäß der Verordnung über die Rechnungslegung der Kreditinstitute und Finanzdienstleistungsinstitute (RechKredV) wie folgt aus:

Die RechKredV wird auch als Rechnungslegungsverordnung bezeichnet.

Aktivseite	**Passivseite**
• Barreserve,	• Verbindlichkeiten gegenüber Kreditinstituten, - täglich fällig - mit vereinbarter Laufzeit oder Kündigungsfrist
• Schuldtitel öffentlicher Stellen und Wechsel, die zur Refinanzierung bei Zentralnotenbanken zugelassen sind,	• Verbindlichkeiten gegenüber Kunden - Spareinlagen, - andere Verbindlichkeiten

• Forderungen an Kreditinstitute,	• verbriefte Verbindlichkeiten,
	- begebene
	  Schuldverschreibungen
	- andere verbriefte
	  Verbindlichkeiten

• Forderungen an Kunden,	• Rückstellungen,
• Schuldverschreibungen und andere festverzinsliche Wertpapiere, • Aktien und andere nicht festverzinsliche Wertpapiere,	• Eigenkapital.
• Beteiligungen,	
• Sachanlagen.	

Das Passivgeschäft umfasst im Wesentlichen

- das Einlagengeschäft,

- die Aufnahme von Geld am Geldmarkt,

- die Ausgabe von Schuldverschreibungen auf dem Kapitalmarkt.

2. Das Einlagengeschäft

Zu den Einlagen der Kunden werden gezählt

- Sichteinlagen,
- Termineinlagen,
- Spareinlagen.

Einlagen sind die Guthaben der Kunden.

Einlagen sind somit Guthaben auf Kontokorrent-, Giro-, Termingeld- und Sparkonten. Als Kunden sind hierbei nicht nur Privat-, Geschäfts- bzw. Firmenkunden, sondern auch Bankkunden zu zählen, also auch andere Kreditinstitute.

2.1. Sichteinlagen

Sichteinlagen sind als Guthaben auf Kontokorrent- und Girokonten täglich fällig, d.h. die Einleger (Kunden) können ohne vorherige (An-) Kündigung jederzeit, also eben »bei Sicht«, über ihre Guthaben verfügen, insbesondere abheben, überweisen etc. Banktechnisch werden auch Einlagen, für die eine Kündigungsfrist oder eine Laufzeit von weniger als einem Monat vereinbart worden ist, als Sichteinlagen bezeichnet.

Sichteinlagen sind jederzeit frei verfügbar.

Die Rechtsnatur der Sichteinlagen ist die der unregelmäßigen Verwahrung.

Unregelmäßiger Verwahrungsvertrag

§ 700 BGB

(1) Werden vertretbare Sachen in der Art hinterlegt, dass das Eigentum auf den Verwahrer übergehen und dieser verpflichtet sein soll, Sachen von gleicher Art, Güte und Menge zurückzugewähren, so finden bei Geld die Vorschriften über den Darlehensvertrag, bei anderen Sachen die Vorschriften über den Sachdarlehensvertrag Anwendung. ...
(2) ...

Bei den Sichteinlagen erwirbt das Kreditinstitut also das Eigentum an den eingezahlten Geldscheinen und Geldmünzen und ist im Rückzahlungsfalle verpflichtet, Geldscheine und Geldmünzen gleicher Art, Güte und Menge zurückzuerstatten. Im Wesentlichen gelten die Vorschriften über das Darlehen (hierzu s. u.) auch für die unregelmäßige Verwahrung.

Eigentumsverlust am Geld

2.2. Termineinlagen

Termineinlagen sind befristete Einlagen. Hierbei sind zwei Varianten üblich:

Termineinlagen sind zeitlich gebunden:
• Festlaufzeit oder
• vereinbarte Kündigungsfrist

- es wird eine bestimmte Laufzeit vereinbart; dann spricht man von Festgeldern oder

- es wird eine Kündigungsfrist von (meist mindestens) einem Monat (sog. Monatsgeld) vereinbart; man spricht dann von Kündigungsgeldern.

Rechtlich sind Termineinlagen als Darlehen zu behandeln.

Die Rechtsnatur der Termineinlagen ist die eines Darlehens, die jedoch nur nach einer bestimmten Frist zurückgefordert werden können (vgl. unten § 488 BGB). Wenn die Festgelder nach Fristablauf fällig werden oder die Kündigungsgelder gekündigt und fällig sind, werden sie regelmäßig dem Girokonto des Kunden gutgeschrieben, es sei denn, es ist etwas anderes vereinbart worden.

Eine gesetzlich vorgeschriebene Mindestlaufzeit für Festgelder oder Mindestkündigungsfrist für Kündigungsgelder gibt es nicht (mehr).

2.3. Spareinlagen

Begrifflich handelt es sich zunächst um Einlagen (Hereinnahme von Kundengeld), die das Kreditinstitut als solche annimmt und durch Ausfertigung einer Urkunde (z.B. durch ein Sparbuch) als Spareinlagen kennzeichnet. Die bankrechtliche Definition ist in § 21 Abs. 4 RechKredV (Rechnungslegungsverordnung) enthalten.

Spareinlagen werden als solche definiert in der RechKredV.

§ 21 RechKredV

Verbindlichkeiten gegenüber Kreditinstituten (Nr.1), Verbindlichkeiten gegenüber Kunden (Nr. 2)

(1) …

(2) Als Verbindlichkeiten gegenüber Kunden sind alle Arten von Verbindlichkeiten gegenüber in- und ausländischen Nichtbanken (Kunden) auszuweisen, sofern es sich nicht um verbriefte Verbindlichkeiten (Passivposten Nr. 3) handelt. …

(3) …

(4) Als Spareinlagen sind nur unbefristete Gelder auszuweisen, die folgende vier Voraussetzungen erfüllen:

4 Voraussetzungen

• Urkunde

1. sie sind durch Ausfertigung einer Urkunde, insbesondere eines Sparbuchs, als Spareinlagen gekennzeichnet;

• kein Zahlungsverkehr

2. sie sind nicht für den Zahlungsverkehr bestimmt;

3. sie werden nicht von Kapitalgesellschaften, Genossenschaften, wirtschaftlichen Vereinen, Personenhandelsgesellschaften oder von Unternehmen mit Sitz im Ausland mit vergleichbarer Rechtsform angenommen, es sei denn, diese Unternehmen dienen gemeinnützigen, mildtätigen oder kirchlichen Zwecken oder es handelt es sich bei den von diesen Unternehmen angenommenen Geldern um Sicherheiten gem. § 551 des Bürgerlichen Gesetzbuchs oder § 14 Abs. 4 des Heimgesetzes;

* nicht von anderen Unternehmen angenommen

4. sie weisen eine Kündigungsfrist von mindestens drei Monaten auf.

* mindestens drei Monate Kündigungsfrist

Sparbedingungen, die dem Kunden das Recht einräumen, über seine Einlagen mit einer Kündigungsfrist von drei Monaten bis zu einem bestimmten Betrag, der jedoch pro Sparkonto und Kalendermonat 2000 Euro nicht überschreiten darf, ohne Kündigung zu verfügen, schließen deren Einordnung als Spareinlagen im Sinne dieser Vorschrift nicht aus. Geldbeträge, die auf Grund von Vermögensbildungsgesetzen geleistet werden, gelten als Spareinlagen. Bausparleinlagen gelten nicht als Spareinlagen.

Die zivilrechtliche Rechtsnatur der Einlagen ist bei Spareinlagen als Darlehen (hierzu siehe hinten) des Kunden an das Kreditinstitut zu werten. Dies bedeutet, dass durch die Annahme von Geld als Einlage zwischen dem Kunden und seinem Kreditinstitut ein Darlehensvertrag entsteht. Darlehensgeber ist der Kunde, Darlehensnehmer das Kreditinstitut. Es gelten hier die ganz normalen Regeln, wobei normalerweise einzelne Regelungen, z.B. über Kündigungsfristen etc., zwischen den Vertragspartnern vereinbart werden. Hierbei macht es keinen Unterschied, ob der Kunde die Spareinlage als Buchgeld von einem bereits bestehenden Girokonto zur Verfügung stellt oder als Bargeld einzahlt.

An dieser Stelle muss darauf hingewiesen werden, dass es sich bei Geld um vertretbare Sachen im Sinne des § 91 BGB handelt.

Vertretbare Sachen

§ 91 BGB

Vertretbare Sachen im Sinne des Gesetzes sind bewegliche Sachen, die im Verkehr nach Zahl, Maß oder Gewicht bestimmt zu werden pflegen.

Vertretbar bedeutet substituierbar.

Vertretbar sind danach Geld, Wertpapiere (z.B. Aktien), Waren aus Serienfertigung (z.B. Serienmöbel), neue Kfz oder Maschinen gewöhnlicher Art und üblicher Beschaffenheit. Nicht vertretbar sind Grundstücke und Eigentumswohnungen, Sonderanfertigungen, gebrauchte Kfz.

Die Konsequenz hieraus ist, dass der Sparer/Darlehensgeber nicht exakt diejenigen Geldscheine und Geldmünzen zurückerhält, die er eingezahlt hat, sondern eben andere, gleichwertige.

Hier spielt die Individualität eine dominierende Rolle.

Ob bestimmte Einlagen als Spareinlagen behandelt werden dürfen, ist nach den Regelungen in der Verordnung über die Rechnungslegung der Kreditinstitute und Finanzdienstleistungsinstitute (RechKredV) zu beurteilen, s. o.

2.3.1. Das Sparbuch

Sparbücher sind hinkende Inhaberpapiere.

Das Sparbuch ist eine Urkunde mit Wertpapiercharakter, in dem alle Ein- und Auszahlungen sowie Zinsgutschriften zu vermerken sind. Rechtlich handelt es sich dabei um eine Schuldurkunde:

§ 808 BGB

Namenspapiere mit Inhaberklausel

(1) Wird eine Urkunde, in welcher der Gläubiger benannt ist, mit der Bestimmung ausgegeben, dass die in der Urkunde versprochene Leistung an jeden Inhaber bewirkt werden kann, so wird der Schuldner durch die Leistung an den Inhaber der Urkunde befreit. Der Inhaber ist nicht berechtigt, die Leistung zu verlangen.

(2) Der Schuldner ist nur gegen Aushändigung der Urkunde zur Leistung verpflichtet. Ist die Urkunde abhanden gekommen oder vernichtet, so kann sie, wenn nicht ein anderes bestimmt ist, im Wege des Aufgebotsverfahrens für kraftlos erklärt werden. Die in § 802 für die Verjährung gegebenen Vorschriften finden Anwendung.

Im Sparbuch sind sowohl Schuldner als auch Gläubiger namentlich ausgewiesen. Das Sparbuch wird mit der Bestimmung ausgegeben, dass die in der Urkunde versprochene Leistung an jeden Inhaber Schuld befreiend bewirkt werden kann. Das Sparbuch dient daher als Beweisurkunde für das Bestehen der ausgewiesenen Spareinlage und

Beweisfunktion

enthält die Verpflichtung des Kreditinstituts, den ausgewiesenen Sparbetrag auf Verlangen des Gläubigers zurückzuzahlen.

Sparbücher sind qualifizierte Legitimationspapiere.

Darüber hinaus ist es zulässig, dass das Kreditinstitut auf die Legitimationswirkung des Sparbuchs vertraut und die im Sparbuch enthaltene Leistung an jeden Vorleger des Sparbuchs mit befreiender Wirkung auszahlen kann. Man spricht bei einer solchen Gestaltung von einem qualifizierten Legitimationspapier. Dies gilt auch für Auszahlungen an geschäftsunfähige oder beschränkt geschäftsfähige Personen.

Kein Auszahlungsanspruch des Inhabers ohne Legitimationsprüfung

Wichtig ist es jedoch zu sehen, dass wegen § 808 Abs. 1 Satz 2 BGB keine Zahlungsverpflichtung an den Inhaber besteht, sondern nur an den in der Schuldurkunde benannten Gläubiger. Insoweit besteht ein Recht des Kreditinstituts zur Legitimationsprüfung. Die Legitimationswirkung der Inhaberschaft des Sparbuchs gilt dann nicht, wenn dem Kreditinstitut bekannt ist oder bekannt sein muss, dass der Vorleger nicht verfügungsbefugt ist, z.B. wegen eines angezeigten Diebstahls des Sparbuchs oder eines verdächtigten Verhaltens des Vorlegers. Einen gewissen Schutz bietet für den Sparer die zusätzliche Vereinbarung, dass außer der Vorlage des Sparbuchs die Vorlage von Ausweispapieren oder die Nennung eines Kennwortes notwendig ist.

Kennwort kann zusätzlich vereinbart werden.

Bei Verlust, Diebstahl oder Zerstörung eines Sparbuchs muss dies dem Kreditinstitut selbstverständlich unverzüglich angezeigt werden und das Guthaben wird dann gesperrt. Weil aber Verfügungen grundsätzlich nur gegen Vorlage des Sparbuches zulässig sind, stellt das Kreditinstitut dem Sparer ein neues Sparbuch aus, wenn er die Vernichtung, Zerstörung oder den Verlust des alten Sparbuches glaubhaft nachweisen kann. Kann er dies nicht, so bleibt nur der Weg des gerichtlichen Aufgebotsverfahrens, wie es in § 808 Abs. 2 Satz 2 BGB vorgeschrieben ist; dieses Aufgebotsverfahren wird nach den Regeln der Zivilprozessordnung durchgeführt.

Statthaftigkeit; Zuständigkeit

§ 946 ZPO

(1) Eine öffentliche gerichtliche Aufforderung zur Anmeldung von Ansprüchen oder Rechten findet mit der Wirkung, daß die Unterlassung der Anmeldung einen Rechtsnachteil zur Folge hat, nur in den durch das Gesetz bestimmten Fällen statt.

(2) Für das Aufgebotsverfahren ist das durch das Gesetz bestimmte Gericht zuständig.

Sachlich zuständig ist das Amtsgericht (§ 23 Nr. 2 Lit. h GVG), die örtliche Zuständigkeit des Amtsgerichts ergibt sich aus § 1005 ZPO, d.h. es ist das Amtsgericht des Ortes zuständig, den die Urkunde als den Erfüllungsort bezeichnet. Enthält die Urkunde eine solche Bezeichnung nicht, so ist dasjenige Gericht zuständig, bei dem der Aussteller seinen allgemeinen Gerichtsstand hat und in Ermangelung eines solchen Gerichts dasjenige, bei dem der Aussteller zur Zeit der Ausstellung seinen allgemeinen Gerichtsstand gehabt hat.

Zuständig ist das Amtsgericht am Erfüllungsort oder am allgemeinen Gerichtsstand des Kreditinstituts.

Aufgebot zur Kraftloserklärung von Urkunden

§ 1003 ZPO

Für das Aufgebotsverfahren zum Zwecke der Kraftloserklärung einer Urkunde gelten die nachfolgenden besonderen Vorschriften.

Die Zivilprozessordnung enthält somit für das von § 808 Abs. 2 Satz 2 BGB vorgesehene Verfahren die einschlägigen Vorschriften über die gerichtliche Kraftloserklärung von Urkunden, insbesondere des abhanden gekommenen Sparbuches.

Antragsberechtigter

§ 1004 ZPO

(1) Bei Papieren, die auf den Inhaber lauten oder die durch Indossament übertragen werden können und mit einem Blankoindossament

versehen sind, ist der bisherige Inhaber des abhanden gekommenen oder vernichteten Papiers berechtigt, das Aufgebotsverfahren zu beantragen.

(2) Bei anderen Urkunden ist derjenige zu dem Antrag berechtigt, der das Recht aus der Urkunde geltend machen kann.

Wie aus § 808 Abs. 1 BGB ersichtlich wird, sind Sparbücher auf den Inhaber lautend und daher Inhaberpapiere. Man bezeichnet sie als »hinkend«, weil das Kreditinstitut nicht automatisch dem Inhaber des Sparbuchs verpflichtet ist, sondern es kann die Legitimation des Vorlegers (Forderungsinhaberschaft) verlangen.

Beispiel für Absatz 2: Nach Artikel 16 Abs. 1 WG gilt derjenige, der den Wechsel in den Händen hat, als rechtmäßiger Inhaber, sofern er sein Recht durch eine ununterbrochene Reihe von Indossamenten nachweist, und zwar auch dann, wenn das letzte ein Blankoindossament ist. Er gilt dann als Antragsberechtigter, wenn der Wechsel abhanden gekommen ist oder vernichtet wurde.

Das Aufgebot ist eine öffentliche gerichtliche Aufforderung an alle Beteiligten oder an den oder die unbekannten Gegner des Antragstellers, die im Aufgebotsverfahren benannten Rechte anzumelden. Unterbleibt eine solche Anmeldung, entstehen für den Nichtanmelder Rechtsnachteile (Verlust oder die Minderung ihres Rechts). Sinn und Zweck des Aufgebots ist es also gerade, den Rechtsverlust beim unbekannten Berechtigten (z.B. Dieb als Inhaber) herbeizuführen, also zu verhindern, dass dieser aus der Inhaberschaft Rechte geltend machen kann.

§ 1008 ZPO   **Inhalt des Aufgebots**

In dem Aufgebot ist der Inhaber der Urkunde aufzufordern, spätestens im Aufgebotstermin seine Rechte bei dem Gericht anzumelden und die Urkunde vorzulegen. Als Rechtsnachteil ist anzudrohen, daß die Urkunde für kraftlos erklärt werde.

Die Aufgebotsfrist muss mindestens sechs Monate betragen.

§ 948 ZPO   **Öffentliche Bekanntmachung**

(1) Die öffentliche Bekanntmachung des Aufgebots erfolgt durch Anheftung an die Gerichtstafel und durch einmalige Einrückung in den Bundesanzeiger, sofern nicht das Gesetz für den betreffenden Fall eine abweichende Anordnung getroffen hat.

(2) ...

Nach Ablauf des Aufgebots wird durch Ausschlussurteil das alte (gestohlene, verlorene) Sparbuch für kraftlos erklärt und das Kreditinstitut kann ein neues Sparbuch ausstellen.

Zwischenzeitlich kann nach § 1019 ZPO eine Zahlungssperre vom Gericht ausgesprochen werden.

Die Übertragung des Sparguthabens vom Berechtigten auf einen Dritten ist nur durch Abtretung der Forderung möglich, die häufig konkludent in der Übergabe des Sparbuchs zu sehen ist. Der Rechtsgrund der Übergabe des Sparbuches kann eine Schenkung oder sonstige Erfüllungsvereinbarung sein.

Übertragung des
Sparguthabens

Beispiel: Der Schuldner kann mangels Liquidität einen Kaufpreis an den Gläubiger nicht bezahlen und bietet ihm stattdessen »das Sparbuch« an. Der Gläubiger erklärt sich damit einverstanden und nimmt das Sparbuch entgegen. Nunmehr ist also der Gläubiger der Eigentümer und Inhaber und verfügungsbefugt, also insbesondere kündigungs- und auszahlungsberechtigt.

2.3.2. Weitere Sparformen

Es gibt weitere Sparformen, die hier lediglich schlagwortartig aufgezählt werden sollen:

Es kann auch in anderen
Formen gespart werden.

- Bausparen,
- Spar(kassen)briefe,
- Prämiensparen,
- Gewinn- oder Lotteriesparen,
- staatliche Sparförderung
  - Vermögensbildung
  - Wohnungsbausparförderung
  - Versicherungssparen
- Wertpapiersparverträge,
- Sparpläne,
- Alterssparen,
- u. v. m.

3. Aufgenommene Gelder

Es geht um die
Verbesserung von
Liquidität durch
Beschaffung von
Fremdmitteln.

Hierbei handelt es ich um Fremdmittel, die das Kreditinstitut aus eigenem Interesse und auf eigene Initiative beschafft. Die Gründe hierfür sind:

- zusätzliche Mittel für die Kreditvergabe,
- Stärkung der Liquidität (z.B. bei Terminen anlässlich Steuer-, Lohn- und Gehaltszahlungen),
- Einhaltung des durchschnittlichen Mindestreserve-Solls,
- Aufbesserung des Bilanzbildes für einen Bilanzierungs-Stichtag (sog. Window-Dressing).

Die Möglichkeiten hierfür ergeben sich aus der Kreditaufnahme innerhalb des eigenen Netzes, also z.B. der Sparkassen bei ihren Girozentralen oder durch Darlehensgewährung unter großen Kreditinstituten als Korrespondenzbanken (sog. erste Adressen). Es besteht aber auch die Möglichkeit der Refinanzierung bei der Deutschen Bundesbank durch Rediskontierung bestimmter Handelswechsel, Lombardierung (Verpfändung) von Effekten oder Wechseln, dem Verkauf von Offenmarkttiteln und Ausgleichsforderungen sowie Wertpapierpensionsgeschäften. Darüber hinaus kann sich das Kreditinstitut über den Geldmarkt finanzieren oder über den Kapitalmarkt durch Ausgabe von Schuldverschreibungen.

4. Ausgabe von Schuldverschreibungen

Hierbei handelt es sich um die Beschaffung mittel- bis langfristiger Fremdmittel, also Kapital durch Ausgabe von Gläubigerpapieren auf dem Kapitalmarkt (Effektenbörse).

Hierzu zählen insbesondere:

- Kassenobligationen,
- Bankschuldverschreibungen,
- Sparbriefe,
- Sparschuldverschreibungen.

5. Wiederholungsfragen

1. Was ist ein Unternehmen? Lösung S. 112
2. Wieso wird die Bankbetriebslehre auch als spezielle BWL bezeichnet? Lösung S. 112
3. Wo leitet sich der Begriff des Passivgeschäfts her? Lösung S. 113
4. Was ist der Inhalt von Passivgeschäften im Wesentlichen? Lösung S. 114
5. Was versteht man unter Sichteinlagen? Lösung S. 115
6. Was ist der Rechtscharakter von Sichteinlagen? Lösung S. 115
7. Was versteht man unter Termineinlagen? Lösung S. 116
8. Was ist der Rechtscharakter von Termineinlagen? Lösung S. 116
9. Was ist der Rechtscharakter eines Sparbuches? Lösung S. 118
10. Wie muss verfahren werden, wenn bei Verlust, Diebstahl oder Zerstörung eines Sparbuchs weder Vernichtung, Zerstörung oder Verlust des alten Sparbuches glaubhaft nachgewiesen werden können? Lösung S. 119
11. Wie ist der Ablauf eines Aufgebotsverfahrens? Lösung S. 119-121
12. Wie wird das Sparguthaben vom Berechtigten auf einen Dritten übertragen? Lösung S. 121
13. Welche weiteren Sparformen gibt es? Lösung S. 121
14. Aus welchen Gründen werden Gelder durch das Kreditinstitut als Fremdmittel aufgenommen? Lösung S. 122
15. Welche Arten von Schuldverschreibungen gibt es insbesondere? Lösung S. 123

Das Aktivgeschäft

1. Grundsätzliches zum Aktivgeschäft

Aktivgeschäfte sind alle Bankgeschäfte, die sich auf der Aktivseite der Bankbilanz niederschlagen.

Wie beim Passivgeschäft leitet sich der Begriff »Aktivgeschäft« von der Bilanzposition ab. Es handelt sich hierbei im Wesentlichen um Ausreichung von Geld durch das Kreditinstitut an seine Kunden; man spricht hierbei von Kreditgeschäften. In diesen Fällen entstehen durch Kreditgeschäfte Forderungen der Kreditinstitute gegen die Kunden. Diese Forderungen an Kunden – seien es private Haushalte, seien es Firmenkunden oder öffentliche Haushalte – sind nach § 15 RechKredV unter Nr. 4 der Aktivposten der Bankbilanz als »Forderungen an in- und ausländische Nichtbanken« enthalten. Neben den Ausleihungen an andere Kreditinstitute dominieren beim Aktivgeschäft die Kreditvergaben an Nichtbanken, d.h. an Privat- und Firmenkunden sowie öffentliche Einrichtungen, die ein Volumen von über 60 % des Aktivgeschäfts aller Kreditinstitute umfassen.

Geld abzugeben. Nur in gute Hände.

»GELD ABZUGEBEN«

2. Das Kreditgeschäft

Unter Kreditgeschäft ist zunächst im weitesten Sinne die Ausreichung von Kaufkraft an Kunden zu verstehen. Die Ausreichung von Kaufkraft ist aber nicht nur als die tatsächliche Ausreichung von Geld, sei es Bargeld, sei es Buchgeld, zu verstehen, sondern bereits die – rechtlich bindende – Zusage zu finanziellen Leistungen.

Bedeutungsvielfalt

Beispiel: Überziehungs- oder Kontokorrentkredit, auch wenn er noch nicht ausgeschöpft ist; Avalkredite bzw. Bürgschaften oder Akzeptkredite.

2.1. Der Kredit

Das Wort »Kredit« hat in der deutschen Sprache verschiedene Bedeutungen. In engster Definition ist ein Kredit gleichbedeutend mit einem Darlehen. Im weiteren Sinne bedeutet er Überlassung von Kaufkraft auf Zeit; hierunter fallen z.B. auch der Warenkredit oder der Lieferantenkredit (der seinerseits zum Lieferantendarlehen unterschieden werden muss; Abgrenzungsmerkmal: Darlehen ist längerfristig, Kredit ist kurzfristig).

Abgeleitet ist das Wort »Kredit« vom lateinischen: dort bedeutet das Wort »credere« glauben, vertrauen. Hierin drückt sich das Wesen des Kredits aus: der Kreditgeber glaubt und vertraut dem Kreditnehmer, dass dieser den Kredit bedient, also seine (Rück-) Zahlungsverbindlichkeit erfüllt.

Entscheidendes Merkmal des Kredites ist seine Eigenschaft als Finanzierungsmittel. Für den Kreditnehmer stellt der Kredit Fremdkapital dar und ist ein Mittel zur Fremdfinanzierung.

Der Kreditbegriff wird im KWG für verschiedene Fallgestaltungen definiert.

Begriff des Kredits für die §§ 13 - 14 und des Kreditnehmers   § 19 KWG

(1) Kredite im Sinne der §§ 13 bis 14 sind Bilanzaktiva, Derivate mit Ausnahme der Stillhalterpositionen von Optionsgeschäften sowie die dafür übernommenen Gewährleistungen und andere außerbilanzielle Geschäfte. Bilanzaktiva im Sinne des Satzes 1 sind

1. Guthaben bei Zentralnotenbanken und Postgiroämtern,

2. ...,

3. ...,

4. Forderungen an Kreditinstitute und Kunden (einschließlich der Warenforderungen von Kreditinstituten mit Warengeschäft),

5. ...

(2) ...

Die Kreditdefinition erfolgt im Hinblick auf die §§ 13 bis 14 KWG, also in Bezug auf

- Großkredite von Nichthandelsbuchinstituten (§ 13 KWG),
- Großkredite von Handelsbuchinstituten (§ 13a KWG),
- Großkredite von Institutsgruppen und Finanzholding-Gruppen (§ 13b KWG),
- Millionenkredite (§ 14 KWG).

§ 21 KWG   ### Begriff des Kredits für die §§ 15 bis 18

(1) Kredite im Sinne der §§ 15 bis 18 sind

1. Gelddarlehen aller Art, entgeltlich erworbene Geldforderungen, Akzeptkredite sowie Forderungen aus Namensschuldverschreibungen mit Ausnahme der auf den Namen lautenden Pfandbriefe und Kommunalschuldverschreibungen;

2. die Diskontierung von Wechseln und Schecks;

3. Geldforderungen aus sonstigen Handelsgeschäften eines Kreditinstituts, ausgenommen die Forderungen aus Warengeschäften der Kreditgenossenschaften, sofern diese nicht über die handelsübliche Frist hinaus gestundet werden;

4. Bürgschaften, Garantien und sonstige Gewährleistungen eines Instituts sowie die Haftung eines Instituts aus der Bestellung von Sicherheiten für fremde Verbindlichkeiten;

5. die Verpflichtung, für die Erfüllung entgeltlich übertragener Geldforderungen einzustehen oder sie auf Verlangen des Erwerbers zurückzuerwerben;

6. ...

(2) ...

Diese Vorschrift definiert den Kredit für

- Organkredite (§ 15 KWG),
- die im Zusammenhang damit bestehenden Haftungsregelungen (§ 17 KWG) und
- die Vorlagepflicht von Kreditunterlagen (§ 18 KWG).

Diesen Vorschriften liegt jedoch der oben aufgeführte Grundsatz des Kreditbegriffs zugrunde und definiert ihn zum einen vom Volumen und zum anderen vom Kreditadressaten her.

2.1.1. Arten des Kredits

Es gibt verschiedene Arten von Krediten, die meist nach folgenden Gesichtspunkten unterschieden werden:

- Laufzeit,
  - kurzfristige Kredite haben eine Laufzeit von bis zu 12 Monaten
  - mittelfristige Kredite haben eine Laufzeit von einem bis zu vier Jahren
  - langfristige Kredite habe eine Laufzeit von mehr als vier Jahren
- Besicherung,
  - Personenkredit (Blankokredit), bei dem als Sicherheit lediglich die persönliche Kreditwürdigkeit des Kreditnehmers dient
  - verstärkter Personenkredit, bei dem noch weitere Personen hinzutreten, z.B. Bürgen
  - Realkredit, der als dinglich gesicherter Kredit bezeichnet wird, bei dem als Sicherheiten Pfand-, Grundpfandrechte und Sicherungsübereignungen die größte Rolle spielen
- Verwendungszweck,
  - Investitionskredite (z.B. zur Vorfinanzierung oder Erweiterung der Produktion)
  - Konsumkredite (zur Finanzierung von Wohnungseinrichtungen, Urlaubsreisen etc.)
  - Kassenkredite, insbesondere für Unternehmen, die auf eine Kassenhaltung (tägliche Transaktionskasse) angewiesen sind (weitere Gründe für Kassenhaltung: Vorsichtskasse oder Spekulationskasse)
- Kreditnehmer,
  - privater Kredit
  - gewerblicher Kredit
  - öffentlicher Kredit (Kommunalkredit)
- Volumen,
  - Großkredite (§§ 13, 13a, 13b KWG)

- Millionenkredite (§ 14 KWG)
- Organkredite (z.B. Kredite an Geschäftsleiter des Kreditinstituts, § 15 KWG)
- Kredite über 250.000,– € (§ 18 KWG)

2.1.2. Bedeutung des Kredits

VWL

Inflation

Die volkswirtschaftliche Bedeutung von Krediten kann nicht hoch genug eingeschätzt werden: mit Krediten stellen Kreditinstitute Geldkapital zur Finanzierung der Güterproduktion bereit, d.h. der produktive Einsatz von Geldkapital dient der Erhöhung des Sozialprodukts und der Beschäftigung. Danach wirken Kredite innovations- und wachstumsfördernd. Dies kann jedoch inflationsbegünstigende Tendenzen haben, nämlich dann, wenn die Nachfrage größer ist als das Angebot: die Preise steigen. Nicht nur aus diesem Grund hat die Europäische Zentralbank währungspolitische Befugnisse, die in den Artikeln 17 bis 20 des Protokolls über die Satzung des Europäischen Systems der Zentralbanken und der Europäischen Zentralbank (EZBSatzProt) niedergelegt sind (z.B. die Steuerung des Kreditverhaltens über Zinssatzvorgaben).

Mikroökonomisch bzw. betriebswirtschaftlich betrachtet bedeutet Kreditvergabe entsprechendes Geschäftsvolumen für die Kreditinstitute, aber – bei entsprechender Verwendung – auch für die kreditierten Unternehmen.

2.2. Die Kreditfähigkeit

Rechtliche
Befugnisse

Hinter diesem Begriff verbirgt sich die Frage, wer überhaupt rechtlich wirksam Kreditverträge abschließen kann, nämlich natürliche Personen, juristische Personen und Personenhandelsgesellschaften. Somit enthält dieser Begriff die gesamte zivilrechtliche Problematik der

- Rechtsfähigkeit,
- Handlungsfähigkeit, speziell der Geschäftsfähigkeit,

und des

- Gesellschaftsrechts, speziell der Frage der Entstehung / Existenz von Gesellschaften und des Vertretungsrechts [dieser Gesellschaften],
- Familienrechts,
- Erbrechts.

Beispiele:

Nicht rechtsfähige Personenvereinigungen wie z.B. nicht rechtsfähige Vereine oder Erbengemeinschaften können nur Kredite aufnehmen, wenn ihre Mitglieder gemeinschaftlich handeln und sich als Gesamtschuldner verpflichten.

Beschränkt geschäftsfähige Personen (Minderjährige zwischen sieben und achtzehn Jahren) können bei Ermächtigung der Eltern und der Genehmigung des Vormundschaftsgerichts Kredite aufnehmen.

Bestellt (=verfügt) ein Ehegatte im gesetzlichen Güterstand auf seinem persönlichen und einzigen Grundbesitz eine Grundschuld, so ist die Grundschuldbestimmung ohne Einwilligung des anderen Ehegatten nach § 1366 BGB schwebend unwirksam und die endgültige Wirksamkeit oder Unwirksamkeit hängt von der Genehmigung bzw. deren Verweigerung durch den anderen Ehegatten ab.

Privatkunden weisen ihre Kreditfähigkeit regelmäßig durch Vorlage eines amtlichen Lichtbildausweises nach, Firmenkunden durch Vorlage eines Auszuges aus einem öffentlichen Register.

2.3. Die Kreditwürdigkeit

Traditionell wird hierunter die künftige Fähigkeit des Kreditnehmers verstanden, seinen aus dem Kreditvertrag sich ergebenden Verpflichtungen nachzukommen, natürlich insbesondere ob der Kreditnehmer in der Lage sein wird, den Kreditbetrag zurückzuzahlen und die Zinsen erbringen zu können. Banktechnisch wird hierbei auch der Begriff der Bonität verwendet. Hierzu gehört nicht zuletzt die Frage nach den Sicherheiten (vgl. unten). Jedoch ist die Beurteilung der Kreditwürdigkeit nicht in das Belieben der Kreditinstitute gestellt. Nach einem ab dem Jahr 2006 einzuhaltenden und bereits jetzt praktizierten Grundsatz des Baseler Ausschusses für Bankenaufsicht, der nationalen Bankenaufsichtsbehörden und der Zentralbanken wird eine Methode vorgegeben, wie die Kreditwürdigkeit von Unternehmen zu prüfen ist: berechnet wird die Bonität nach genau definierten Gesichtspunkten durch ein Rating. Das Kreditinstitut führt also eine Bewertung durch. Hierbei werden die verschiedensten Faktoren – je nach deren Bedeutung – gewichtet und eine Gesamtpunktzahl vergeben. Einige dieser Kriterien sind:

Bonität

- Beurteilung des Managements,
  - Qualität der Geschäftsführung
  - Qualität des Rechnungswesens und des Controllings
- Bewertung des Marktes und der Branche,

- allgemeine Entwicklung

- Konjunkturabhängigkeit

- Abnehmer-/Lieferantenstreuung

- Export-/Importrisiken

- Konkurrenzintensität

• Kundenbeziehung,

- Kundentransparenz

- Informationsverhalten

• Wirtschaftliche Verhältnisse,

- Analyse des Jahresabschlusses

- Analyse der gesamten Vermögensverhältnisse

• Weitere Unternehmensentwicklung

- Unternehmensentwicklung seit dem letzten Jahresabschluss

- Unternehmensplanung

- Ertragsplanung und künftige Kapitaldienstfähigkeit

- besondere Unternehmensrisiken (z.B. keine Nachfolgerege-
lung vorhanden oder der Leistungsträger ist krank / ge-
brechlich)

Entscheidung über »ob«
und über »wie viel«

Je nach erreichter Punktezahl darf überhaupt ein Kredit vergeben werden bzw. die Kreditvergabe ist zu verweigern und nach der erreichten
Punktezahl orientiert sich die Eigenkapitalunterlegung und damit die
Kreditkosten (Zinshöhe). Möglich ist aber auch der so genannte Standardansatz, bei dem das Kreditrisiko und die daraus folgende Kapital-
unterlegung über externe Ratings bestimmt wird, indem Kreditnehmer-
gruppen abhängig von ihrer Bonität standardisierte Risikogewichte zugeordnet werden. Allgemein wird dies unter dem Stichwort »Basel II«
zusammengefasst. Basel II zielt darauf ab, die Sicherheit und Solidität
der Kreditinstitute zu gewährleisten und die Stabilität des Finanz-
systems als Ganzem zu verbessern, unter anderem mit einer verbesser-
ten Risikokontrolle bei Krediten, indem das (aufsichtsrechtliche) Eigenkapital enger mit den Ausreichungsrisiken verknüpft wird.

2.4. Der Krediteröffnungsvertrag

Bankpraxis

Eine solche Bezeichnung sieht das Gesetz nicht vor, ist jedoch eine
gebräuchliche Diktion der Bankpraxis. Es handelt sich hierbei um eine
Vereinbarung, durch die sich der Kreditgeber zur Kreditgewährung bis
zu einer bestimmten Höhe (Kreditrahmen) nach Abruf verpflichtet. Die
Rechtsnatur ist die des Darlehens. Zu beachten ist, dass sich der Kre-

diteröffnungsvertrag als eigenständiger bankrechtlicher Rahmenvertrag etabliert hat. Aus diesem Vertrag ergibt sich zunächst die Verpflichtung, den Kredit zu gewähren, also ein Abrufrecht. Er bildet den Rechtsgrund für die Hingabe der Beträge und den durch Abruf konkretisierten Darlehensvertrag.

Abrufrecht

Wie alle Verträge kommt auch dieser Krediteröffnungsvertrag durch Angebot und Annahme zustande und wird in der Regel schriftlich abgeschlossen, kann aber auch mündlich und auch stillschweigend zustande kommen. Häufig wird jedoch der Vertrag unter einer Bedingung geschlossen, nämlich der Zustimmung eines »Entscheidungsberechtigten«:

Entscheidungsvorbehalt

- Gremienvorbehalt (z.B. Aufsichtsgremien des Kreditinstituts),
- Konsortialvorbehalt (Zustimmung von Kreditpartnern bei Großkrediten).

Dem Kreditnehmer steht das vorbenannte Abrufrecht zu; dieses kann er, muss es jedoch nicht ausüben, es sei denn, es besteht eine Abnahmeverpflichtung des Darlehens.

3. Das Darlehen

Der zivilrechtliche Darlehensbegriff unterscheidet zwischen Sach- und Gelddarlehen.

3.1. Das Sachdarlehen

Vertragstypische Pflichten beim Sachdarlehensvertrag

§ 607 BGB

(1) Durch den Sachdarlehensvertrag wird der Darlehensgeber verpflichtet, dem Darlehensnehmer eine vereinbarte vertretbare Sache zu überlassen. Der Darlehensnehmer ist zur Zahlung eines Darlehensentgelts und bei Fälligkeit zur Rückerstattung von Sachen gleicher Art, Güte und Menge verpflichtet.

(2) Die Vorschriften dieses Titels finden keine Anwendung auf die Überlassung von Geld.

Das Sachdarlehen findet sich in §§ 607-609 BGB und ist nur in den Grundzügen geregelt. Nach dem gesetzlichen Regelfall ist es ein gegenseitiger Vertrag, der als Konsensualvertrag zu qualifizieren ist. Der Darlehensgeber hat dem Darlehensnehmer die vereinbarte vertretbare (§ 91 BGB) Sache (z.B. Pfandflaschen, (Transportpaletten) zu überlassen, § 607 Abs. 1 Satz 1 BGB. Der Darlehensnehmer schuldet als Gegenleistung das vertragliche Entgelt, § 607 Abs. 1 Satz 2 BGB zum vereinbarten Zeitpunkt, spätestens aber bei Rückerstattung, § 609 BGB. Der Darlehensnehmer hat außer der Zahlung des Entgelts bei Fälligkeit Sachen gleicher Art und Güte und Menge zurückzuerstatten, § 607 Abs. 1 Satz 2 BGB. Ist ein Fälligkeitszeitpunkt nicht bestimmt, kann die Fälligkeit gem. § 608 Abs. 1 BGB durch Kündigung herbeigeführt werden. Dies kann jederzeit und fristlos geschehen (§ 608 Abs. 2 BGB), sofern nichts anderes vereinbart ist.

Beispiel: Der Fabrikant F stellt Gemüsekonserven her, stapelt diese zu je 1.000 Stück auf Europaletten, verlädt sie mit Gabelstaplern auf Lkw und liefert sie an Kunden aus. Eines Tages entsteht ein Engpass an seinem Palettenvorrat im Unternehmen. Er wendet sich daher an den befreundeten Unternehmer U und bittet diesen, ihm 100 Europaletten zur Verfügung zu stellen. Dieser erklärt sich damit einverstanden, fordert aber spätestens in einem Monat die Rückgabe von 100 Europaletten (nicht den selben, aber entsprechend genormten) sowie ein »Geld für die Entbehrung der Paletten« i.H.v. 100,– €. Der Fabrikant F erklärt sich damit einverstanden.

Hier wurde ein Sachdarlehensvertrag geschlossen mit der Besonderheit, dass die Darlehenssache verwendet, verbraucht oder weggegeben werden kann und sich die Rückgabe auf »ähnliche« Gegenstände beschränkt (vertretbare Sachen). Im gewählten Beispielsfall wurde das Sachdarlehen entgeltlich ausgestaltet (100,– € »Entbehrungsgeld«). Das Sachdarlehen kann aber auch unentgeltlich ausgestaltet sein. Über § 311 Abs. 1 BGB (Grundsatz der Vertragsfreiheit) bleibt das unentgeltliche Darlehen zulässig (»Ausleihen« von Zucker beim Nachbarn).

Beispiel: Am Sonntag backt die Hausfrau einen Kuchen und stellt fest, dass sie keine Eier im Kühlschrank hat. Sie klingelt bei der Nachbarin und bittet sie, ihr zwei Eier »zu leihen«; sie werde morgen Eier nachkaufen und ihr zwei Eier »zurückgeben«. Die Nachbarin erklärt sich einverstanden. Es entsteht ein unentgeltlicher Sachdarlehensvertrag [und nicht etwa ein Leihvertrag, weil beim Leihvertrag exakt dieselben Gegenstände zurückgegeben werden müssen (z.B. bei einer Pkw-Leihe) und hier nur ähnliche (vertretbare) Eier].

Hierbei ist es zunächst notwendig sich bewusst zu machen, dass es sich nicht um einen Leihvertrag handelt, denn dieser ist einerseits unentgeltlich.

§ 598 BGB   **Vertragstypische Pflichten bei der Leihe**

Durch den Leihvertrag wird der Verleiher einer Sache verpflichtet, dem Entleiher den Gebrauch der Sache unentgeltlich zu gestatten.

Das Wesen der Leihe ist aber nicht nur die Unentgeltlichkeit, also »Zinslosigkeit«. Zur Leihe gehört andererseits auch, dass exakt derjenige Leihgegenstand, der verliehen worden ist, wieder zurückzugeben ist.

Rückgabepflicht   § 604 Abs. 1-3 BGB

(1) Der Entleiher ist verpflichtet, die geliehene Sache nach dem Ablaufe der für die Leihe bestimmten Zeit zurückzugeben.

(2) Ist eine Zeit nicht bestimmt, so ist die Sache zurückzugeben, nachdem der Entleiher den sich aus dem Zwecke der Leihe ergebenden Gebrauch gemacht hat. Der Verleiher kann die Sache schon vorher zurückfordern, wenn so viel Zeit verstrichen ist, dass der Entleiher den Gebrauch hätte machen können.

(3) Ist die Dauer der Leihe weder bestimmt noch aus dem Zweck zu entnehmen, so kann der Verleiher die Sache jederzeit zurückfordern.

Beispiel: Der Kumpel K leiht dem besten Freund F sein Auto für ein Wochenende. Natürlich erwartet Kumpel K, dass er nach Ablauf des Wochenendes exakt dasjenige Auto zurückerhält, das er liebevoll gehegt und gepflegt und zur Leihe übergeben hat. Er will nicht »irgendein anderes« Auto zurückhaben.

Bei der Leihe handelt es sich also regelmäßig um nicht vertretbare (einmalige oder individuelle) Sachen. Wird demgegenüber das Gelddarlehen in bar ausgezahlt (z.B. erfolgt eine Barauszahlung bei der Überziehung des Kontos), so ist der Darlehensnehmer nicht verpflichtet, exakt diejenigen Scheine und Münzen, die er ausgehändigt bekommen hat, auch wieder zurückzugeben (denn dann könnte er sie ja nicht ausgeben). Vielmehr hat er in gesetzlichen Zahlungsmitteln den Zahlenwert (man spricht vom Nennbetrag) zurückzuerstatten (und Zinsen zu bezahlen).

Individualgegenstände

Das Sachdarlehen hat eine sehr geringe Bedeutung. Wesentlich häufiger und entsprechend problemträchtiger ist das Gelddarlehen.

3.2. Das Gelddarlehen

Für das Darlehensrecht ergibt sich der nachfolgende Gesetzesaufbau; hierbei wurde an besonders wichtigen Stellen an die vor der Schuldrechtsmodernisierung geltende Rechtslage aus Gründen der in bestimmten Fällen bestehenden Kontinuität hingewiesen:

Gesetzessystematik

Das allgemeine (Geld)Darlehen (§§ 488-490 BGB) ist zusammen mit dem Verbraucherdarlehen (§§ 491-498 BGB) im ersten Untertitel »Darlehensvertrag« geregelt.

Im Untertitel 2 »Finanzierungshilfen« (§§ 499-504 BGB) sind der Zahlungsaufschub, das Finanzierungsleasing und insbesondere die Teilzahlungsgeschäfte zusammengeführt.

Im dritten Untertitel (§ 505 BGB) sind die früher von § 2 VerbrKrG erfassten, nicht zu den Kreditverträgen gehörenden Verträge mit langfristiger Erwerbsverpflichtung unter dem Begriff »Ratenlieferungsverträge« geregelt.

Der vierte und letzte Untertitel schreibt in § 506 BGB die Unabdingbarkeit der Vorschriften über den Verbraucherdarlehensvertrag (§§ 491-505 BGB) vor und regelt in § 507 BGB die Anwendung eben dieser Vorschriften auf Existenzgründer.

Das Gesetz normiert in § 488 Abs. 1 BGB den Darlehensvertrag nun eindeutig als Konsensualvertrag, der durch zwei übereinstimmende Willenserklärungen, Angebot und Annahme, unabhängig von der Hingabe des Darlehensbetrages, zustande kommt.

Mit »Darlehen« ist nach dem Gesetzeswortlaut nur noch das Gelddarlehen gemeint: nach § 488 Abs. 1 BGB wird der Darlehensgeber durch den Darlehensvertrag verpflichtet, dem Darlehensnehmer einen Geldbetrag in der vereinbarten Höhe zur Verfügung zu stellen. Die Formulierung »zur Verfügung stellen« soll die verschiedenen Formen der Geldüberlassung erfassen:

- Übergabe von Bargeld,
- bargeldloser Verkehr,
  - Überweisung
  - Gutschrift
  - Kontokorrentkredit
  - Überziehungskredit.

§ 488 BGB   **Vertragstypische Pflichten beim Darlehensvertrag**

(1) Durch den Darlehensvertrag wird der Darlehensgeber verpflichtet, dem Darlehensnehmer einen Geldbetrag in der vereinbarten Höhe zur Verfügung zu stellen. Der Darlehensnehmer ist verpflichtet, einen geschuldeten Zins zu zahlen und bei Fälligkeit das zur Verfügung gestellte Darlehen zurückzuerstatten.

(2) Die vereinbarten Zinsen sind, soweit nicht ein anderes bestimmt ist, nach dem Ablauf je eines Jahres und, wenn das Darlehen vor dem Ablauf eines Jahres zurückzuerstatten ist, bei der Rückerstattung zu entrichten.

(3) Ist für die Rückerstattung des Darlehens eine Zeit nicht bestimmt, so hängt die Fälligkeit davon ab, dass der Darlehensgeber oder der Darlehensnehmer kündigt. Die Kündigungsfrist beträgt drei Monate.

Sind Zinsen nicht geschuldet, so ist der Darlehensnehmer auch ohne Kündigung zur Rückerstattung berechtigt.

Hieraus folgt: Bargeld ist dem Darlehensnehmer zu übereignen, Buchgeld vorbehaltlos gutzuschreiben oder die Zahlung an einen Dritten, wenn dies vereinbart ist, vorzunehmen. Auch diese letzte Variante stellt eine Vertragserfüllung dar, § 362 Abs. 2 BGB.

Aus § 488 Abs. 2 BGB ergibt sich auch die Hauptpflicht des Darlehensnehmers, nämlich die Zinszahlung. Sie ist entsprechend der Vereinbarung zu zahlen, also laufend, z.B. monatlich, quartalsweise oder – entsprechend des gesetzlichen Modells – jährlich.

Natürlich besteht daneben auch die Verpflichtung des Darlehensnehmers, den zur Verfügung gestellten Geldbetrag zurückzuerstatten. Das Gegenseitigkeitsverhältnis im Sinne eines Synallagma besteht jedoch nur zwischen dem Überlassen des Kapitals auf der einen Seite und der Abnahme und der Zinszahlung sowie Bestellung der vereinbarten Sicherheiten auf der anderen Seite. Damit steht die vertragstypische Pflicht des Darlehensnehmers zur Rückerstattung nicht im Gegenseitigkeitsverhältnis, auch wenn § 488 Abs. 1 Satz 2 BGB etwas anderes meinen lassen könnte. Rückerstattung

Die Fälligkeit des Rückzahlungsanspruchs richtet sich bei sog. Festdarlehen nach der vereinbarten Laufzeit des Darlehens. Nach Ablauf der vereinbarten Laufzeit muss der Darlehensnehmer das Darlehen zurückzahlen.

Bei den sog. Kündigungsdarlehen ohne feste Laufzeit ergibt sich der Fälligkeitszeitpunkt bereits aus dem Gesetz; danach ist zur Fälligstellung eine Kündigung (empfangsbedürftige Willenserklärung, § 130 Abs. 1 Satz 1 BGB) durch eine der Vertragsparteien erforderlich, § 488 Abs. 3 Satz 1 BGB. Die Kündigungsfrist beträgt, wenn vertraglich nichts anderes vereinbart ist, einheitlich drei Monate, § 488 Abs. 3 Satz 2 BGB.

Damit ist das verzinsliche Darlehen der gesetzliche Regelfall. Es gehört zu den gegenseitigen Verträgen. Regelfall

Nach wie vor gibt es auch das zinslose (unentgeltliche) Darlehen (vgl. § 488 Abs. 3 Satz 3 BGB), das wie etwa die Leihe ein unvollkommen zweiseitiger Vertrag ist.

3.3. Die Kündigung des Darlehens

Dauerschuldverhältinis

Das Darlehen stellt auch bei nur kurzer Laufzeit ein Dauerschuldverhältnis dar, welches durch die Kündigung mit Wirkung für die Zukunft beendet wird. Das BGB regelt die ordentliche Kündigung in §§ 488 Abs. 3 und 489 BGB, die außerordentliche in § 490 BGB.

3.3.1. Ordentliche Kündigung

Das ordentliche Kündigungsrecht des § 488 Abs. 3 BGB mit dreimonatiger Kündigungsfrist gilt für beide Vertragsparteien, ist aber dispositiv.

Demgegenüber ist das ordentliche Kündigungsrecht des § 489 BGB zwingend (§ 489 Abs. 4 BGB), gilt aber nur für den Darlehensnehmer.

§ 489 BGB

Ordentliches Kündigungsrecht des Darlehensnehmers

(1) Der Darlehensnehmer kann einen Darlehensvertrag, bei dem für einen bestimmten Zeitraum ein fester Zinssatz vereinbart ist, ganz oder teilweise kündigen,

1. wenn die Zinsbindung vor der für die Rückzahlung bestimmten Zeit endet und keine neue Vereinbarung über den Zinssatz getroffen ist, unter Einhaltung einer Kündigungsfrist von einem Monat frühestens für den Ablauf des Tages, an dem die Zinsbindung endet; ist eine Anpassung des Zinssatzes in bestimmten Zeiträumen bis zu einem Jahr vereinbart, so kann der Darlehensnehmer jeweils nur für den Ablauf des Tages, an dem die Zinsbindung endet, kündigen;

2. wenn das Darlehen einem Verbraucher gewährt und nicht durch ein Grund- oder Schiffspfandrecht gesichert ist, nach Ablauf von sechs Monaten nach dem vollständigen Empfang unter Einhaltung einer Kündigungsfrist von drei Monaten;

3. in jedem Fall nach Ablauf von zehn Jahren nach dem vollständigen Empfang unter Einhaltung einer Kündigungsfrist von sechs Monaten; wird nach dem Empfang des Darlehens eine neue Vereinbarung über die Zeit der Rückzahlung oder den Zinssatz getroffen, so tritt der Zeitpunkt dieser Vereinbarung an die Stelle des Zeitpunkts der Auszahlung.

(2) ...

§ 489 Abs. 1 BGB ist abgesehen von § 489 Abs. 1 Nr. 2 BGB eine allgemeine, nicht auf Verbraucher beschränkte Schuldnerschutzvorschrift. Sie gilt nur für Darlehen mit Festzinsvereinbarung. Im Darlehen muss also für einen bestimmten Zeitraum, der kürzer als die Laufzeit des Darlehens sein kann, ein Zinssatz so vereinbart sein, dass er sich als bestimmter Prozentsatz des überlassenen Kapitals ausdrücken lässt.

Trifft dies zu, kann der Darlehensnehmer den Darlehensvertrag kündigen nach

- 489 Abs. 1 Nr. 1 BGB:
  wenn die Zinsbindung ausläuft mit einer einmonatigen Kündigungsfrist

- § 489 Abs. 1 Nr. 2 BGB:
  wenn das Darlehen einem Verbraucher (§ 13 BGB) gewährt wurde und nicht grundpfandrechtlich gesichert ist frühestens sechs Monate nach vollständigem Empfang des Darlehens mit einer Kündigungsfrist von drei Monaten; die Mindestlaufzeit eines solchen Vertrages beträgt also faktisch neun Monate.

- § 489 Abs. 1 Nr. 3, 1. HS BGB:
  bei mehr als zehnjähriger Zinsbindung nach vollständigem Empfang des Darlehens mit einer Kündigungsfrist von sechs Monaten.

- § 489 Abs. 1 Nr. 3, 2. HS BGB:
  Die Kündigung ist nicht mehr möglich, wenn eine neue Vereinbarung über den Zinssatz getroffen worden ist.

Ein Darlehen mit variablem Zinssatz im Sinne von § 489 Abs. 2 BGB liegt vor, wenn nicht einmal für einen Teil der Laufzeit ein fester Zinssatz vereinbart wurde, so dass jederzeit eine Änderung der Zinshöhe eintreten kann.

Ordentliches Kündigungsrecht des Darlehensnehmers § 489 BGB

(1) ...

(2) Der Darlehensnehmer kann einen Darlehensvertrag mit veränderlichem Zinssatz jederzeit unter Einhaltung einer Kündigungsfrist von drei Monaten kündigen.

(3) ...

Dies kann ein Vertrag mit einer Zinsgleitklausel sein, wenn diese auf Zinssätze Bezug nimmt, die sich jederzeit ändern können (Basiszinssatz).

Es kann auch ein Vertrag mit einer Zinsänderungsklausel sein, wenn diese dem Darlehensgeber die jederzeitige einseitige Anpassung des vertraglichen Zinssatzes erlaubt.

§ 315 BGB

Bestimmung der Leistung durch eine Partei

(1) Soll die Leistung durch einen der Vertragschließenden bestimmt werden, so ist im Zweifel anzunehmen, dass die Bestimmung nach billigem Ermessen zu treffen ist.

(2) Die Bestimmung erfolgt durch Erklärung gegenüber dem anderen Teil.

(3) Soll die Bestimmung nach billigem Ermessen erfolgen, so ist die getroffene Bestimmung für den anderen Teil nur verbindlich, wenn sie der Billigkeit entspricht. Entspricht sie nicht der Billigkeit, so wird die Bestimmung durch Urteil getroffen; das Gleiche gilt, wenn die Bestimmung verzögert wird.

Bedeutung für
das Bankrecht

Nach dieser Vorschrift kann die Bestimmung der Leistung vertraglich auf eine Vertragspartei übertragen werden, aber auch auf einen Dritten. Im Bankrecht betrifft dies vor allem die Festsetzung oder Anpassung von Zinsen oder Überziehungszinsen; andere Anwendungsbereiche sind z.B. im Arbeitsrecht die Festsetzung der konkreten Urlaubszeit durch den Arbeitgeber, im Genossenschaftsrecht die Festsetzung des Entgelts für Leistungen der Genossen, im Versicherungsrecht die Anpassung der Prämien. Die Leistungsbestimmung unterliegt jedoch der Billigkeitskontrolle, also den Grundsätzen von Treu und Glauben und der gegenseitigen Rücksichtnahmepflicht.

Solche Verträge mit veränderlichem Zinssatz können vom Darlehensnehmer nach vollständigem Empfang des Darlehens mit einer dreimonatigen Kündigungsfrist jederzeit gekündigt werden.

Nach § 489 Abs. 3 BGB gilt eine Kündigung nach Abs. 1 und 2 als nicht erfolgt, wenn der Darlehensnehmer den geschuldeten Betrag nicht innerhalb von zwei Wochen vollständig zurückgezahlt hat. Diese Fiktion soll einen Missbrauch des Kündigungsrechts verhindern. Der Darlehensnehmer könnte anderenfalls den Vertrag kündigen, das Darlehen behalten und nur den Verzugszins, der vielfach unter dem im Darlehensvertrag vereinbarten Zinssatz liegt, entrichten. Er stünde damit besser als bei Fortbestand des Vertrages, obwohl er die Leistung, also das Kapital und seine Nutzungsmöglichkeit, behielte.

§ 489 Abs. 3, 4 BGB

Ordentliches Kündigungsrecht des Darlehensnehmers

(3) Eine Kündigung des Darlehensnehmers nach Absatz 1 oder Absatz 2 gilt als nicht erfolgt, wenn er den geschuldeten Betrag nicht binnen zwei Wochen nach Wirksamwerden der Kündigung zurückzahlt.

(4) Das Kündigungsrecht des Darlehensnehmers nach den Absätzen 1 und 2 kann nicht durch Vertrag ausgeschlossen oder erschwert werden. Dies gilt nicht bei Darlehen an den Bund, ein Sondervermögen des

Bundes, ein Land, eine Gemeinde, einen Gemeindeverband, die Europäischen Gemeinschaften oder ausländische Gebietskörperschaften.

Folge der Fiktion bei nicht rechtzeitiger Rückzahlung ist, dass der Darlehensvertrag weiter besteht und der Darlehensnehmer den vereinbarten Vertragszins entrichten muss.

War das vom Darlehensnehmer vorzeitig gekündigte Darlehen über die gesamte Laufzeit in gleich großen Raten aus Tilgung, Zins und Kosten zurückzuzahlen, so enthält die Restschuld im Zeitpunkt der Kündigung auch Zinsanteile, die bei staffelmäßiger Berechnung erst für die Zeit nach Wirksamwerden der Kündigung angefallen wären. Aufgrund einer typisierten Auslegung des Darlehensvertrages gilt daher auch ohne ausdrückliche gesetzliche Regelung, dass der Darlehensgeber diesen Zinsanteil von der Rechtsschuld des Darlehensnehmers abziehen muss (Abzinsung).

Abzinsung

3.3.2. Außerordentliche Kündigung

Das außerordentliche Kündigungsrecht ist für den Darlehensgeber in § 490 Abs. 1 BGB und für den Darlehensnehmer in § 490 Abs. 2 BGB geregelt.

Ohne Frist

Gem. § 490 Abs. 1 BGB hat der Darlehensgeber ein außerordentliches Kündigungsrecht, wenn sich die Vermögensverhältnisse des Darlehensnehmers oder die Werthaltigkeit einer für das Darlehen bestellten Sicherheit wesentlich verschlechtern.

Außerordentliches Kündigungsrecht

§ 490 BGB

(1) Wenn in den Vermögensverhältnissen des Darlehensnehmers oder in der Werthaltigkeit einer für das Darlehen gestellten Sicherheit eine wesentliche Verschlechterung eintritt oder einzutreten droht, durch die die Rückerstattung des Darlehens, auch unter Verwertung der Sicherheit, gefährdet wird, kann der Darlehensgeber den Darlehensvertrag vor Auszahlung des Darlehens im Zweifel stets, nach Auszahlung nur in der Regel fristlos kündigen.

(2) ...

Voraussetzung ist, dass

- dadurch der Rückzahlungsanspruch des Darlehensgebers gefährdet wird (eine solche Gefährdung liegt normalerweise nicht vor, wenn die Werthaltigkeit der gestellten Sicherheit keine Einbuße erlitten hat),
- die Verschlechterung der Vermögensverhältnisse oder der Werthaltigkeit der Sicherheit nach Vertragsschluss eintritt.

Liegt der den Rückzahlungsanspruch gefährdende Umstand schon vorher (vor Vertragsschluss) vor und wird er dem Darlehensgeber erst nach Vertragsschluss bekannt, kommt kein Kündigungsrecht gem. § 490 Abs. 1 BGB in Betracht. Allerdings kann der Darlehensgeber gem. § 119 Abs. 2 BGB wegen Irrtums über die Kreditwürdigkeit des Darlehensnehmers die Anfechtung erklären.

Rechtsfolge: Liegen die genannten Voraussetzungen vor, so kann der Darlehensgeber den Darlehensvertrag fristlos kündigen:

- vor der Valutierung stets, da ihm eine Auszahlung des Darlehens nicht zuzumuten ist, wenn er mehr oder minder weiß, dass er die Darlehenssumme nicht mehr zurückerhalten wird,
- nach der Valutierung besteht das Kündigungsrecht »nur in der Regel«.

Durch diese Differenzierung wird klargestellt, dass nach der Darlehensvalutierung eine Gesamtwürdigung erforderlich ist, die auch die Belange des Schuldners angemessen berücksichtigen muss. Es kann dem Darlehensgeber danach im Einzelfall durchaus zuzumuten sein, dem Darlehensnehmer das bereits ausbezahlte Darlehen zu belassen, insbesondere, wenn diesem so die ratenweise Rückzahlung möglich ist, während er ansonsten insolvent würde.

Beispiel: Nach Auszahlung des Darlehens verschlechtert sich die Vermögenssituation des Darlehensnehmers. Würde das Kreditinstitut nunmehr ein Sonderkündigungsrecht ausüben, so würde der Darlehensnehmer insolvent. Belässt es ihm hingegen das bereits ausgezahlte Darlehen, so könnte er das Darlehen zumindest ratenweise zurückführen. Dann stünde dem Kreditinstitut kein Kündigungsrecht aus § 490 Abs. 1 BGB zu, vorausgesetzt, ein weiteres Belassen der Mittel beim Darlehensgeber gefährde die Rückgewähr nicht so stark, dass das Kreditinstitut schnellstmöglich retten muss, was überhaupt noch zu retten ist.

Der Darlehensnehmer hat ein vorzeitiges Kündigungsrecht, wenn seine berechtigten Interessen dies ausnahmsweise gebieten, § 490 Abs. 2 Satz 1 BGB.

Außerordentliches Kündigungsrecht

(1) ...

(2) Der Darlehensnehmer kann einen Darlehensvertrag, bei dem für einen bestimmten Zeitraum ein fester Zinssatz vereinbart und das Darlehen durch ein Grund- oder Schiffspfandrecht gesichert ist, unter Einhaltung der Fristen des § 489 Abs. 1 Nr. 2 vorzeitig kündigen, wenn seine berechtigten Interessen dies gebieten. Ein solches Interesse liegt

insbesondere vor, wenn der Darlehensnehmer ein Bedürfnis nach einer anderweitigen Verwertung der zur Sicherung des Darlehens beliehenen Sache hat. Der Darlehensnehmer hat dem Darlehensgeber denjenigen Schaden zu ersetzen, der diesem aus der vorzeitigen Kündigung entsteht (Vorfälligkeitsentschädigung).

(3) Die Vorschriften der §§ 313 und 314 bleiben unberührt.

Dieser im Rahmen des Schuldrechtsmodernisierungsgesetzes neu geschaffene Kündigungsgrund kodifiziert eine bislang umstrittene Rechtsprechung des BGH, die dem Darlehensnehmer insbesondere bei einer anderweitigen Verwertung des beliehenen Objekts einen Anspruch auf vertragliche Aufhebung des Darlehens gegen das Kreditinstitut einräumte. Anstelle dieses Anspruchs – aber unter denselben tatbestandlichen Voraussetzungen – gibt das Gesetz dem Darlehensnehmer nun ein außerordentliches Kündigungsrecht. Die gesetzliche Regelung gilt nur für durch Grund- oder Schiffpfandrechte gesicherte Darlehen.

Kodifizierung der BGH-Rechtsprechung

Gem. § 490 Abs. 2 Satz 2 BGB liegt ein solcher Kündigungsgrund insbesondere (also keine abschließende Aufzählung) vor, wenn der Darlehensnehmer ein Bedürfnis nach einer anderweitigen Verwertung seines zur Sicherung des Darlehens beliehenen Grundstücks hat. Hierbei kommt es auf das Motiv nicht an. Private Gründe wie Ehescheidung, Krankheit, Arbeitslosigkeit, Überschuldung und Umzug sind ebenso denkbar wie die Wahrnehmung einer günstigen Verkaufsgelegenheit oder der nicht erfüllte Wunsch des Darlehensnehmers nach Aufstockung eines Geschäftskredits.

Beispiel: K will sein Haus verkaufen. Auf dem Haus lastet noch eine Grundschuld von 400.000,– €, die K beim Hauskauf zur Kaufpreisfinanzierung benötigte. Die Grundschuld valutiert noch in Höhe von 100.000,– EUR.

Hier hatte bereits die bisherige Rechtsprechung dem Darlehensnehmer ein außerordentliches Kündigungsrecht gewährt.

Kein Kündigungsgrund liegt allerdings dann vor, wenn der Darlehensnehmer die anderweitige Verwertung der Sicherheit allein aus dem Grunde anstrebt, um die Gelegenheit zu einer zinsgünstigen Umschuldung zu nutzen.

Beispiel: K hatte ein grundpfandrechtlich gesichertes Darlehen über 100.000,– EUR während einer Hochzinsphase mit einem festen Zinssatz von 12 % auf zehn Jahre aufgenommen. Nach fünf Jahren möchte er umschulden auf ein Darlehen, das ihn nur 7 % Zins kosten würde.

Hier gewährte weder die bisherige Rechtsprechung noch nunmehr § 490 Abs. 2 BGB ein außerordentliches Kündigungsrecht, da der Darlehensnehmer durch die Festzinsvereinbarung das Risiko der Zinssenkung, der Darlehensgeber dasjenige der Zinserhöhung übernommen hat.

Sofern ein berechtigtes Interesse des Darlehensnehmers zur Kündigung vorliegt, kann er den Darlehensvertrag frühestens sechs Monate nach dem vollständigen Empfang des Darlehens und unter Einhaltung einer Kündigungsfrist von drei Monaten kündigen, § 489 Abs. 1 Nr. 2 BGB.

Vorfälligkeitsentschädigung

Gem. § 490 Abs. 2 Satz 3 BGB muss der Darlehensnehmer dem Darlehensgeber den durch die vorzeitige Kündigung des Darlehens entstehenden Schaden bezahlen (Vorfälligkeitsentschädigung). Die Vorfälligkeitsentschädigung ist damit gesetzliche Folge der Kündigung. Für die Höhe der Vorfälligkeitsentschädigung kann auf die bisherige Rechtsprechung des BGH zurückgegriffen werden. Sie ist nach der Rechtsprechung so zu bemessen, dass der Darlehensgeber durch die Kreditablösung im Ergebnis finanziell weder benachteiligt noch begünstigt wird.

Die Kündigung ist unabhängig von der Erfüllung des gesetzlichen Anspruchs auf Zahlung einer Vorfälligkeitsentschädigung wirksam. Wird der Darlehensgeber vom Darlehensnehmer auf Freigabe der Sicherheit in Anspruch genommen, so hat dieser wegen seines Anspruchs auf Zahlung der Vorfälligkeitsentschädigung ein Zurückbehaltungsrecht gem. §§ 273, 274 BGB.

Aus § 490 Abs. 3 BGB ergeben sich weitere Vertragsbeendigungsmöglichkeiten aus anderen geschriebenen und ungeschriebenen Rechtssätzen wie §§ 313 (Wegfall der Geschäftsgrundlage), 314 BGB (Kündigung aus wichtigem Grund). Solange das Darlehen nicht ausbezahlt ist, kommt auch die Unsicherheiteneinrede gem. § 321 BGB in Betracht.

3.3.3. Die Verjährung

Im Rahmen der Schuldrechtsmodernisierung wurde auch die Verjährung neu geregelt. Hinsichtlich der Verjährung von Ansprüchen auf Rückzahlung und Verzinsung von Bankdarlehen weicht das neue Verjährungsrecht vom bisherigen erheblich ab.

Wenn das Darlehen dinglich gesichert ist, sind die Unterschiede zum bisherigen Recht dagegen gering.

Die regelmäßige Verjährungsfrist beträgt drei Jahre, § 195 BGB.

§ 195 BGB

Regelmäßige Verjährungsfrist

Die regelmäßige Verjährungsfrist beträgt drei Jahre.

Längere Fristen gelten nur in besonderen Ausnahmefällen.

Es verjähren

- sowohl der Rückzahlungsanspruch
- als auch die Zinsansprüche

einheitlich drei Jahre nach dem Schluss des Jahres, in dem die Fälligkeit (§ 199 Abs. 1 Nr. 1 BGB) eingetreten ist und der Gläubiger Kenntnis von den den Anspruch begründenden Umständen und der Person des Schuldners erlangt hat, § 199 Abs. 1 Nr. 2 BGB.

Beginn der regelmäßigen Verjährungsfrist und Höchstfristen §** 199 BGB**

(1) Die regelmäßige Verjährungsfrist beginnt mit dem Schluss des Jahres, in dem

1. der Anspruch entstanden ist und

2. der Gläubiger von dem den Anspruch begründenden Umständen und der Person des Schuldners Kenntnis erlangt oder ohne grobe Fahrlässigkeit erlangen müsste.

(2) ...

Beispiel: Ein Darlehen vom Februar 2002 ist laut Darlehensvertrag am 30. Dezember 2004 zur Rückzahlung fällig. Der Schuldner zahlt nichts. Eine Mahnung des Kreditinstituts kommt mit dem postalischen Vermerk »unbekannt verzogen« zurück.

Das Darlehen ist durch eine erstrangige Grundschuld gesichert. Der Sachbearbeiter des Kreditinstituts sieht im Hinblick auf diese Sicherung keinen Anlass zur Eile. Am 10.01.2008 beruft sich der Schuldner auf Verjährung des Rückzahlungsanspruchs und fordert die Rückgewähr der Grundschuld.

- *Die Forderung des Kreditinstituts auf Rückzahlung des Darlehens ist gem. § 488 Abs. 1 Satz 2, Abs. 2 Nr. 1, 195, 199 Abs. 1 BGB verjährt.*

- *Die Darlehenszinsen (§ 488 Abs. 1 Satz 2 BGB) und die Verzugszinsen (§ 286 Abs. 1 Satz 1, Abs. 2 Nr. 1, 288 BGB), die bis 31.12.2004 fällig geworden sind, sind ebenfalls verjährt. Nicht verjährt sind die in 2005, 2006 und 2007 fällig gewordenen Darlehensleistungen, §195, 199 Abs. 1 BGB.*

- *Sobald der Schuldner die noch nicht verjährten Zinsen bezahlt hat, sichert die Grundschuld keine einredefreien Verbindlichkeiten mehr, da der Rückzahlungsanspruch verjährt ist. Deshalb wäre die Grundschuld in der Regel nach dem Inhalt des Sicherungsvertrages zurückzugewähren.*

- *Gleichwohl kann das Kreditinstitut aus der Grundschuld vollstrecken, da diese als nicht akzessorisches Sicherungsrecht ohnehin bestehen bleibt (§ 216 Abs. 1 BGB besagt dies*

auch für akzessorische Sicherungsrechte). Da die Verjäh-
rung nicht den Anspruch erlöschen lässt (§ 214 Abs. 1 BGB),
behält der Gläubiger grundsätzlich das Recht, sich aus der
Sicherheit zu befriedigen. Der Wortlaut des § 216 Abs. 2
BGB erfasst auch die als Sicherheit bestellte oder abgetre-
tene Grundschuld, da sie ein Recht ist, das dem Gläubiger im
Sinne des § 216 Abs. 2 BGB verschafft worden ist. Allerdings
hilft § 216 Abs. 2 BGB dem Kreditinstitut nicht, wenn es we-
gen verjährter und nicht titulierter Darlehenszinsforderun-
gen aus der Grundschuld vollstrecken will, da dann in der
Regel der Sicherungsvertrag i.V.m. § 216 Abs. 3 BGB die
Vollstreckung hindert.

Nach § 196 BGB verjähren Ansprüche auf Übertragung des Eigentums an einem Grundstück sowie auf Begründung, Übertragung, Inhaltsänderung oder Aufhebung des Rechts hieran kenntnisunabhängig, beginnend mit der Entstehung des Anspruchs (§ 200 BGB), in zehn Jahren. § 196 BGB gilt auch für den Anspruch auf eine etwaige Gegenleistung.

§ 196 BGB   **Verjährungsfrist bei Rechten an einem Grundstück**

Ansprüche auf Übertragung des Eigentums an einem Grundstück sowie auf Begründung, Übertragung oder Aufhebung eines Rechts an einem Grundstück oder auf Änderung des Inhalts eines solchen Rechts sowie die Ansprüche auf die Gegenleistung verjähren in zehn Jahren.

Da sich Fehler beim Eigentumserwerb oder beim Erwerb dinglicher Rechte häufig erst nach einem erheblich längeren Zeitraum als zehn Jahren herausstellen, ist nach verschiedener Ansicht mit dieser Verjährungsfrist eine erhebliche Gefahr in der Praxis verbunden.

Als Vorsorgemaßnahme kann es daher empfehlenswert sein, die Verjährungsfrist für Eigentumsverschaffungsansprüche und für den Anspruch auf Einräumung dinglicher Rechte gem. § 202 Abs. 2 BGB auf dreißig Jahre zu verlängern.

Für Grundstückskaufverträge, die vor dem 01.01.2002 geschlossen worden sind, gilt nach der Übergangsvorschrift des Art. 229 § 6 Abs. 1 und Abs. 4 EGBGB statt der alten dreißigjährigen Verjährungsfrist grundsätzlich die zehnjährige Verjährungsfrist, die ab 01.01.2002 berechnet wird, es sei den die alte Verjährungsfrist läuft früher ab.

Unter § 196 BGB fällt auch der Anspruch des Sicherungsgebers gegen die das kreditgebende Institut auf Rückübertragung der Sicherungsgrundschuld nach vollständiger Tilgung des Darlehens; es geht hierbei um die Verjährung des Anspruchs auf Rückgewähr einer nicht mehr valutierten Grundschuld.

Auch hier kommt eine Verlängerung der Verjährungsfrist auf dreißig Jahre in Betracht, § 202 Abs. 2 BGB.

Falls der Rückgewähranspruch bereits vor dem 01.01.2002 entstanden ist, gilt für ihn nach der Übergangsregelung des Art. 229 § 6 I und IV EGBGB statt der alten dreißigjährigen Verjährungsfrist grundsätzlich die zehnjährige Verjährungsfrist, die ab 01.01.2002 berechnet wird, es sei denn, die alte Verjährungsfrist läuft früher ab.

Bei Hypotheken droht das Verjährungsproblem nicht, da durch die Zahlung der gesicherten Forderung die Hypothek auf den Eigentümer gem. § 1163 Abs. 1 Satz 2 BGB übergeht. Die Eintragung des Übergangs ins Grundbuch kann im Wege der Grundbuchberichtigung erfolgen. Der Anspruch des Eigentümers auf Mitwirkung des früheren Hypothekengläubigers ergibt sich aus § 894 BGB. Dieser Anspruch unterliegt nach § 898 BGB nicht der Verjährung.

3.4. Das Verbraucherdarlehen

Der Kredit verschafft beim Zahlungskredit dem Kreditnehmer in der Gegenwart regelmäßig Geld, das er, vermehrt um Zinsen und sonstige Kosten, in der Zukunft zurückzahlen muss. Da er damit jedoch sein zukünftiges Einkommen belastet, ist er, sofern er »Verbraucher« ist, besonders schutzbedürftig, da der Gesetzgeber davon ausgeht, dass er als solcher nicht immer sein Handeln vollständig überschaut und daher auf detaillierte Informationen über die tatsächlichen Kosten des Kredits, die ihm jedoch der Kreditgeber nicht ohne weiteres erteilen wird, angewiesen ist.

Hintergrund

Schutz vor Übereilung

Dieses Schutzbedürfnis des Verbrauchers hat zur Verabschiedung der Verbraucherkredit-Richtlinie (VerbrKr-RL) der EU geführt, nach der die Mitgliedstaaten verpflichtet wurden, für Kreditverträge zwischen einem Unternehmer und einem Verbraucher bestimmte Vorschriften zum Schutz der Verbraucher zu erlassen.

Unter Kredit ist nach Art. 1 Abs.2 lit. c) VerbrKr-RL die Gewährung »eines Zahlungsaufschubs, eines Darlehens oder einer sonstigen ähnlichen Finanzierungshilfe« zu verstehen. Kreditverträge bedürfen der Schriftform und müssen bestimmte Pflichtangaben enthalten; außerdem hat der Verbraucher eine Ausfertigung des schriftlichen Vertrages zu erhalten, Art. 4 VerbrKr-RL.

Dieser Verpflichtung ist Bundesrepublik Deutschland durch Erlass des VerbrKrG zum 01.01.1991 mit einjähriger Verspätung nachgekommen. Das mehrfach geänderte Gesetz wurde durch das Schuldrechtsmodernisierungsgesetz nun ins BGB integriert, um einem weiteren

Auseinanderdriften von allgemeinem Darlehensrecht und Verbraucherdarlehensrecht entgegenzuwirken.

Bei der Integration in das BGB wurde der bisherige Oberbegriff »Kredit« aus dem VerbrKrG aufgegeben. Vorschriften, die sowohl für das Darlehen als auch für den entgeltlichen Zahlungsaufschub, insbesondere das Teilzahlungsgeschäft und die sonstigen Finanzierungshilfen, insbesondere das Finanzierungsleasing, gemeinsam galten, wurden zergliedert.

Grundmodell des Verbraucherkredits und Hauptanwendungsfall in der Praxis ist der Darlehensvertrag. Er wurde daher eingehend geregelt in den §§ 491 – 498 BGB. Für die übrigen Formen des Verbraucherkredits (Zahlungsaufschub, sonstige Finanzierungshilfen: Finanzierungsleasing, Teilzahlungsgeschäfte) gelten diese Vorschriften kraft besonderer Verweisungsnorm teilweise entsprechend (§ 499-501 BGB). Für die Teilzahlungsgeschäfte gelten zudem die §§ 502-504 BGB.

§ 491 BGB fasst die §§ 1 und 3 VerbrKrG zusammen. §§ 492-495 BGB übernehmen inhaltlich die bisherigen §§ 4-7 VerbrKrG, §§ 496, 497 BGB die bisherigen §§ 10,11 VerbrKrG.

3.4.1. Persönlicher Anwendungsbereich

Die Vorschriften über den Verbraucherdarlehensvertrag dienen dem Schutz des Verbrauchers in seiner Rolle als Darlehensnehmer.

§ 13 BGB

Verbraucher

Verbraucher ist jede natürliche Person, die ein Rechtsgeschäft zu einem Zweck abschließt, der weder ihrer gewerblichen noch ihrer selbständigen beruflichen Tätigkeit zugerechnet werden kann.

Natürliche
Personen

Erfasst sind durch diese Vorschrift ausschließlich natürliche Personen, die zu privaten Zwecken ein Rechtsgeschäft vornehmen. Da jedoch der Verbraucherschutz zu einem wesentlichen Schutzprinzip des bürgerlichen Rechts geworden ist, greift der Verbraucherschutz auch außerhalb abgeschlossener Rechtsgeschäfte:

- Zusendung einer unbestellten Sache (z.B. § 241a BGB),
- beim Erwecken des Eindrucks einer Gewinnzusage (z.B. § 661a BGB),
- Informationspflichten (z. B. § 312c oder § 482 BGB).

Im Anschluss daran definiert das Bürgerliche Gesetzbuch auch den Unternehmer.

Unternehmer § 14 BGB

(1) Unternehmer ist eine natürliche oder juristische Person oder eine rechtsfähige Personengesellschaft, die bei Abschluss eines Rechtsgeschäfts in Ausübung ihrer gewerblichen oder selbständigen beruflichen Tätigkeit handelt.

(2) Eine rechtsfähige Personengesellschaft ist eine Personengesellschaft, die mit der Fähigkeit ausgestattet ist, Rechte zu erwerben und Verbindlichkeiten einzugehen.

Gem. § 506 Satz 1 BGB kann im Darlehensrecht von den Verbraucherschutzvorschriften nur zugunsten des Verbrauchers abgewichen werden (Günstigkeitsklausel).

Abweichende Vereinbarungen § 506 BGB

(1) Von den Vorschriften der §§ 491 bis 505 darf nicht zum Nachteil des Verbrauchers abgewichen werden. Diese Vorschriften finden auch Anwendung, wenn sie durch anderweitige Gestaltungen umgangen werden.

(2) ...

Der Verbraucherdarlehensvertrag ist in § 491 Abs. 1 BGB definiert und liegt vor, wenn folgende Voraussetzungen kumulativ gegeben sind:

- Es muss sich um einen entgeltlichen Darlehensvertrag handeln, so dass zinslose Darlehensverträge grundsätzlich nicht unter die Verbraucherdarlehen fallen.

- Der Darlehensgeber muss Unternehmer im Sinne von § 14 sein, d.h. er muss den Darlehensvertrag in Ausübung seiner gewerblichen oder selbständigen beruflichen Tätigkeit geschlossen haben.

- Der Darlehensnehmer muss Verbraucher im Sinne von § 13 sein, also eine natürliche Person, die den Darlehensvertrag allein zu privaten Zwecken abschließt. Die Beweislast hinsichtlich der Verbrauchereigenschaft trägt nunmehr der Darlehensnehmer.

Verbraucherdarlehensvertrag § 491 BGB

(1) Für entgeltliche Darlehensverträge zwischen einem Unternehmer als Darlehensgeber und einem Verbraucher als Darlehensnehmer (Verbraucherdarlehensvertrag) gelten vorbehaltlich der Absätze 2 und 3 ergänzend die folgenden Vorschriften.

(2) Die folgenden Vorschriften finden keine Anwendung auf Verbraucherdarlehensverträge,

1. bei denen das auszuzahlende Darlehen (Nettodarlehensbetrag) 200 Euro nicht übersteigt,
2. die ein Arbeitgeber mit seinem Arbeitnehmer zu Zinsen abschließt, die unter den marktüblichen Sätzen liegen,
3. die im Rahmen der Förderung des Wohnungswesens und des Städtebaus auf Grund öffentlichrechtlicher Bewilligungsbescheide oder auf Grund von Zuwendungen aus öffentlichen Haushalten unmittelbar zwischen der die Fördermittel vergebenden öffentlich-rechtlichen Anstalt und dem Darlehensnehmer zu Zinssätzen abgeschlossen werden, die unter den marktüblichen Sätzen liegen.

(3) Keine Anwendung finden ferner

1. ... (Darlehensverträge aufgrund gerichtlichen Protokolls oder notarieller Beurkundung) ...
2. § 358 Abs. 2, 4 und 5 und § 359 auf Verbraucherdarlehensverträge, die der Finanzierung des Erwerbs von Wertpapieren, Devisen, Derivaten oder Edelmetallen dienen.

Mischfälle

Problematisch ist die Behandlung von so genannten Mischfällen. Diese liegen vor, wenn z.B. ein selbständiger Gewerbetreibender mit einem Darlehen den Kauf eines Pkw finanziert, den er teils beruflich, teils privat nutzt. Die Literatur vertritt hier zunehmend die Ansicht, dass bereits die teilweise gewerbliche Nutzung dem Geschäft den Charakter eines Verbrauchervertrages nimmt. Damit ist im vorliegenden Fall kein Verbraucherdarlehensvertrag gegeben, selbst wenn die private Nutzung des Pkw überwiegen sollte, da der Darlehensvertrag von einem selbständigen Gewerbetreibenden – auch mit dem Ziel der beruflichen Nutzung des Pkw – geschlossen wurde.

Nach herrschender Rechtsprechung ist der »überwiegende Zweck« maßgeblich, wenn der Kredit nach dem Zweck nicht teilbar ist.

Beispiel: Bei der Kreditaufnahme eines Arztes zum Bau von Praxis und Wohnraum kann das Verbraucherschutzrecht im Einzelfall nicht anwendbar sein. Gleiches gilt im Falle der Betriebsaufspaltung.

3.4.2. Existenzgründer

Gemäß § 507 BGB wird der Anwendungsbereich der §§ 491-506 BGB auf Verbraucherseite auf Existenzgründer erweitert, da hier eine vergleichbare Schutzbedürftigkeit beider Personengruppen vorliegt.

§ 507 BGB

Anwendung auf Existenzgründer

Die §§ 491 bis 506 gelten auch für natürliche Personen, die sich ein Darlehen, einen Zahlungsaufschub oder eine sonstige Finanzierungshilfe für die Aufnahme einer gewerblichen oder selbständigen beruflichen Tätigkeit gewähren lassen oder zu diesem Zweck einen Ratenlieferungsvertrag schließen, es sei denn, der Nettodarlehensbetrag oder Barzahlungspreis übersteigt 50 000 Euro.

Existenzgründer ist, wer sich als natürliche Person ein Darlehen für die Aufnahme einer gewerblichen oder selbständigen beruflichen Tätigkeit gewähren lässt.

§ 507 beschränkt die Anwendung der §§ 491-506 BGB auf Darlehen, bei denen der auszuzahlende Betrag 50.000,– € nicht übersteigt. Damit ist Maßstab allein der Darlehensbetrag.

Die Beweislast dafür, dass der Kredit zur Aufnahme seiner gewerblichen oder beruflichen Tätigkeit bestimmt war, trägt der Existenzgründer. Die Beweislast für das Vorliegen eines Großkredits obliegt hingegen dem Darlehensgeber (Arg.: »es sei denn«).

Beweislast

Der Darlehensvertrag muss der Aufnahme der gewerblichen oder selbständigen Tätigkeit dienen. Dies ist der Fall, wenn er in einer Phase vereinbart wurde, in der der Existenzgründer seine unternehmerische Tätigkeit vorbereitet. Solange die Phase andauert, handelt er als Existenzgründer im Sinne von § 507 BGB. Entscheidend ist daher, wann sie beendet wird. Dies ist je nach Einzelfall nach äußerlich sichtbaren Kriterien zu entscheiden: z.B. Durchführung von Werbemaßnahmen, Anbieten der Ware bzw. Dienstleistung oder tatsächliche Eröffnung des Ladenlokals. Durch Vorbereitungshandlungen wie das Anmieten von Geschäftsräumen wird jedoch keine Beendigung der Gründungsphase herbeigeführt. Der Geschäftsbeginn im Sinne des § 123 II HGB und das Ende der Gründungsphase können daher auseinander fallen.

Problematisch ist die Behandlung von zusätzlichen und wiederholten Existenzgründungen. Der BGH wendet auf beide Fälle Verbraucherschutzrecht an. Im Falle der Aufnahme einer weiteren Tätigkeit ist nur erforderlich, dass das neue Gewerbe von dem bereits bestehenden klar abgrenzbar ist und es sich nicht nur um eine Betriebserweiterung handelt.

Erneute Existenzgründung

Des Weiteren ist es auch möglich, dass ein Existenzgründer ein Darlehen unter 50.000,– € aufnimmt, einen eventuell erforderlichen weiteren Kapitalbedarf jedoch aus eigenen Mitteln finanziert und damit – im Extremfall – Unternehmensfinanzierungen in Millionenhöhe erreicht werden.

Zu beachten ist, dass unter den Existenzgründerschutz zwar nur natürliche Personen fallen, jedoch der BGH die Anwendbarkeit des VerbrKrG auf den Kreditvertrag einer GbR ausdrücklich anerkannt hat.

Die Vor-GmbH ist kein Existenzgründer (da keine natürliche Person); dies ist jedoch umstritten.

3.4.3. Entsprechende Anwendung bei Schuldbeitritt und Schuldübernahme

Die Vorschriften der §§ 492-498 BGB finden entsprechende Anwendung bei bestimmten Fällen der Mitverpflichtung Dritter.

Tritt etwa eine natürliche Person einem Darlehensvertrag als Schuldner bei und ist der Schuldbeitritt für diese Person ein Verbrauchergeschäft, so sind auf diesen Schuldbeitritt die Vorschriften über den Verbraucherdarlehensvertrag entsprechend anzuwenden.

Dasselbe gilt für die befreiende Schuldübernahme nach §§ 414, 415 BGB, nicht jedoch für die Übernahme einer Bürgschaft.

- Gesamtschuldner

  Mehrere Darlehensnehmer haften als Gesamtschuldner gem. §§ 421, 426 BGB. Der Kündigung gegenüber einem Gesamtschuldner kommt lediglich Einzelwirkung zu, vgl. § 425 BGB.

  Beispiel: Bei einem Dispo-Kredit auf einem Oder-Konto der Ehegatten muss sich der andere Ehepartner Erhöhungen des Dispo-Rahmens zurechnen lassen (ggf. unter dem Gesichtspunkt der Anscheinsvollmacht).

- Die Mithaft (Schuldbeitritt)

  Der Bundesgerichtshof hat – für das Verbraucherkreditgesetz – entschieden, dass auf den Schuldbeitritt zu einem Kreditvertrag die Verbraucherschutzvorschriften entsprechend anwendbar seien. Hierbei kommt es nicht darauf an, dass auch der eigentliche Kreditnehmer als Verbraucher zu werten ist. Dies gilt auch dann, wenn der Beitretende Mehrheitsgesellschafter und Alleingeschäftsführer der Kredit nehmenden GmbH ist. Dem Verbraucher steht ein eigenes Widerrufsrecht zu. Der Verbraucherschutz ist auf die Mithaft eines GmbH-Gesellschafters für einen Kredit der Gesellschaft ohne Rücksicht auf den Umfang seiner Beteiligung an der Gesellschaft anwendbar.

  Beispiel: Erklärt ein Verbraucher den Schuldbeitritt, so ist für den Beginn seiner Widerrufsfrist der Zeitpunkt der Beitrittserklärung maßgebend.

- Die Schuldübernahme, §§ 414 ff. BGB

Bei der Schuldübernahme tritt der neue Schuldner an die Stelle des bisherigen (Schuldnerwechsel). Der Gläubiger muss hierzu mitwirken, denn ohne seine Zustimmung darf sein Schuldner nicht aus dem Schuldverhältnis ausscheiden. Stimmt jedoch der Gläubiger einem Schuldnerwechsel zu, so erlöschen infolge der Schuldübernahme die für die Forderung bestellten Bürgschaften und Pfandrechte; das gleiche gilt für (Schiffs-) Hypotheken.

Der Erwerber (also der neue Schuldner) erhält dieselbe rechtliche Stellung, wie sie der ausscheidende Schuldner hatte. Bestand für diesen das Recht zum Widerruf nach § 495 BGB, so geht dieses auf den Übernehmer über. Auf die Schutzwürdigkeit des Übernehmers kommt es nicht an.

Beispiel: Daher ist es unschädlich, wenn er später als Kaufmann ins Handelsregister eingetragen wird.

Ist der Übernehmer zugleich Verbraucher, greift für die Übernahme der Verbraucherschutz der §§ 491 ff. BGB. Insofern besteht neben dem ursprünglichen Widerrufsrecht ein weiteres originäres Widerrufsrecht für den Übernehmer.

3.4.4. Sachlicher Anwendungsbereich

Die §§ 492-498 BGB finden nicht auf alle Darlehensverträge uneingeschränkte Anwendung.

Die in § 491 Abs. 2 BGB geregelten Ausnahmen schließen die Anwendung der §§ 492-498 vollständig aus:

- § 491 Abs. 2 Nr. 1 BGB: Bagatelldarlehen, bei denen der auszuzahlende Betrag 200,– € nicht übersteigt
- § 491 Abs. 2 Nr. 2 und Nr. 3 BGB: Arbeitgeberdarlehen und zu Zwecken der Wohnungsförderung vergebene Darlehen, deren Zinsen unter den marktüblichen Darlehenszinsen liegen.

In § 492 Abs. 3 BGB werden bestimmte Vorschriften von der Anwendung ausgenommen:

- § 492 Abs. 3 Nr. 1 BGB: Ist ein Darlehensrückzahlungsanspruch durch ein Grundpfandrecht gesichert, kann der Verbraucher den Darlehensvertrag beispielsweise nicht nach § 495 BGB widerrufen. Auch die Vorschriften über verbundene Verträge und über die Gesamtfälligstellung finden keine Anwendung.

- § 492 Abs. 3 Nr. 2 BGB: Gerichtliche protokollierte oder notariell beurkundete Darlehensverträge, die bestimmte zusätzliche Voraussetzungen erfüllen, sind von den Formvorschriften und dem Widerrufsrecht ausgenommen.

- § 492 Abs. 3 Nr. 3 BGB: Bei Spekulationsgeschäften findet die Vorschrift über das Widerrufsrecht bei finanzierten Verträgen nach § 358 Abs. 2 BGB keine Anwendung, da der Verbraucher nicht zu Lasten des Darlehensgeber innerhalb der Zwei-Wochen-Frist spekulieren dürfen soll und etwa auf Kredit (und im verbundenen Geschäft, vgl. § 358 Abs. 3 BGB) erworbene Aktien nach deren Kursverfall zurückgeben können soll. Damit kann der Verbraucher zwar den Verbraucherdarlehensvertrag nach § 495 BGB widerrufen, dieser Widerruf berührt aber nicht den Kaufvertrag über den Erwerb von Wertpapieren, § 358 Abs. 2 BGB.

- § 493 BGB: Überziehungskredit: § 492 BGB findet ferner auch keine Anwendung bei den sog. Überziehungskrediten.

3.4.5. Überziehungskredit

Definition

Der in § 493 BGB geregelte Überziehungskredit liegt vor, wenn ein Kreditinstitut einem Darlehensnehmer, der bei ihm ein laufendes Konto unterhält, das Recht einräumt, sein Konto in bestimmter Höhe zu überziehen, und ihm für dieses Darlehen keinerlei sonstige Kosten, sondern ausschließlich Zinsen in Rechnung stellt, die nicht kürzer als vierteljährlich belastet werden (§ 493 Abs. 1 Satz 1 BGB).

§ 493 BGB

Überziehungskredit

(1) Die Bestimmungen des § 492 gelten nicht für Verbraucherdarlehensverträge, bei denen ein Kreditinstitut einem Darlehensnehmer das Recht einräumt, sein laufendes Konto in bestimmter Höhe zu überziehen, wenn außer den Zinsen für das in Anspruch genommene Darlehen keine weiteren Kosten in Rechnung gestellt werden und die Zinsen nicht in kürzeren Perioden als drei Monaten belastet werden. Das Kreditinstitut hat den Darlehensnehmer vor der Inanspruchnahme eines solchen Darlehens zu unterrichten über

1. die Höchstgrenze des Darlehens,

2. den zum Zeitpunkt der Unterrichtung geltenden Jahreszins,

3. die Bedingungen, unter denen der Zinssatz geändert werden kann,

4. die Regelung der Vertragsbeendigung.

...

Solche vereinbarten Überziehungskredite unterliegen nicht den Formvorschriften des § 492 BGB, sondern können formlos vereinbart werden.

Das Kreditinstitut hat den Darlehensnehmer lediglich gem. § 493 Abs. 1 Satz 2 BGB vor der ersten Inanspruchnahme zu unterrichten über die Höchstgrenze des Darlehens (§ 493 Abs. 1 Satz 2 Nr. 1 BGB), den nominellen Jahreszinssatz (§ 493 Abs. 1 Satz 2 Nr. 2 BGB), die Bedingungen für dessen Änderung (§ 493 Abs. 1 Satz 2 Nr. 3 BGB) sowie die Regelung der Vertragsbeendigung (§ 493 Abs. 1 Satz 2 Nr. 4 BGB).

Die Unterrichtung und Bestätigung der Überziehungsbedingungen haben in Textform (§ 126b BGB) zu erfolgen, wobei die Information auf dem Kontoauszug genügt, § 493 Abs. 1 Satz 5 BGB.

Bei einem geduldeten Überziehungskredit (§ 493 Abs. 2 BGB) kommen auf die Kreditinstitute wesentlich geringere Informationspflichten zu. Grundsätzlich ist das Kreditinstitut in seiner Entscheidung frei, ob es die Überziehung des Kontos überhaupt duldet oder nicht.

Geduldete Überziehung

Überziehungskredit

§ 493 BGB

(1) ...

(2) Duldet das Kreditinstitut die Überziehung eines laufenden Kontos und wird das Konto länger als drei Monate überzogen, so hat das Kreditinstitut den Darlehensnehmer über den Jahreszins, die Kosten sowie die diesbezüglichen Änderungen zu unterrichten; dies kann in Form eines Ausdrucks auf einem Kontoauszug erfolgen.

Zu einem geduldeten und damit konkludent eingeräumten (weiteren) Überziehungskredit kann es beispielsweise durch die Einlösung eines nicht garantierten Schecks oder die Überschreitung der vereinbarten Kreditlinie kommen. Diese konkludente Einigung zwischen Kreditinstitut und Verbraucher erfolgt zeitlich nach der Inanspruchnahme der Überziehung. Das Kreditinstitut muss – sofern die Überziehung länger als drei Monate dauert – den Verbraucher über den Jahreszins, über die Kosten sowie die diesbezüglichen Änderungen unterrichten.

Gem. § 495 Abs. 3 BGB steht dem Verbraucher im Falle eines Überziehungskredits gem. § 493 Abs. 1 Satz 1 BGB kein Widerrufsrecht (§ 355 BGB) zu, wenn er das Darlehen jederzeit ohne Einhaltung einer Kündigungsfrist und ohne zusätzliche Kosten zurückzahlen kann. Dies gilt sowohl für vereinbarte als auch für geduldete Überziehungskredite, da § 493 Abs. 2 BGB lediglich die Informationspflichten beschränkt, sich aber keine andere Einschätzung des Überziehungskredits ergibt.

3.4.6. Besonderer Verbraucherschutz

Der Verbraucher soll vor und bei Vertragsschluss aufgrund der wirtschaftlichen Bedeutung und Schwierigkeit der Vertragsmaterie vor Übereilung und falscher Beurteilung der auf ihn zukommenden finanziellen Belastungen geschützt werden.

Aus diesem Grunde finden sich drei Elemente des Verbraucherschutzes im Gesetz wieder:

- Formerfordernis als Schutz vor Übereilung,
- detaillierte Informationspflichten um Transparenz zu gewährleisten,
- ein Widerrufsrecht, um die Gelegenheit zum Überdenken der abgegebenen Willenserklärung sicherzustellen.

§ 492 BGB

Schriftform, Vertragsinhalt

(1) Verbraucherdarlehensverträge sind, soweit nicht eine strengere Form vorgeschrieben ist, schriftlich abzuschließen. Der Abschluss des Vertrages in elektronischer Form ist ausgeschlossen. Der Schriftform ist genügt, wenn Antrag und Annahme durch die Vertragsparteien jeweils getrennt schriftlich erklärt werden. Die Erklärung des Darlehensgebers bedarf keiner Unterzeichnung, wenn sie mit Hilfe einer automatischen Einrichtung erstellt wird. Die vom Darlehensnehmer zu unterzeichnende Vertragserklärung muss angeben

1. den Nettodarlehensbetrag, gegebenenfalls die Höchstgrenze des Darlehens,

2. den Gesamtbetrag aller vom Darlehensnehmer zur Tilgung des Darlehens sowie zur Zahlung der Zinsen und sonstigen Kosten zu entrichtenden Teilzahlungen, wenn der Gesamtbetrag bei Abschluss des Verbraucherdarlehensvertrags für die gesamte Laufzeit der Höhe nach feststeht, bei Darlehen mit veränderlichen Bedingungen, die in Teilzahlungen getilgt werden, einen Gesamtbetrag auf der Grundlage der bei Abschluss des Vertrages maßgeblichen Darlehensbedingungen,

3. die Art und Weise der Rückzahlung des Darlehens oder, wenn eine Vereinbarung hierüber nicht vorgesehen ist, die Regelung der Vertragsbeendigung,

4. den Zinssatz und alle sonstigen Kosten des Darlehens, die, soweit ihre Höhe bekannt ist, im Einzelnen zu bezeichnen, im Übrigen dem Grunde nach anzugeben sind, einschließlich etwaiger vom Darlehensnehmer zu tragender Vermittlungskosten,

5. den effektiven Jahreszins oder, wenn eine Änderung des Zinssatzes oder anderer preisbestimmender Faktoren vorbehalten ist, den an-

fänglichen effektiven Jahreszins; zusammen mit dem anfänglichen effektiven Jahreszins ist auch anzugeben, unter welchen Voraussetzungen preisbestimmende Faktoren geändert werden können und auf welchen Zeitraum Belastungen, die sich aus einer nicht vollständigen Auszahlung oder aus einem Zuschlag zu dem Darlehen ergeben, bei der Berechnung des effektiven Jahreszinses verrechnet werden,

6. die Kosten einer Restschuld- oder sonstigen Versicherung, die im Zusammenhang mit dem Verbraucherdarlehensvertrag abgeschlossen wird,

7. zu bestellende Sicherheiten.

(1a) ...

- Informationspflichten, § 492 Abs.1 Satz 5 Nr. 1-7 BGB

Bei den Informationspflichten, die sich aus § 492 Abs. 1 Satz 5 Nr. 1-7 BGB ergeben, ist die Angabe des effektiven Jahreszinses (§ 492 Abs. 2, § 492 Abs. 1 Satz 5 Nr. 5 BGB) von besonderer Bedeutung. Sie soll dem Darlehensnehmer die Vergleichbarkeit mehrerer Angebote und die richtige Einschätzung der ihn treffenden Belastung ermöglichen.

Der Darlehensgeber hat des Weiteren anzugeben: den auszuzahlenden Darlehensbetrag (§ 492 Abs. 1 Satz 5 Nr. 1), den Gesamtbetrag aller vom Darlehensnehmer zu leistenden Zahlungen (§ 492 Abs. 1 Satz 5 Nr. 2 BGB), die Art und Weise der Rückzahlung des Darlehens (§ 492 Abs. 1 Satz 5 Nr. 3 BGB), den Zinssatz und alle sonstigen Kosten, also Gebühren und Vermittlungskosten (§ 492 Abs. 1 Satz 5 Nr. 4 BGB), die Kosten einer Restschuldversicherung (§ 492 Abs. 1 Satz 5 Nr. 6 BGB) sowie die vom Darlehensnehmer zu bestellenden Sicherheiten (§ 492 Abs. 1 Satz 5 Nr. 7 BGB).

- Schriftformgebot

Der Verbraucherdarlehensvertrag muss schriftlich abgeschlossen werden, § 492 Abs. 1 Satz 1 BGB. Die elektronische Form (§ 126a BGB) wird ausdrücklich ausgeschlossen, § 492 Abs. 1 Satz 2 BGB. Andererseits ist die Abgabe von Angebot und Annahme in getrennten Urkunden möglich, § 492 Abs. 1 Satz 3 BGB. Ebenso muss der Darlehensgeber, abweichend von § 126 I BGB, seine Erklärung nicht eigenhändig unterzeichnen, wenn er sie mit Hilfe automatischer Einrichtungen erstellt, § 492 Abs. 1 Satz 4 BGB.

Im Zusammenhang mit dem Schriftformerfordernis ist auch die Pflicht des Darlehensgebers zu sehen, dem Darlehensnehmer eine Abschrift der Vertragsurkunde zur Verfügung zu stellen, § 492 Abs. 3 BGB. Dies soll dem Darlehensnehmer die Möglichkeit geben, innerhalb der Widerrufsfrist seine eingegangene Verpflichtung zu überdenken. Daher beginnt erst mit Aushändigung der Vertragsabschrift die Widerrufsfrist zu laufen, § 355 Abs. 2 Satz 3 BGB.

- Vollmacht

Nach § 167 Abs. 2 BGB kann eine Vollmacht grundsätzlich formlos erteilt werden. Dies gilt jedoch nicht im Fall des Verbraucherdarlehensrechts, da gem. § 492 Abs. 4 Satz 1 BGB die Absätze 1 und 2 des § 492 BGB auch für Vollmachten zum Abschluss eines Verbraucherdarlehensvertrages gelten. Damit soll auch im Fall der Stellvertretung der dem Verbraucher gewährte Schutz gewahrt bleiben.

Die Vollmacht muss also schriftlich erteilt werden und die Pflichtangaben enthalten.

Eine Ausnahme hiervon ergibt sich aus § 492 Abs. 4 Satz 2 BGB lediglich für notariell beurkundete Vollmachten und Prozessvollmachten. In diesen Fällen besteht kein gesondertes Schutzbedürfnis, da der Schutz durch die notarielle Belehrung bzw. durch die besonderen Berufspflichten der Rechtsanwälte gewahrt werden. Zudem wahren notariell beurkundete Vollmachten gem. § 126 Abs. 4 BGB die Schriftform und auch Prozessvollmachten liegen in der Regel schriftlich vor. Die Ausnahme für die notariell begründeten Vollmachten ermöglicht Vermögensverwaltungen und den finanzierten Immobilienerwerb aufgrund notarieller Vollmachten fortzusetzen.

3.4.7. Rechtsfolgen der Formmängel und Heilung

Das Gesetz regelt im § 494 BGB die Folgen der Nichteinhaltung der postulierten Formvorschriften:

- Nichtigkeit, § 494 Abs. 1 BGB

Verstößt der Verbraucherdarlehensvertrag bzw. eine zum Abschluss eines solchen Vertrages erteilte Verbrauchervollmacht gegen das Schriftformgebot oder enthalten sie eine der genannten Pflichtangaben gem. § 492 Abs. 1 Satz 5 Nr. 1-6 nicht (nicht Nr. 7!) BGB, sind sie nichtig.

Rechtsfolgen von Formmängeln

(1) Der Verbraucherdarlehensvertrag und die auf Abschluss eines solchen Vertrags vom Verbraucher erteilte Vollmacht sind nichtig, wenn die Schriftform insgesamt nicht eingehalten ist oder wenn eine der in § 492 Abs. 1 Satz 5 Nr. 1 bis 6 vorgeschriebenen Angaben fehlt.

(2) ...

• Heilung, § 494 Abs. 2 BGB

Ein nach § 494 Abs. 1 grundsätzlich nichtiger Verbraucherdarlehensvertrag wird eingeschränkt (§ 494 Abs. 2 Nr. 2-6 BGB) geheilt, soweit der Darlehensnehmer das Darlehen empfängt oder in Anspruch nimmt.

Beispiel: Wird ein Darlehen also zu 50 % ausgezahlt, so beschränkt sich die Heilung auf diesen Umfang; werden später die anderen 50 % ausbezahlt, so wird der Vertrag voll gültig.

Geheilt wird selbstverständlich nur die Nichtigkeit gem. § 494 Abs. 1 BGB; andere Nichtigkeitsgründe (z.B. § 138 BGB) bleiben hiervon unberührt. Ebenso unberührt bleibt ein Widerruf des Darlehensnehmers; die zweiwöchige Widerrufsfrist des § 355 Abs. 1 Satz 2 BGB fängt erst im Moment der Heilung an zu laufen.

Andere Nichtigkeitsgründe bleiben unberührt.

Die Heilung gilt jedoch nicht für die vom Verbraucher erteilte Vollmacht. Die Formnichtigkeit der Vollmacht ist endgültig. Allerdings kann der durch Vertreter ohne Vertretungsmacht (§ 177 Abs. 1 BGB) geschlossene Darlehensvertrag rückwirkend durch formlose Genehmigung gem. § 182 Abs. 1 und 2, § 184 Abs. 1 BGB wirksam werden. Dies könnte bereits durch die Entgegennahme des Darlehensbetrages zumindest konkludent erfolgen.

• Inhaltliche Anpassung des Vertrages

Der Verstoß des Darlehensgebers gegen die Pflichtangaben hat zur Folge, dass er Einschränkungen gem. § 492 Abs. 2 Nr. 2-6 BGB hinzunehmen hat, unter anderem die Herabsetzung des Zinssatzes auf den gesetzlichen Zins (§ 246 BGB) von 4 % p. a., wenn die entsprechenden Pflichtangaben fehlen.

Rechtsfolgen von Formmängeln

(1) ...

(2) Ungeachtet eines Mangels nach Absatz 1 wird der Verbraucherdarlehensvertrag gültig, soweit der Darlehensnehmer das Darlehen empfängt oder in Anspruch nimmt. Jedoch ermäßigt sich der dem Verbraucherdarlehensvertrag zugrunde gelegte Zinssatz (§ 492 Abs. 1 Satz 5 Nr. 4) auf den gesetzlichen Zinssatz, wenn seine Angabe, die Angabe

> des effektiven oder anfänglichen effektiven Jahreszinses (§ 492 Abs. 1 Satz 5 Nr. 5) oder die Angabe des Gesamtbetrags (§ 492 Abs. 1 Satz 5 Nr. 2, Abs. 1a) fehlt. Nicht angegebene Kosten werden vom Darlehensnehmer nicht geschuldet. ...
>
> (3) ...

3.4.8. Das Widerrufsrecht

Das Gesetz gibt – nicht nur im Verbraucherschutzrecht – in verschiedenen Vorschriften die Möglichkeit zum Rücktritt, ohne in diesen Vorschriften die Art und Weise des Rücktritts zu beschreiben. Diesem Zweck dienen die §§ 355 ff. BGB, auf die durch diese Vorschriften »sternenförmig« verwiesen wird.

Die §§ 355 ff. BGB begründen also nicht selbst ein Widerrufsrecht, sondern knüpfen an die speziellen verbraucherschutzrechtlichen Regelungen an, die ein Widerrufsrecht gewähren.

Der Darlehensnehmer hat ein Widerrufsrecht (Gestaltungsrecht), das ihm die regelmäßig auf zwei Wochen befristete Möglichkeit gibt, den bereits geschlossenen Vertrag einseitig zu beseitigen, §§ 495, 355 BGB.

§ 495 BGB

Widerrufsrecht

(1) Dem Darlehensnehmer steht bei einem Verbraucherdarlehensvertrag ein Widerrufsrecht nach § 355 zu.

(2) Absatz 1 findet keine Anwendung auf die in § 493 Abs. 1 Satz 1 genannten Verbraucherdarlehensverträge, wenn der Darlehensnehmer nach dem Vertrag das Darlehen jederzeit ohne Einhaltung einer Kündigungsfrist und ohne zusätzliche Kosten zurückzahlen kann.

Schwebende Wirksamkeit

Folge dieses eingeräumten Widerrufsrechts ist die schwebende Wirksamkeit des Verbraucherdarlehensvertrages. Der Vertrag ist zunächst wirksam und bleibt es auch, wenn die Widerrufsfrist ungenutzt verstreicht. Widerruft der Darlehensnehmer hingegen fristgerecht, so wird der Vertrag endgültig unwirksam. Während des Schwebezustandes können beide Seiten Vertragserfüllung verlangen.

Die zweiwöchige Widerrufsfrist beginnt erst zu laufen, wenn der Verbraucher die Abschrift des Vertrages oder seines Antrags und eine deutlich gestaltete Belehrung in Textform (§ 126b BGB) erhalten hat, die er gesondert unterschreiben muss, § 355 Abs. 2 BGB.

Widerrufsrecht bei Verbraucherverträgen

§ 355 BGB

(1) Wird einem Verbraucher durch Gesetz ein Widerrufsrecht nach dieser Vorschrift eingeräumt, so ist er an seine auf den Abschluss des Vertrages gerichtete Willenserklärung nicht mehr gebunden, wenn er sie fristgerecht widerrufen hat. Der Widerruf muss keine Begründung enthalten und ist in Textform oder durch Rücksendung der Sache innerhalb von zwei Wochen gegenüber dem Unternehmer zu erklären; zur Fristwahrung genügt die rechtzeitige Absendung.

(2) Die Frist beginnt mit dem Zeitpunkt, zu dem dem Verbraucher eine deutlich gestaltete Belehrung über sein Widerrufsrecht, die ihm entsprechend den Erfordernissen des eingesetzten Kommunikationsmittels seine Rechte deutlich macht, in Textform mitgeteilt worden ist, die auch Namen und Anschrift desjenigen, gegenüber dem der Widerruf zu erklären ist, und einen Hinweis auf den Fristbeginn und die Regelung des Absatzes 1 Satz 2 enthält. Wird die Belehrung nach Vertragsschluss mitgeteilt, beträgt die Frist abweichend von Absatz 1 Satz 2 einen Monat. Ist der Vertrag schriftlich abzuschließen, so beginnt die Frist nicht zu laufen, bevor dem Verbraucher auch eine Vertragsurkunde, der schriftliche Antrag des Verbrauchers oder eine Abschrift der Vertragsurkunde oder des Antrags zur Verfügung gestellt werden. Ist der Fristbeginn streitig, so trifft die Beweislast den Unternehmer.

(3) Das Widerrufsrecht erlischt spätestens sechs Monate nach Vertragsschluss. ... Abweichend von Satz 1 erlischt das Widerrufsrecht nicht, wenn der Verbraucher nicht ordnungsgemäß über sein Widerrufsrecht belehrt worden ist.

Zur Fristwahrung genügt nach § 355 Abs. 1 Satz 2, 2.HS BGB die rechtzeitige Absendung des Widerrufs, der in verschiedener Form erfolgen kann. Das Verzögerungsrisiko trägt damit der Unternehmer, das Zugangsrisiko hingegen, einschließlich der Beweislast hierfür, der Verbraucher.

Verzögerungsrisiko

Zugangsrisiko

Das Widerrufsrecht erlischt jedoch spätestens sechs Monate nach Vertragsschluss, § 355 Abs. 3 Satz 1 BGB. Diese Regelung wurde neu aufgenommen, mit dem Ziel, eine Vereinheitlichung der Regelungen zum Lauf der Widerrufsfrist bei ausgebliebener oder fehlerhafter Belehrung zu erreichen.

Problematisch ist, dass die Regelung mit europäischem Recht in Widerspruch steht, wie sich aus einem Urteil des EuGH vom 13.12.2001 (WM 2001) 2434 zur Frist des §§ 1,2,5 HTWG; §§ 1,3,7 VerbrKrG ergibt, welches aufgrund einer Vorlage des BGH (WM 2000,26) zur Vereinbarkeit der Fristen im HTWG und VerbrKrG mit den Richtlinien 85/577 EWG (Haustürgeschäfterichtlinie) und Richtlinie 87/102 EWG; 90/88 EWG (Verbraucherkreditrichtlinie) erging. Hierzu ent-

EuGH

schied der EuGH, dass »der nationale Gesetzgeber [...] durch die Richtlinie 85/577 daran gehindert [ist], das Widerrufsrecht nach Artikel 5 dieser Richtlinie für den Fall, dass der Verbraucher nicht gemäß Artikel 4 dieser Richtlinie belehrt wurde, auf ein Jahr nach Vertragsabschluss zu befristen.« Daraufhin wurde Satz 3 im Absatz 3 des § 355 BGB aufgenommen, wonach das Widerrufsrecht nicht erlischt, wenn der Verbraucher nicht ordnungsgemäß über sein Widerrufsrecht belehrt worden ist.

Rechtsfolgen des Widerrufs

Die Rechtsfolgen des Widerrufs entsprechen grundsätzlich denen beim gesetzlichen Rücktritt, § 357 Abs. 1, 346 Abs. 1 BGB. Nach erfolgtem Widerruf haben die Parteien die empfangenen Leistungen zurückzugewähren und die gezogenen Nutzungen herauszugeben, § 357 Abs. 1, 346 Abs. 1 BGB. Legt der Darlehensnehmer das ihm überlassene Kapital nicht verzinslich an, so kann der Darlehensgeber im Fall des Widerrufs nach in Verzug setzen des Darlehensnehmers Zinsen verlangen.

Hinzuweisen ist in diesem Zusammenhang auf § 495 Abs. 2 Satz 1 BGB (Unterbleibensfiktion), der des Weiteren die Wirksamkeit des Widerrufs von der Rückzahlung des Darlehensbetrages innerhalb von zwei Wochen abhängig macht. Auf diese Rechtsfolge ist der Darlehensnehmer in der Belehrung über das Widerrufsrecht gem. § 355 Abs. 2 BGB hinzuweisen, § 495 Abs. 2 Satz 3 BGB. Erfolgt die Rückzahlung nicht, ist der Widerruf unwirksam und der Verbraucherdarlehensvertrag voll wirksam.

Die Unterbleibensfiktion gilt gem. § 495 Abs. 2 Satz 2 BGB allerdings nicht bei verbundenen Verträgen, § 358 Abs. 2 BGB.

3.4.9. Verbundene Verträge

Verbundene Verträge waren bislang spezialgesetzlich geregelt. § 358 BGB n. F. bringt inhaltlich keine Änderung der bisherigen Rechtslage, fasst jedoch die verschiedenen Vorschriften (§ 9 VerbrKrG, § 4 FernAbsG, § 6 TzWrG) über verbundene Verträge zu einer allgemeinen Regelung zusammen.

§ 358 BGB

Verbundene Verträge

(1) Hat der Verbraucher seine auf den Abschluss eines Vertrages über die Lieferung einer Ware oder die Erbringung einer anderen Leistung durch einen Unternehmer gerichtete Willenserklärung wirksam widerrufen, so ist er auch an seine auf den Abschluss eines mit diesem Vertrag verbundenen Verbraucherdarlehensvertrags gerichtete Willenserklärung nicht mehr gebunden.

(2) Hat der Verbraucher seine auf den Abschluss eines Verbraucherdarlehensvertrages gerichtete Willenserklärung wirksam widerrufen, so
ist er auch an seine auf den Abschluss eines mit diesem Verbraucherdarlehensvertrag verbundenen Vertrag über die Lieferung einer Ware
oder die Erbringung einer anderen Leistung gerichteten Willenserklärung nicht mehr gebunden. ...

(3) Ein Vertrag über die Lieferung einer Ware oder die Erbringung
einer anderen Leistung und ein Verbraucherdarlehensvertrag sind verbunden, wenn das Darlehen ganz oder teilweise der Finanzierung des
anderen Vertrags dient und beide Verträge eine wirtschaftliche Einheit
bilden. Eine wirtschaftliche Einheit ist insbesondere anzunehmen,
wenn der Unternehmer selbst die Gegenleistung des Verbrauchers finanziert, oder im Falle der Finanzierung durch einen Dritten, wenn sich
der Darlehensgeber bei der Vorbereitung oder dem Abschluss des
Verbraucherdarlehensvertrags der Mitwirkung des Unternehmers bedient. Beim einem finanzierten Erwerb eines Grundstücks oder eines
grundstücksgleichen Rechts ist eine wirtschaftliche Einheit nur anzunehmen, wenn der Darlehensgeber selbst das Grundstück oder das
grundstücksgleiche Recht verschafft oder wenn er über die Zurverfü-
gungstellung von Darlehen hinaus den Erwerb des Grundstücks oder
grundstücksgleichen Rechts durch Zusammenwirken mit dem Unternehmer fördert, indem er sich dessen Veräußerungsinteressen ganz
oder teilweise zu Eigen macht, bei der Planung, Werbung oder Durchführung des Projekts Funktionen des Veräußerers übernimmt oder den
Veräußerer einseitig begünstigt.

(4) ...

Geregelt werden die Rechtsfolgen, wenn ein Vertrag über die Lieferung von Waren bzw. die Erbringung einer anderen Leistung mit einem
Darlehensvertrag so verbunden ist,

- dass das Darlehen ganz oder teilweise der Finanzierung des
  anderen Vertrages dient,
- beide Verträge eine wirtschaftliche Einheit bilden und
- einer der Verträge vom Verbraucher nach Maßgabe der
  §§ 355, 356 BGB widerrufen wird.

Eine wirtschaftliche Einheit ist nach § 358 Abs. 3 Satz 2 BGB insbesondere dann anzunehmen, wenn der Unternehmer selbst die Gegenleistung des Verbrauchers finanziert, oder (im Fall der Finanzierung
durch einen Dritten), wenn sich der Darlehensgeber bei der Vorberei-
tung oder dem Abschluss des Darlehensvertrages der Mitwirkung des
Unternehmers bedient.

Wirtschaftliche Einheit

Hat der Verbraucher seine auf den Abschluss eines Vertrages über die Lieferung einer Ware oder die Erbringung einer anderen Leistung durch einen Unternehmer gerichtete Willenserklärung wirksam widerrufen, so ist er nach § 358 Abs. 1 BGB auch an seine auf den Abschluss eines mit diesem Vertrag verbundenen Verbraucherdarlehensvertrages gerichtete Willenserklärung nicht mehr gebunden.

Rechtsfolge

Damit führt der Widerruf eines Vertrages über die Lieferung einer Ware oder einer Leistung zur Unwirksamkeit des damit verbundenen Verbraucherdarlehensvertrages, § 358 Abs. 1 BGB. Den umgekehrten Fall regelt § 358 Abs.2 Satz 1 BGB. Danach führt der Widerruf des Verbraucherdarlehensvertrages zur Unwirksamkeit des finanzierten Geschäfts.

Beide Regelungen bewirken daher grundsätzlich einen Rückabwicklungsgleichlauf bei den verbundenen Verträgen.

Eine Ausnahme hiervon macht § 358 Abs. 2 Satz 2 BGB. Diese Vorschrift regelt das Konkurrenzverhältnis zwischen dem Widerrufsrecht beim Verbraucherdarlehensvertrag nach § 495 BGB und möglichen bestehenden Widerrufsrechten hinsichtlich der damit verbundenen Geschäfte, z.B. nach § 312d BGB (Fernabsatz).

Nach § 358 Abs. 2 Satz 2 BGB geht ein bestehendes Widerrufsrecht hinsichtlich des finanzierten Geschäfts dem Widerrufsrecht nach § 495 Abs. 1 BGB vor.

Fiktion

Durch § 358 Abs. 2 Satz 3 BGB (Widerrufsfiktion) sollen jedoch Rechtsnachteile für den Verbraucher vermieden werden, der in Verkennung der Rechtslage anstelle des finanzierten Geschäfts den Verbraucherdarlehensvertrag gegenüber dem Darlehensgeber widerruft. Die gesetzliche Fiktion bewirkt, dass der Verbraucher die Widerrufsfrist des verbundenen Vertrages auch dann einhält, wenn er den Widerruf rechtzeitig an den Darlehensgeber abgesandt hat.

Typischerweise hat der Verbraucher bei verbundenen Verträgen das Darlehen nicht selbst zur Verfügung erhalten, sondern es wurde dem Unternehmer (z.B. Lieferanten) unmittelbar ausbezahlt. Dies findet auch bei der Rückabwicklung Berücksichtigung.

Die Rückabwicklung verbundener Verträge richtet sich insgesamt nach §§ 357, 358 Abs. 4 Satz 1 BGB.

Es gelten jedoch folgende Besonderheiten: Nach § 358 Abs. 4 Satz 2 BGB sind im Falle des § 358 Abs. 1 BGB Ansprüche auf Zahlung von Zinsen und Kosten gegen den Verbraucher ausgeschlossen.

Durch § 358 Abs. 4 Satz 3 BGB wird erreicht, dass der Verbraucher sich bei einem finanzierten Verbrauchervertrag nur an den Darlehensgeber halten kann. Dem Verbraucher wird es erspart, den Darlehensbetrag an den Darlehensgeber zurückzuerstatten und sich seinerseits an den Verkäufer wegen Rückzahlung des Kaufpreises halten zu müssen. § 358 Abs. 4 Satz 3 BGB verallgemeinert damit eine Regelung, die bisher in § 9 Abs. 2 Satz 3 VerbrKrG enthalten war und leistet eine bilaterale Rückabwicklung zwischen Verbraucher und Darlehensgeber.

§ 348 Abs. 5 BGB enthält die Belehrungspflicht des Unternehmers über die Rechtsfolgen bei verbunden Verträgen.

§ 359 BGB übernimmt die Regelung zum Einwendungsdurchgriff in § 9 Abs. 3 und 4 VerbrKrG bei verbundenen Verträgen.

Der Verbraucher kann die Rückzahlung des Darlehens nach § 359 Satz 1 BGB grundsätzlich verweigern, soweit Einwendungen aus dem verbundenen Vertrag ihn gegenüber dem Unternehmer, mit dem er den verbundenen Vertrag geschlossen hat, zur Verweigerung der Leistung berechtigen würden. Ausnahmen enthält § 359 Satz 2 und Satz 3 BGB.

3.4.10. Einwendungsverzicht sowie Wechsel- und Scheckverbot

Die Regelungen in § 496 BGB schützen den Verbraucher davor, Einwendungen, die ihm gegenüber dem Darlehensgeber zustehen, zu verlieren, sei es in Allgemeinen Geschäftsbedingungen, sei es in Individualabsprachen:

* Einwendungsverzicht, § 496 Abs. 1 BGB

Die §§ 404, 406 BGB schützen den Schuldner im Fall der Abtretung oder des gesetzlichen Forderungsübergangs (§ 412 BGB) vor dem Verlust seiner Einwendungen. Diese Vorschriften sind vertraglich abdingbar. Gem. § 496 Abs. 1 BGB kann bei Verbraucherdarlehen nicht von diesen Schuldnerschutzvorschriften abgewichen werden, sie sind zwingendes Recht.

* Wechsel- und Scheckverbot, § 496 Abs. 2 BGB

Das Gesetz enthält in § 496 Abs. 2 Satz 1 BGB ein generelles Verbot für die Ansprüche des Darlehensgebers, aus dem Verbraucherdarlehensvertrag eine Wechselverbindlichkeit einzugehen, da z.B. gem. Art. 17 WG die Möglichkeit bestünde, dass der Darlehensnehmer im Verhältnis zu Dritten seine persönlichen Einwendungen verliert, wenn das Wertpapier übertragen wird.

Hingegen besteht kein generelles Scheckverbot. § 496 Abs. 2 Satz 2 BGB untersagt dem Darlehensgeber lediglich, zur Sicherung seiner Ansprüche aus dem Verbraucherdarlehensvertrag einen Scheck entgegenzunehmen. Schecks, die der Darlehensnehmer zur Erfüllung seiner

fälligen Verbindlichkeit begibt, darf der Darlehensgeber entgegenneh-
men. Damit bleibt die Funktion des Schecks als Zahlungsmittel erhalten. Eine verbotene Sicherung liegt vor, wenn der Darlehensnehmer
den Scheck vor Fälligkeit begibt oder den Scheck vordatiert, Art. 28,
29 SchG.

§ 496 Abs. 2 Satz 3 und 4 BGB enthalten einen Herausgabe- und
Schadensersatzanspruch.

3.4.11. Verzug des Darlehensnehmers, §§ 497, 498 BGB

Da der Darlehensnehmer aufgrund des Verbraucherdarlehensvertrages
zur Zahlung von Zinsen und zur Rückzahlung des Kapitals (Tilgung)
verpflichtet ist, gerät er in Verzug, wenn er nicht rechtzeitig leistet.

Grundvorschriften
zum Verzug

Der Verzug des Darlehensnehmers gem. § 280 Abs. 1 und 2, § 286
BGB führt zur Schadensersatzpflicht.

Sofern die Zahlungsverpflichtung kalendermäßig bestimmt ist, kommt
der Darlehensnehmer auch ohne Mahnung gem. § 286 Abs. 2 Nr. 1
BGB in Verzug. Da es sich um eine Geldschuld handelt, ist diese während des Verzugs zu verzinsen, § 288 Abs. 1 Satz 1 BGB. Der Verzugszinssatz beträgt fünf Prozentpunkte über dem jeweiligen Basiszinssatz, § 288 Abs. 1 Satz 2, § 247 BGB.

- Standardkredite

Nach § 497 Abs. 1 Satz 1, 1.HS BGB hat der Darlehensnehmer im
Verzug den »geschuldeten Betrag« zu verzinsen. Da dieser geschuldete
Betrag auch den Zinsanteil enthält, wird insofern das Zinseszinsverbot
gem. § 289 Satz 1 BGB aufgehoben. Dies ist für den Darlehensnehmer
jedoch nicht nachteilig, da gem. § 289 Satz 2 BGB der Darlehensgeber
die Verzinsung der Zinsen jedenfalls im Wege des Schadensersatzes
verlangen könnte. Genau diese Möglichkeit wird jedoch durch § 497
Abs. 2 BGB eingeschränkt.

Danach müssen die nach Verzugseintritt anfallenden Zinsen auf einem
gesonderten Konto verbucht werden (§ 497 Abs. 2 Satz 1 BGB), um
dadurch Zinseszinseffekte gem. § 355 HGB zu verhindern. Des Weiteren kann der Darlehensgeber Schadensersatz nur bis zur Höhe des gesetzlichen Zinssatzes gem. § 246 BGB (4 %) verlangen. Will der Darlehensgeber diesen Anspruch geltend machen, so muss er einen Schaden in mindestens dieser Höhe nachweisen.

- Realkredite

Bei grundpfandrechtlich gesicherten Verbraucherdarlehen (Realkredit) beträgt der Verzugszinssatz gem. § 497 Abs. 1 Satz 1, 2.HS BGB lediglich zweieinhalb Prozentpunkte über dem Basiszinssatz, da bei diesen Krediten die Refinanzierungskosten der Darlehensgeber (Kreditinstitute) deutlich geringer sind als bei ungesicherten Darlehen.

Geringerer Zinssatz

- Konkreter Schadensnachweis, § 497 Abs. 1 Satz 3 BGB

Beiden Parteien bleibt es unbenommen, den Schaden konkret zu berechnen. Für den Darlehensnehmer stellt § 497 Abs. 1 Satz 3 BGB damit eine Sonderregelung auf.

- Anrechnungsreihenfolge bei Teilleistungen, § 497 Abs. 3 BGB

§ 497 Abs. 3 Satz 1 BGB enthält eine spezielle, abweichende Anrechnungsreihenfolge, um zu verhindern, dass der Verbraucher immer tiefer in den Schuldensumpf gerät.

Zudem darf der Darlehensgeber entgegen § 266 BGB Teilleistungen nicht zurückweisen, § 497 Abs. 3 Satz 2 BGB.

- Verjährung, § 497 Abs. 3 BGB

Da aufgrund der Regelung in § 497 Abs. 3 Satz 1 BGB Zinsen zuletzt getilgt werden, sollen sie nicht der regelmäßigen Verjährung von drei Jahren unterliegen. Daher ist die Verjährung der Ansprüche des Darlehensgebers auf Rückzahlung des Darlehens und auf die Zinsen vom Verzugseintritt an bis zu ihrer Titulierung (§ 197 Abs. 1 Nr. 3-5 BGB) gehemmt, längstens jedoch für 10 Jahre, § 497 Abs. 3 Satz 3 BGB.

Sonderregelung für Zinsen

Titulierte Zinsansprüche verjähren erst in dreißig Jahren, § 497 Abs. 3 Satz 4 BGB.

Leistet der Darlehensnehmer auf einen Vollstreckungstitel, dessen Hauptforderung auf Zinsen lautet (so genannter isolierter Zinstitel), so bleibt es bei der Tilgungsverrechnung des § 367 BGB und der regelmäßigen Verjährung nach § 197 Abs. 2 BGB (§ 497 Abs. 3 Satz 5 BGB).

• Gesamtfälligstellung bei Teilzahlungsdarlehen, § 498 BGB

Grundsätzlich werden nach dispositivem allgemeinem Schuldrecht bei Teilzahlungsverträgen die restlichen noch offenen Raten bei Verzug des Darlehensnehmers mit einer Teilzahlung nicht sofort fällig, sondern richten sich hinsichtlich ihrer Fälligkeit nach der vereinbarten, am weiteren zeitlichen Ablauf orientierten Fälligkeit.

Verfallklauseln

Vertraglich vereinbart werden kann selbstverständlich, dass die nicht rechtzeitige Zahlung einer Rate die sofortige automatische Fälligkeit der gesamten Restschuld zur Folge haben soll (so genannte Verfallklausel).

Ebenso wäre es möglich, an den Verzug des Darlehensnehmers mit einer Rate ein Kündigungsrecht des Darlehensgebers zu koppeln; auch dadurch würde die Teilzahlungsabrede wegfallen und die gesamte Forderung sofort fällig werden.

Da sowohl die Vereinbarung von Verfallklauseln als auch die Kündigung wegen Zahlungsverzugs für den Darlehensnehmer nachteilig ist, schützt das Verbraucherdarlehensvertragsrecht den Darlehensnehmer, soweit dies mit den Interessen des Darlehensgebers vereinbar ist.

Verfallklauseln sind unzulässig, § 506 Satz 1 BGB. Statt dessen erhält der Darlehensgeber ein gesetzliches Kündigungsrecht im Verzugsfall unter bestimmten qualifizierten Voraussetzungen, § 498 Abs. 1 BGB. Bei Vorliegen der Voraussetzungen kommt es zur Gesamtfälligstellung des Restdarlehens, da dann eine besondere Gefährdung des Darlehensrückzahlungsanspruchs besteht.

Voraussetzungen

§ 498 Abs. 1 BGB hat kumulativ zur Voraussetzung:

• Verbraucherdarlehen in Form eines Teilzahlungsdarlehen, das in mindestens drei Raten zu tilgen ist,

• qualifizierter Ratenverzug gem. § 498 Abs. 1 Nr. 1 und Nr. 2 BGB:

- ganz oder teilweise mit zwei aufeinander folgenden Raten in Verzug

- Höhe des Rückstandes beträgt 10 % des Darlehensnennbetrages (bei Darlehen mit einer Laufzeit von mehr als drei Jahren 5 %)

- zweiwöchige Nachfristsetzung zur Zahlung (Fristsetzung)

- verbunden mit der Erklärung bei Nichtzahlung des rückständigen Betrages die gesamte Restschuld zu verlangen (mit Kündigungsandrohung)

- konkrete Bezifferung des rückständigen Betrages (ein zu hoher Betrag macht die Fristsetzung unwirksam)

- § 498 Abs. 1 Satz 2 BGB: Gesprächsangebot zur einverständlichen Regelung (keine Wirksamkeitsvoraussetzung der Kündigung).

Rechtsfolge:

- Zahlt der Darlehensnehmer innerhalb der Nachfristsetzung, so entfällt das Kündigungsrecht. Das Teilzahlungsdarlehen wird unverändert fortgeführt.

- Zahlt der Darlehensnehmer nicht innerhalb der Nachfristsetzung, so kann der Darlehensgeber den Vertrag kündigen.

- Im Falle der Kündigung fällt die Teilzahlungsabrede weg und die gesamte Restschuld wird fällig.

- Der Darlehensgeber kann eine Weiterzahlung des vertraglich vereinbarten Zinses nicht mehr verlangen.

- Die Restschuld, die der Darlehensnehmer im Falle der Kündigung zu zahlen hat, vermindert sich durch die Gutschrift nicht verbrauchter Darlehenskosten (Abzinsung). Sie ist um die künftigen, im Voraus berechneten Zinsen zu vermindern. Alle Vertragszinsen, die bei staffelmäßiger Berechnung auf die Zeit nach der Kündigung entfallen, sind von der Restschuld abzuziehen, § 498 Abs. 2 BGB.

  Berechnung der Restschuld

- Kommt der Darlehensnehmer auch mit der Zahlung der Restschuld in Verzug, so ist diese mit 5 % über dem jeweiligen Basiszinssatz zu verzinsen, § 497 Abs. 1 BGB.

3.4.12. Die sonstigen Verbraucherkredite

Bei der Integration des Verbraucherkreditrechts ins BGB wurde der Oberbegriff »Kreditvertrag« aufgegeben. Aus systematischen Gründen wurden in den §§ 491-498 BGB nur der Verbraucherdarlehensvertrag als Sonderfall des (Geld-)Darlehensvertrages (§ 488-490 BGB) geregelt. Die übrigen Verbraucherkreditverträge (Finanzierungshilfen) wurden durch die §§ 499-504 ins BGB integriert. Danach sind die Vorschriften über das Verbraucherdarlehen mit gewissen Modifikationen entsprechend anzuwenden, wobei sich dies nur auf Unternehmer-Verbraucher-Finanzierungshilfen (vgl. Untertitel 2 des Gesetzes) bezieht.

- Finanzierungshilfen
- Ratenlieferungsverträge
- Existenzgründer

3.4.13. Finanzierungshilfen

Unter die Finanzierungshilfen fallen

- der entgeltliche Zahlungsaufschub, § 499 Abs. 1 BGB, des-

sen Haupterscheinungsformen die Teilzahlungsgeschäfte
sind, § 499 Abs. 2, 501-504 BGB

und

- sonstige entgeltliche Finanzierungshilfen, § 499 Abs. 1 BGB,
  deren Haupterscheinungsform das Finanzierungsleasing ist,
  § 499 Abs. 2, 500 BGB.

Ein Zahlungsaufschub liegt vor, wenn zugunsten des Verbrauchers
vertraglich von der Leistungszeitbestimmung des dispositiven Rechts
(§ 271 BGB) abgewichen wird. Voraussetzung ist allerdings, dass der
entgeltliche Zahlungsaufschub mehr als drei Monate beträgt.

Teilzahlungsgeschäfte als Stundung

Wichtigste Erscheinungsform ist das Teilzahlungsgeschäft, das ein
Unterfall der Stundung ist, die bereits im Vertrag oder auch erst nach-
träglich vereinbart werden kann.

Der Begriff der sonstigen Finanzierungshilfe hat Auffangfunktion,
hierunter fallen vor allem Finanzierungsleasingverträge, aber auch der
Mietkauf.

Grundsätzlich ordnet § 499 Abs. 1 BGB für alle entgeltlichen Finanzierungshilfen die Geltung der für das Verbraucherdarlehen anwendbaren
Vorschriften an.

Anwendbar sind daher insbesondere die Bestimmungen über die
Schriftform und den Vertragsinhalt und das Widerrufsrecht.

Aber auch die Ausnahmen gelten für die sonstigen Kreditverträge,
§ 499 Abs. 3 Satz 1 BGB, so dass die Vorschriften hinsichtlich der
Bagatelldarlehen (§ 491 Abs. 2 Nr. 1 BGB) entsprechend zu übertragen
sind, wobei gem. § 499 Abs. 3 Satz 2 BGB der Nettodarlehensbetrag
dem Barzahlungspreis bei Teilzahlungsgeschäften entspricht.

Ausgenommen sind allerdings die Bestimmungen in § 493 BGB für
den Überziehungskredit und die Formvorschrift für die Vollmacht in
§ 492 Abs. 4 BGB!

Vertretung

Ein Vertreter kann also formlos zum Abschluss eines sonstigen
Verbraucherkreditvertrages, etwa einer nachträglichen Stundung, bevollmächtigt werden.

3.4.14. Finanzierungsleasingverträge

Die gesetzlich nicht definierten Finanzierungsleasingverträge werden
in § 500 BGB ausdrücklich aufgeführt.

Begriff

Ein Finanzierungsleasingvertrag ist dadurch gekennzeichnet, dass der
Leasingnehmer nicht nur für eine bestimmte Dauer Leasingraten als
Entgelt für die Gebrauchsüberlassung zahlen muss, sondern dass er

darüber hinaus für die Amortisation der vom Leasinggeber vorfinanzierten Anschaffungskosten einzustehen hat. Ein Erwerbsrecht des Leasingnehmers ist hingegen nicht erforderlich.

Die Funktion des § 500 BGB besteht darin, bestimmte Vorschriften für Finanzierungsleasingverträge – entgegen § 499 Abs. 1 BGB – von der Geltung auszunehmen.

Ausnahmen

Beispielsweise findet § 492 Abs. 1 Satz 5 BGB – der Katalog der erforderlichen Pflichtangaben – keine Anwendung, so dass ein Finanzierungsleasingvertrag zwar der Schriftform, aber eben nicht der zusätzlichen Pflichtangaben bedarf. Ein Verstoß gegen die Schriftform führt daher zur unheilbaren Nichtigkeit wegen Formmangels gem. § 125 Satz 1 BGB.

3.4.15. Teilzahlungsgeschäfte

Nach der Legaldefinition des § 499 Abs. 2 BGB ist ein Teilzahlungsgeschäft ein Vertrag, der die Lieferung einer bestimmten Sache oder die Erbringung einer bestimmten Leistung gegen Teilzahlungen zum Gegenstand hat.

Definition

§ 501 Satz 1 BGB verweist auf dieselben Vorschriften des Verbraucherdarlehensrechts wie § 500 BGB für die Finanzierungsleasingverträge. Im Übrigen gelten gem. § 501 Satz 2 BGB die besonderen Regelungen gem. § 502-504 BGB.

- Informationspflichten, § 502 Abs. 1 und 2 BGB
  - Pflichtangaben, § 502 Abs. 1 BGB

    Die in § 502 Abs. 1 Satz 1 Nr.1-6 BGB genannten Pflichtangaben müssen in der vom Teilzahlungskäufer zu unterschreibenden Vertragserklärung enthalten sein. Der Katalog ähnelt dem, der für Verbraucherdarlehensverträge gilt. An die Stelle des Nettodarlehensbetrages tritt hier der Barzahlungspreis, also der Preis, den der Käufer zu entrichten hätte, wenn der Preis spätestens bei Übergabe der Sache in voller Höhe fällig wäre. Die sonstigen Pflichtangaben sind dem Gesetz zu entnehmen.

    § 502 Abs. 1 Satz 2 BGB enthält eine Ausnahme für Unternehmer, die ausschließlich Teilzahlungsgeschäfte tätigen; sie müssen weder Barzahlungspreis noch effektiven Jahreszins angeben, da es sich hierbei um hypothetische Angaben ohne Informationscharakter für den Teilzahlungskäufer handeln würde.

    Ausnahme

  - Privilegierung des Fernabsatzes, § 502 Abs. 2 BGB

    Teilzahlungsgeschäfte, die im Fernabsatz getätigt werden, werden im Hinblick auf die erforderliche Form und die Pflichtangaben privilegiert. Voraussetzung ist, dass es sich bei dem Teilzahlungsgeschäft um einen Fernabsatzvertrag (§ 312b BGB) handelt.

Finanzgeschäfte

Da gem. § 312b Abs. 3 Nr. 3 BGB die Vorschriften über Fernabsatzverträge auf Verträge über Finanzgeschäfte, insbesondere Bankgeschäfte, Finanz- und Wertpapierdienstleistungen und Versicherungen sowie deren Vermittlung keine Anwendung finden, wird an dieser Stelle nicht weiter darauf eingegangen.

Für Darlehensvermittlungsverträge im Sinne des § 655a ff. BGB, die nur im Fernabsatz geschlossen werden, bleiben die Vorschriften anwendbar.

Rechtsfolgen

- Rechtsfolgen bei Formmängeln, § 502 Abs. 3 BGB

Fehlt eine der Pflichtangaben gem. § 502 Abs. 1 Satz 1 Nr. 1-5 BGB (nicht Nr. 6!) oder ist das Schriftformerfordernis nicht eingehalten, so ist das Teilzahlungsgeschäft grundsätzlich nichtig, § 502 Abs. 3 Satz 1 BGB.

Eine Heilung des Mangels ist unter den Voraussetzungen des § 502 Abs. 3 Satz 2 BGB möglich mit der Folge, dass der Vertrag mit inhaltlichen Modifikationen gültig wird, § 502 Abs. 3 Nr. 3-6 BGB.

- Rückgaberecht, §§ 503 Abs. 1, 356 BGB

Anstelle des Widerrufsrecht gem. §§ 501 Satz 1, 495 Abs. 1, 355 BGB kann dem Verbraucher ein vertraglich vereinbartes Rückgaberecht (§§ 503 Abs. 1, 356 BGB) eingeräumt werden. Damit ist das grundsätzlich zwingende Widerrufsrecht in diesem Fall abdingbar. Die Voraussetzungen für das Rückgaberecht ergeben sich aus § 356 Abs. 1 BGB.

- Rücktritt wegen Zahlungsverzugs, § 503 Abs. 2 BGB

Gerät der Verbraucher mit seinen Verbindlichkeiten aus dem Teilzahlungsgeschäft in Zahlungsverzug, so gilt grundsätzlich dasselbe wie bei einem Verbraucherdarlehensvertrag, §§ 501 Satz 1, 497, 498 BGB (Kündigung). Gem. § 503 Abs. 2 Satz 1 BGB kann der Unternehmer – anders als beim Verbraucherdarlehensvertrag – aber auch zurücktreten.

Wahlrecht des Unternehmers

Damit hat der Unternehmer ein Wahlrecht zwischen der Kündigung, die den Vertrag ex nunc auflöst und die Gesamtfälligstellung der Restforderung zur Folge hat, und dem Rücktritt, durch den das Schuldverhältnis in ein Rückgewährschuldverhältnis umgewandelt wird.

Das Rücktrittsrecht hat dieselben Voraussetzungen wie die Kündigung: Es muss ein qualifizierter Ratenverzug sowie eine Fristsetzung mit Rücktrittsandrohung vorliegen.

Die Wirkungen des Rücktritts ergeben sich aus § 346, 503 Abs. 2 Satz 2, 3 BGB.

Die Erklärung des Rücktritts ist formfrei, sie kann auch konkludent erfolgen. § 503 Abs. 2 Satz 4, 1.HS BGB enthält die unwiderlegliche Vermutung, dass in der Rücknahme der Sache (berechtigte Wiederansichnahme) die Erklärung des Rücktritts liegt. Die unwiderlegliche Vermutung greift ausnahmsweise nicht ein, wenn sich die Parteien darüber geeinigt haben, dass der Unternehmer dem Verbraucher den gewöhnlichen Verkaufswert der Sache im Zeitpunkt der Wegnahme vergütet, § 503 Abs. 2 Satz 4, 2.HS BGB.

§ 503 Abs. 2 Satz 5 BGB erklärt § 503 Abs. 2 Satz 4 BGB auf verbundene Verträge für anwendbar.

- Vorzeitige Zahlung, § 504 BGB

§ 504 Satz 1, 506 BGB gewährt dem Verbraucher ein unabdingbares Recht auf vorzeitige Vertragserfüllung. Eine Vereinbarung einer Vorfälligkeitsentschädigung (§ 490 Abs. 2 BGB) ist unzulässig, da dadurch eine zusätzliche Bedingung geschaffen werden würde.

3.5. Vor- und nebenvertragliche Aufklärungs- und Beratungspflichten

Die Beratungshaftung ist oben im Kapitel »Die Kunde-Bank-Beziehung« mit den dazu gehörigen Anspruchsgrundlagen dargestellt worden. Nachfolgend werden in Ergänzung hierzu, bezogen speziell auf das Kreditgeschäft, Ergänzungen eingeführt. Vor- und nebenvertragliche Aufklärungs- und Beratungspflichten ergeben sich insbesondere im Hinblick auf die

- Aufklärungspflichten gegenüber dem Darlehensnehmer sowie
- Aufklärungspflichten im Hinblick auf das finanzierte Geschäft.

In der Regel ist ein Kreditinstitut nicht verpflichtet, den Darlehensnehmer über die Risiken aufzuklären, die sich für ihn aus dem mit dem Darlehen finanzierten Geschäft ergeben. Das Risiko der Darlehensverwendung hat daher grundsätzlich der Darlehensnehmer zu tragen.

Ausnahmen setzen ein besonderes Aufklärungs- und Schutzbedürfnis voraus, das sich beispielsweise dann ergibt, wenn das Kreditinstitut

- einen Wissensvorsprung hat,

  Eine Aufklärungspflicht aufgrund eines Wissensvorsprungs setzt sowohl einen konkreten Wissensvorsprung über spezielle Risiken voraus, als auch dass das Kreditinstitut diesen Wissensvorsprung erkannt hat oder hätte erkennen müssen. Die Aufklärungspflicht bezieht sich allerdings nur auf solche Risiken, die für den Anleger selbst auch bei gehöriger Nachprüfung nicht erkennbar sind.

  Der Gesichtspunkt des Wissensvorsprungs verpflichtet das Kreditinstitut, von ihm als wesentlich erkanntes Wissen zu offenbaren, nicht aber, sich einen solchen Wissensvorsprung erst zu verschaffen.

  Beispiel: Spezielle, negative Erkenntnisse über die Ertragsfähigkeit eines Kaufobjekts, die für den Kreditnehmer wegen der Höhe der zu erbringenden Rückzahlungsraten von existentieller Bedeutung sind.

  Eine vorvertragliche Aufklärungspflicht wegen Wissensvorsprungs trifft ein Kreditinstitut auch dann, wenn es aufgrund eines von ihm eingeholten Gutachtens weiß, dass der Wert der vom Darlehensnehmer gekauften Eigentumswohnung

ganz erheblich hinter dem finanzierten Kaufpreis zurück-
bleibt.

Hier verläuft eine diffizile Grenze zwischen den projekttypi-
schen Risiken, auf die das Kreditinstitut auch bei einer un-
günstigen Gestaltung nicht hinweisen muss und solchen Risiken, die einen haftungsbegründeten Wissensvorsprung ein-
nehmen lassen, wenn sie dem Kreditinstitut, nicht aber dem
Kreditnehmer bekannt sind.

- besonderes Vertrauen in Anspruch nimmt,

  Eine Aufklärungspflicht besteht dann, wenn das Kreditinstitut über die reine Finanzierungsrolle hinausgeht und selbst in
  die Planung oder Durchführung eines Projekts eingeschaltet
  ist, z. B. als Vermittler.

- sich im Prospekt als Referenz benennen lässt,

- aktiv bei der Konzeption oder dem Vertrieb mitwirkt oder

- einen eigenen Gefährdungstatbestand schafft oder dessen
  Entstehung begünstigt.

Ein Kreditinstitut muss den Kunden vollständig und richtig über die **Beratung**
Vor- und Nachteile der in Frage kommenden Finanzierungsmodelle
beraten. Stellt es für den Kunden Berechnungen an, so haftet es für
Fehler (z. B. unrichtige Information über die beim Hauserwerb zu er-
wartende Belastung, falsche Ermittlung des für die Umschuldung erforderlichen Betrages).

Allerdings ist das Kreditinstitut gegenüber dem Kunden im Grundsatz
(mit Ausnahmen) nicht verpflichtet, dessen Kreditwürdigkeit oder
Leistungsfähigkeit zu prüfen, wenngleich dies aus eigenem Interesse
des Kreditinstituts durchaus die Regel und aufgrund KWG-rechtlicher
Vorschriften obligatorisch ist.

Einzelfälle:

- Das Kreditinstitut ist dem Kreditnehmer gegenüber nicht
  verpflichtet, dessen Bonität und Leistungsfähigkeit zu prü-   **Bonität**
  fen.

- Ein Kreditinstitut ist grundsätzlich nicht verpflichtet, ein anderes Kreditinstitut, das bei ihm einen Kredit ablösen
  möchte, über die Vermögensverhältnisse des Kreditnehmers
  aufzuklären und mitzuteilen, dass es massiv auf die Rückzahlung des Kredits gedrängt hat.

- Aus einer Verletzung des § 18 KWG oder sparkassenrechtli-
  cher Beleihungsregelungen kann der Kreditnehmer keine
  Schadensersatzansprüche ableiten.

- Ein Kreditinstitut trifft keine Pflicht zur Aufklärung der Ehefrau über das Risiko der Schuldmitübernahme bei einem Existenzgründungsdarlehen, wenn es annehmen darf, dass die Risiken der Mithaftenden bekannt sind.

- Wenn ein Bankmitarbeiter gegenüber einem Finanzmakler erklärt, die zu finanzierende Immobilie sei nach einer internen Prüfung als finanzierungsunwürdig angesehen worden, so liegt darin kein Einverständnis, dass beim Verkauf oder bei Finanzierungsverhandlungen die Immobilie als »bankgeprüft« angepriesen wird.

Steueränderung

- Ein Kreditinstitut prüft eingeräumte Sicherheiten grundsätzlich nur im eigenen, nicht im Kundeninteresse. Eine Gesetzesänderung, die sich steuerschädlich auf eingeräumte Sicherheiten auswirken kann, löst grundsätzlich keine Aufklärungspflicht für das Kreditinstitut aus.

Zweckmäßigkeit

- Ein Kreditinstitut hat die Zweckmäßigkeit einer Kreditaufnahme und der gewählten Kreditart nicht zu überprüfen. Es muss nicht darauf hinweisen, dass ein Darlehen wirtschaftlich sinnvoller ist als das Stehen lassen als Kontokorrent- oder Überziehungskredit.

- Keine Aufklärungspflicht selbst dann, wenn das den Kredit gewährende Institut neben dem Immobilienerwerber die Projektgesellschaft finanziert.

- Keine Aufklärungspflicht, wenn Kontrolle und Dokumentation des Bauvorhabens aufgrund laufender Baustellenbesuche des Bankmitarbeiters die schlechte Lage des Objekts vermitteln.

- Doppelfinanzierung von Bauträger und Erwerber muss grundsätzlich nicht offen gelegt werden, wohl aber die Vollfinanzierung des Bauträgers.

Risiken des finanzierten Geschäfts

Es besteht keine Verpflichtung zur Aufklärung über Risiken des finanzierten Geschäfts (der beabsichtigten Verwendung und der wirtschaftlichen Verhältnisse des Vertragspartners, der ebenfalls Kunde ist). Dies gilt insbesondere, wenn der Darlehensnehmer rechtlich und wirtschaftlich nicht unerfahren oder das finanzierte Geschäft nach seiner Konzeption ein besonders risikobehaftetes Geschäft ist.

Einzelfälle:

- Kredit zur Finanzierung von Wertpapierspekulationen

- Finanzierung eines Steuersparmodells (keine Pflicht des Kreditinstituts zur Aufklärung über Sanierungsbedürftigkeit des Objekts beim Ersterwerbermodell)

- Wird die Finanzierung erst nach Abschluss der zum Erwerb verpflichtenden Verträge beantragt, fehlt es im übrigen i. d. R. schon an der Kausalität für einen Schaden des Kreditnehmers im Rahmen des Bauherrenmodells.

Kausalität

Aufklärungs- und Beratungspflicht nach Treu und Glauben nur in anerkannten Ausnahmefallgruppen:

Treu und Glauben

- Das Kreditinstitut geht über die reine Finanzierungsrolle hinaus und ist selbst in die Planung und/oder Durchführung eines Projekts eingeschaltet; z. B. als Vermittler für Landes-Immo; das Kreditinstitut lässt sich im Prospekt eines Bauherrenmodells als »Referenz« benennen.

- Das Kreditinstitut verfügt über einen Wissensvorsprung, d.h. es kennt Umstände, die für die Willensbildung des Darlehensnehmers erkennbar maßgeblich sind; dies gilt insbesondere, wenn das Kreditinstitut negative Erkenntnisse über die Ertragsfähigkeit eines Kaufobjekts hat, die für den Darlehensnehmer wegen der Höhe der zu erbringenden Rückzahlungsraten von existentieller Bedeutung sind. Das Kreditinstitut ist aber nicht verpflichtet, sich durch gezielte Auswertung ihm zugänglicher Unterlagen oder durch Nachforderungen einen Wissensvorsprung zu verschaffen. Kein Wissensvorsprung liegt vor, wenn sich ein Risiko verwirklicht, das dem Kreditinstitut bei Vertragsschluss nicht bekannt war.

Wissensvorsprung

- Das Kreditinstitut hat selbst einen besonderen Gefährdungstatbestand geschaffen oder dessen Entstehung begünstigt.

Beispiel: Das Kreditinstitut weiß, dass ein Steuersparprojekt bereits überzeichnet ist und dass der Initiator die ihm zufließenden Darlehensmittel abredewidrig zur Abdeckung anderer Verpflichtungen verwenden will; das Kreditinstitut gibt dem Initiator Gelegenheit, durch Kontoauswechslung den Treuhänder auszuschalten und selbst über das Geld zu verfügen. Oder: Der Initiator eines Bauherrenmodells hat seine Kaufpreisansprüche an das Kreditinstitut abgetreten, das ihn finanziert und dadurch seine wirtschaftliche Bewegungsfreiheit verloren. Dem Erwerber hieraus drohende Verluste stellen einen »besonderen Gefährdungstatbestand« dar.

- Der Kreditnehmer ist besonders schutzbedürftig. Verhandelt ein Kreditinstitut mit einem geschäftlich unerfahrenen Kunden über die Aufnahme eines Kredits zum Zwecke der Umschuldung, so hat das Kreditinstitut vor Abschluss des Vertrages darauf hinzuwirken, dass der für die Umschuldung tatsächlich benötigte Betrag ermittelt

Besondere Schutzwürdigkeit

wird. Dies kann ferner der Fall sein, wenn die zu übernehmenden Belastungen ein Existenz gefährdendes Ausmaß annehmen, oder wenn das Kreditinstitut einem nicht besonders Geschäfts erfahrenen und rechtskundigen Kreditnehmer im Konsumentenkreditbereich eine Finanzierungsform anbietet, die vom üblichen Kredit abweicht und zu für den Kreditnehmer nicht überschaubaren Belastungen führt. Es muss jedoch die Möglichkeit bestehen, dass der Kreditnehmer einen marktüblichen Normalkredit zumindest bei anderen Kreditinstituten wählen könnte.

Hinweise

Hingewiesen werden muss vom Kreditinstitut auf

- die Unterschiede zum üblichen Kredit,
- die Vor- und Nachteile, z. B. langfristige Bindung bei vorzeitiger Kreditkündigung, Einbuße durch geringen Rückkaufswert, volle Verzinsung während der ganzen Laufzeit wegen des Festkredits,
- die Gesamtbelastung.

Anzuwenden sind diese Grundsätze insbesondere bei Revolving-Krediten. Die Belehrung des Kunden ist möglichst mit Unterschrift des Kunden zu dokumentieren.

Umfang

Für den Umfang der Informationspflicht ist maßgeblich

- die Interessenlage der Parteien,
- das erkennbare Auskunftsinteresse und
- der Informationsstand des Darlehensnehmers.

Wird eine Auskunft ausdrücklich verlangt, muss diese wahrheitsgemäß unter Beachtung des Bankgeheimnisses Dritter gegeben werden. Wird eine Finanzierungsberatung durchgeführt, ist der Kunde vollständig und richtig zu beraten. Wird bei einer Immobilienfinanzierung der Einsatz eines Bausparvertrags empfohlen, muss auch über Zuteilungsfristen aufgeklärt werden. Vor- und Nachteile einer direkten Hypothekenfinanzierung im Vergleich zu einer Bausparfinanzierung mit (teurer) Zwischenfinanzierung sind zu erläutern. Ggf. muss auch von einer Finanzierung abgeraten werden.

Das Kreditinstitut darf nicht ohne Hinweis auf die gravierenden Folgen zu einer Verschlechterung der Rechtsposition des Kreditnehmers raten, auch wenn die Risikoverlagerung seinen Interessen dient (z. B. Abänderung des Kaufvertrages dahin, dass der finanzierte Kaufpreis direkt auf das Verkäuferkonto beim Kreditinstitut statt auf Notar-Anderkonto zu zahlen ist).

Die Verletzung von Aufklärungs- und Beratungspflichten begründet Schadensersatzansprüche aus Verschulden bei Vertragsschluss (culpa in contrahendo); Verjährungsfrist: drei Jahre. Der Kreditnehmer kann verlangen, so gestellt zu werden, wie er bei ordnungsgemäßer Aufklärung stünde, z.B. normalen Kredit statt eines mit Lebensversicherung kombinierten Kredits.

Culpa in contrahendo

Nach höchstrichterlicher Rechtsprechung verbietet sich angesichts der erforderlichen wertenden Beurteilung der Einzelfallumstände jede schematische Lösung der Zurechnungsproblematik bei Kreditmittlern. Eine Zurechnung wird davon abhängig gemacht, dass jemand mit Wissen und Wollen des Geschäftsherrn zur Erfüllung von Pflichten tätig wird, die dem Geschäftsherrn obliegen. Übernimmt der Vermittler mit Wissen und Wollen einer der späteren Vertragsparteien Aufgaben, die typischerweise ihr obliegen, so wird er in deren Pflichtenkreis tätig und ist als deren Hilfsperson zu betrachten.

Kreditmittler

Das Verhalten eines Vermittlers kann das Kreditinstitut als deren Erfüllungsgehilfe gem. § 278 BGB als auch dessen Wissen als Vertreter nach § 166 Abs.1 BGB zugerechnet werden. Wie stets ist jedoch der Einzelfall maßgeblich.

4. Das Leasing

Allgemein wird hierunter die entgeltliche Überlassung von beweglichen oder unbeweglichen Gütern durch Finanzierungsinstitute oder durch die Hersteller der Güter an Unternehmen (neuerdings auch an Verbraucher) verstanden. Hierbei verbleiben die Wirtschaftsgüter im Eigentum des Finanzierers, werden jedoch dem Nutzer gegen Zahlung einer meist monatlichen Leasing-Gebühr (Leasing-Rate) zur wirtschaftlichen Nutzung überlassen.

Englisch »to lease« = mieten

Der Begriffskern stammt aus dem englischen Wort »to lease« = mieten, pachten. Dementsprechend kommt diese Finanzierungsform auch aus dem englischsprachigen Rechtsraum, nämlich aus den USA.

Keine gesetzliche Regelung vorhanden.

Gesetzlich ist der Leasingvertrag nicht geregelt und wird rechtlich unter dem Gesichtspunkt der Vertragsfreiheit dem Mietvertrag / Pachtvertrag nahe gestellt, je nach Ausgestaltung.

Vorteile

Leasinggeschäfte sind keine Bankgeschäfte im Sinne des § 1 Nr. 1 KWG. Natürlich sind sie aber eine banknahe Finanzierung. Die Vorteile des Leasing bestehen für den Leasingnehmer in der

- Nutzung des Leasingguts ohne Kapitalbindung,
- ohne Belastung seiner Liquidität und
- ohne bilanzielle Belastung durch eine Kreditaufnahme (Bilanzneutralität).

Beispiel: Ein Kranunternehmen benötigt einen neuen Autokran, hat jedoch nicht den Kaufpreis i.H.v. 500.000,– € flüssig. Es least daher den Autokran, d.h. der Hersteller des Autokrans verkauft diesen an die Leasinggesellschaft, die dem Hersteller auch sofort den Kaufpreis bezahlt. Gleichzeitig schließt die Leasinggesellschaft mit dem Kranunternehmen einen Leasingvertrag: durch die Leasingraten werden während der Laufzeit der Kaufpreis, der Verwaltungsaufwand und der Gewinn amortisiert.

Der Unternehmer will also zweierlei erreichen: die Vermeidung der Aufnahme des Wirtschaftsguts in das Anlagevermögen seiner Steuer- und Handelsbilanz und die Absetzbarkeit der Leasingraten als Betriebsausgaben sowie den Vorsteuerabzug. Somit will oder kann er den Kaufpreis nicht zahlen oder durch Darlehensaufnahme finanzieren. Damit dies aber steuerlich funktioniert, ist ein so genanntes erlasskonformes Leasing erforderlich. Das Bundesfinanzministerium hat an die Finanzverwaltungen Erlasse gerichtet, die festlegen, unter welchen Voraussetzungen bei den einzelnen Leasingformen die gewünschte steuerliche Behandlung möglich ist. Kurz zusammengefasst ist dies dann der Fall, wenn bei beweglichen Wirtschaftsgütern

- eine feste Grundvertragslaufzeit vereinbart und

Steuerliche Voraus-
setzungen

- die in der Grundvertragslaufzeit zu entrichtenden Raten mindestens die Anschaffungs- oder Herstellungskosten sowie alle Nebenkosten einschließlich der Finanzierungskosten des Leasinggebers decken (vollständige Amortisation).

Man spricht hierbei von Vollamortisationsleasingverträgen. Bilanziert werden diese bei einer Grundmietzeit von mindestens 40 % und höchstens 90 % der betriebsgewöhnlichen Nutzungsdauer beim Leasinggeber, der dann auch als der wirtschaftliche Eigentümer angesehen wird, denn nur dann funktioniert wegen § 39 AO das Steuermodell:

Zurechnung

§ 39 AO

(1) Wirtschaftsgüter sind dem Eigentümer zuzurechnen.

(2) Abweichend von Absatz 1 gelten die folgenden Vorschriften:

1. Übt ein anderer als der Eigentümer die tatsächliche Herrschaft über ein Wirtschaftsgut in der Weise aus, dass er den Eigentümer im Regelfall für die gewöhnliche Nutzungsdauer von der Einwirkung auf das Wirtschaftsgut wirtschaftlich ausschließen kann, so ist ihm das Wirtschaftsgut zuzurechnen. ...

2. ...

Nach dieser Vorschrift verlangt die Finanzverwaltung, dass das Leasinggut nicht nur in rechtlicher Hinsicht als Eigentum beim Leasinggeber verbleibt, es muss ihm vielmehr auch wirtschaftlich zugerechnet werden. Dem trägt die obige 40%-90%-Grenze entsprechend Rechnung.

Im Grunde ist dies bei Teilamortisationsverträgen nicht viel anders, denn auch diese sind auf vollständige Amortisation der vom Leasinggeber aufgewendeten Kosten zzgl. Verzinsung und Gewinn angelegt. Die Ausgestaltung erfolgt jedoch in der Weise, dass die Leasingraten für die Grundlaufzeit möglichst gering gehalten werden und nach Ablauf der Grundlaufzeit der wirtschaftliche Ausgleich durch einen »Restwert«, der vom Leasingnehmer an den Leasinggeber bezahlt wird, herbeigeführt wird.

Restwert-Variante

Für das Immobilienleasing ist vor allem der Erlass der Bundesfinanzministeriums vom 23.12.1991 von Bedeutung, der das im Immobilienleasing-Sektor vorherrschende Teilamortisationsmodell ertragssteuerlich einordnet. Der Grund für die abweichende Behandlung zum Mobilienleasing liegt darin, dass bei Grundstücken die Chance einer Wertsteigerung nach dem Ende der Grundlaufzeit beim Immobilien-Lea-

Immobilien-Leasing

singnehmer liegt und er jedoch erst dann zum wirtschaftlichen Eigentümer wird, wenn er auch mit dem Risiko der Wertminderung belastet ist. Wird auch nur eine der im Erlass genannten Verpflichtungen im Leasingvertrag dem Leasingnehmer auferlegt, so kann das Leasingobjekt nicht mehr dem Leasinggeber zugerechnet werden und das steuerliche Modell scheitert.

Beispiel: Wird die Gefahr des zufälligen Untergangs der Immobilie auf den Leasingnehmer überwälzt, ist dies zurechnungsschädlich.

Es werden zwei grundsätzliche Leasingarten unterschieden:

Modelle

- Operating Leasing und
- Financial Leasing.

Beim ersteren geht es nur um die Nutzung des Wirtschaftsgutes, nicht um dessen »Abzahlung«, so dass nach Ablauf der Leasingzeit das Wirtschaftsgut zurückgegeben wird. Beim zweiteren geht es darum, zumindest eine Option auf den späteren Erwerb der geleasten Sache zu haben.

Aus der Sicht eines Leasing-Gebers gibt es verschiedene Leasing-Modelle: Mobilien- und Immobilienleasing, Hersteller- und Händlerleasing; viele Kreditinstitute haben eigene Leasinggesellschaften.

Über die Rechtsnatur des Finanzierungsleasingvertrages wird zwischen den Fachleuten heftig gestritten. Die höchstrichterliche Rechtsprechung hat bis zum heutigen Tage im Finanzierungsleasingvertrag eine Spielart des Mietvertrages gesehen, dem hingegen das Schrifttum die rechtliche Einordnung recht uneinheitlich vornimmt, mal nur mietvertraglich, mal kaufvertraglich, mal gemischt-typisch. Operating Leasing wird hingegen üblicherweise als normaler Mietvertrag betrachtet und behandelt.

5. Das Factoring

Begrifflich handelt es sich hierbei um den Ankauf von Geldforderungen durch ein Finanzierungsinstitut gegen einen Drittschuldner aus
Warenlieferungen oder Dienstleistungen.

Begriff

Ausgangspunkt ist hierbei, dass ein Kunde des Finanzierungsinstituts
(Faktor) eine Forderung gegen ein anderes Unternehmen hat, z.B. aus
Kaufvertrag.

Oft ist es jedoch so, dass der Verkäufer/Hersteller wegen der seinem
Kunden/Käufer gewährten langen Zahlungsfristen (oft 30, 60 oder 120
Tage) Liquidität benötigt, zumal er die gesamte Produktion ja bereits
vorfinanziert hat.

Er wendet sich daher an den Faktor und verkauft ihm die Kaufpreisforderung gegen seinen Käufer und erhält vom Faktor den Kaufpreis, jedoch nur unter Abschlägen. Diese Abschläge enthalten die Kosten und
den Gewinn des Faktors sowie eine entsprechende Risikogewichtung
der Forderung.

Forderungsverkauf

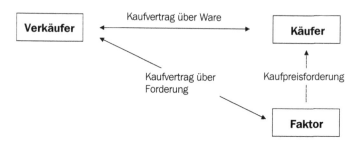

Regelmäßig wird zwischen echtem und unechtem Factoring unterschieden:

Echtes und unechtes
Factoring

- beim echten Factoring übernimmt der Faktor die Dienstleis-
  tungsfunktion und die Finanzierungsfunktion und der Faktor
  übernimmt insbesondere das Ausfallrisiko,

- beim unechten Factoring wird dieses Ausfallrisiko (Delcrede-
  refunktion) vom Faktor nicht übernommen.

Auch dieses Finanzierungsinstrument stammt aus den USA und ist wie das Leasing kein Bankgeschäft im Sinne des § 1 KWG, weil es keine Gelddarlehen gewährt.

Beim echten Factoring sind Probleme kaufrechtlich einzuordnen und zu lösen. Zwischen dem Factoring-Kunden und dem Faktor wird regelmäßig vereinbart, dass etwa 10 % bis 20 % der Forderungen auf einem Sperrkonto für etwaige Ansprüche aus Mängelrügen bzw. aus Skonti und Boni gebucht wird. Diesen Betrag bekommt der Factoring-Kunde ausbezahlt, sobald seine Abnehmer/Kunden volle Zahlungen an den Faktor geleistet haben.

Beispiel: Die Papierwerke GmbH verkauft Kopierpapier an den Großhändler G mit dem Zahlungsziel von 90 Tagen. Aus Gründen der Liquidität verkauft die GmbH die Kaufpreisforderung gegen G an den Faktor F. Bei Fälligkeit zahlt G an F nur 80 % des Kaufpreises mit der Begründung, die Ware sei teilweise mangelhaft, die Nacherfüllung fehlgeschlagen und es werde eine Minderung geltend gemacht. Da der Factoring-Kunde die Kaufpreisforderung an den Faktor abgetreten hat, muss der Faktor diese Mängelrüge wegen § 404 BGB gegen sich gelten lassen, hat jedoch aufgrund entsprechender Vereinbarung mit seinem Factoring-Kunden die Möglichkeit der Verrechnung dieses Minderbetrages auf den laufenden Forderungsankauf oder auf Verfall des Sperrkontos an ihn (den Faktor) in Höhe der Minderung (oder des Skontos).

6. Die Kreditsicherheiten

Vertrauen ist gut – Sicherheit ist besser. So oder so ähnlich lässt sich die Situation eines Kreditinstituts beschreiben, das einen Kredit ausreichen will. Zur Erinnerung: Es handelt sich um anvertrautes Geld, das die Kreditinstitute ausreichen. Eine dementsprechend hohe Verantwortung haben die Kreditinstitute gegenüber ihren Einlegern und müssen daher die – hoffentlich nicht eintretende – Krisensituation voraussehen und vorsorgen, falls der Kreditnehmer nicht in der Lage sein sollte, den Kredit zurückzuzahlen. Das Verlangen nach Kreditsicherheit ist also nicht ein Ausdruck eines Misstrauens, sondern eine legitime – und im KWG vorgesehene – Notwendigkeit.

Begrifflich handelt es sich hierbei um Vermögenswerte, also Sachen oder Rechte, die den Kreditgläubiger gegen das Ausfallrisiko aus einer Kreditgewährung absichern sollen.

Arten der Sicherheiten

Die Art und der Umfang der Kreditsicherheit orientiert sich an der Art des Kredits.

Beispiel: Wenn der Bruder der Schwester ein Darlehen gewährt, das nicht über eine gewisse Höhe hinausgeht (z.B. 1.000,– €), so vertraut er ihr Kraft des Verwandtschaftsverhältnisses und des gemeinsamen Aufwachsens und verzichtet regelmäßig auf irgendwelche Sicherheiten.

6.1. Gesetzlich entstehende Sicherheiten

Das Gesetz sieht in zahlreichen Situationen das automatische Entstehen einer Sicherheit in einer Kreditsituation vor.

Unternehmerpfandrecht

§ 647 BGB

Der Unternehmer hat für seine Forderungen aus dem Vertrag ein Pfandrecht an den von ihm hergestellten oder ausgebesserten beweglichen Sachen des Bestellers, wenn sie bei der Herstellung oder zum Zwecke der Ausbesserung in seinen Besitz gelangt sind.

Nach dieser Vorschrift entsteht bei einem Werkvertrag auch ohne irgendwelche Vereinbarungen oder Erklärungen ein Pfandrecht zugunsten des Unternehmers, wenn bewegliche Sachen des Bestellers in seinen Besitz gelangt sind und er an dieser Sache Ausbesserungen vorgenommen hat oder gar die Sache hergestellt hat.

Beispiel: Wird in einer Autowerkstatt der Auspuff eines Pkw repariert, so entsteht zugunsten des Unternehmers kraft Gesetzes ein Pfandrecht an dem Pkw.

Weitere Beispiele eines solchen Automatismus sind:

Pfandrechte, vgl. S. 195

- § 397 HGB (Pfandrecht des Kommissionärs),
- § 441 HGB (Pfandrecht des Frachtführers),
- § 464 HGB (Pfandrecht des Spediteurs),
- § 475b HGB (Pfandrecht des Lagerhalters),
- § 562 BGB (Vermieterpfandrecht),
- § 583 BGB (Pächterpfandrecht),
- § 592 BGB (Verpächterpfandrecht),
- § 704 BGB (Pfandrecht des Gastwirts).

6.2. Rechtsgeschäftliche Sicherungsrechte

Die meisten Kreditsicherheiten haben jedoch ihren Ursprung in einem vertraglichen Verhältnis, der dem Kredit zugrunde liegt. Die rechtsgeschäftlichen Kreditsicherheiten sind also dadurch gekennzeichnet, dass ihre Entstehung und die Verpflichtung zur Bestellung vom erklärten Willen der Parteien abhängen.

6.2.1. Der Sicherungsvertrag

Zweckerklärung

Der Sicherungsvertrag ist ein zusätzlich zum Kreditvertrag geschlossener Vertrag, der die Sicherung eines Kredits durch Bestellung von Sicherheiten (insbesondere bei nicht akzessorischen Sachsicherheiten) regelt. Er stellt das Bindeglied zwischen Kreditvertrag und der abstrakten dinglichen Sicherheitenbestellung schuldrechtlich her. Ist eine solche Vereinbarung bereits formularmäßig Bestandteil des Kreditvertrages, spricht man von

- Sicherungsabrede oder
- Sicherungszweckerklärung.

Ohne einen solchen Sicherungsvertrag bzw. Sicherungszweckerklärung wäre der Kreditnehmer rechtlich nicht verpflichtet (und könnte damit auch nicht gerichtlich dazu gezwungen werden bzw. es bestünde kein Zurückbehaltungsrecht des Kreditgebers am auszuzahlenden Betrag), irgendwelche Sicherheiten zu bestellen. Erst durch das Zusammenwirken zwischen Kreditvertrag und Sicherungsvertrag wird eine Verpflichtung erreicht, die zur Sicherungsbestellung verpflichtet.

Zu beachten ist jedoch, dass auch der Sicherungsvertrag nicht automatisch die Sicherung herbeiführt, sondern nur die Verpflichtung zur Herbeiführung der Sicherung enthält. Wegen des im BGB herrschenden Trennungs- und Abstraktionsprinzips muss noch neben diesem Verpflichtungsgeschäft das Verfügungsgeschäft erfolgen.

Beispiel: Bestellung eines Pfandrechts, Übereignung einer Sache, Abtretung eines Rechts als Verfügung im Sinne einer Rechtsänderung oder Belastung.

Eine gesetzliche Vorschrift für den Sicherungsvertrag gibt es nicht; seine Zulässigkeit ergibt sich aus dem Grundsatz der Vertragsfreiheit (§ 311 Abs. 1 BGB).

Inhaltlich beschreibt der Sicherungsvertrag den Sicherungszweck, nämlich die Identifizierung der gesicherten Forderung, die Art und Weise der Sicherung sowie zeitliche Abläufe.

Aus diesem Sicherungsvertrag heraus ergeben sich Pflichten und Rechte.

- Pflichten des Schuldners
  - die Sicherheit(en) zu bestellen und alle damit im Zusammenhang stehenden Handlungen vorzunehmen
  - alles zu unterlassen, was die Erreichung des Sicherungszwecks beeinträchtigen würde (als allgemeine Nebenpflicht)
  - im Sicherungsfalle Duldung der Verwertung
- Pflichten des Gläubigers
  - alles zu unterlassen, was die Erreichung des Vertragszwecks vereiteln würde, also insbesondere eine eventuelle Mitwirkung bei der Sicherheitenbestellung vorzunehmen
  - (nur) in bestimmten Fällen eine Obhuts- und Aufklärungspflicht (z.B. Wissensvorsprung bei einem Anlagemodell)
  - im Sicherungsfalle die Interessen des Schuldners zu beachten (z.B. Subsidiarität der Sicherungsverhältnisse, Ablösungsrechte etc.)
  - im Falle der Verwertung der Sicherheiten Erstattung des Mehrerlöses an den Schuldner (der dann zum Gläubiger bezüglich dieses Mehrerlöses wird).

6.3. Die Einteilung der Kreditsicherheiten

Kreditsicherheiten werden grundsätzlich unter zwei Gesichtspunkten betrachtet:

- Art der Kreditsicherheit, nämlich
  - Personensicherheit und
  - Sachsicherheit;
- Abhängigkeit der Sicherheit von der zugrunde liegenden Forderung, nämlich
  - akzessorische Sicherheiten und
  - nicht akzessorische Sicherheiten.

Damit die Mechanismen der einzelnen Sicherungsformen verstanden werden können, müssen diese Begriffe zunächst erläutert werden.

6.4. Personensicherheiten

Im Gegensatz zu einer Sachsicherheit haftet für den Forderungsausfall eine Person mit ihrem gesamten Vermögen, gegen die durch einen entsprechenden Vertrag ein schuldrechtlicher Anspruch des Gläubigers begründet wird. Bei einer Personensicherheit tritt also neben den Darlehensschuldner das Vermögen einer weiteren Person als Sicherheit für den Darlehensgeber ein. Hierbei gibt es verschiedene Arten der Personensicherheiten:

Arten der Personensicherheiten

6.4.1. Bürgschaft

Es handelt sich um einen Vertrag zwischen dem Bürgen und dem Kreditinstitut, in welchem sich der Bürge bereit erklärt, für die Erfüllung der Verbindlichkeiten des Schuldners einzustehen.

Vertragstypische Pflichten bei der Bürgschaft §765 BGB

(1) Durch den Bürgschaftsvertrag verpflichtet sich der Bürge gegenüber dem Gläubiger eines Dritten, für die Erfüllung der Verbindlichkeit des Dritten einzustehen.

(2) Die Bürgschaft kann auch für eine künftige oder eine bedingte Verbindlichkeit übernommen werden.

Hierbei übernimmt der Bürge deshalb die Bürgschaft, weil er mit dem Bürgen irgendwie verbunden ist, z.B. freundschaftlich oder familiär und er ihm einen Gefallen tun will. Möglich ist aber auch, dass der Bürge hierfür bezahlt wird, also seinerseits z.B. ein Kreditinstitut ist. Daraus ergibt sich eine Dreiecksbeziehung:

Motivationslage des Bürgen

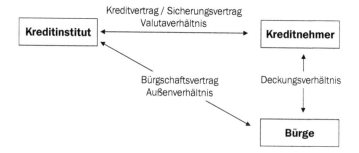

Das Kredit gebende Institut prüft seinerseits die Bonität des Bürgen sehr genau, denn nur dann handelt es sich um eine sinnvolle und wirtschaftlich werthaltige Sicherheit. So ist bereits mehrfach entschieden worden, dass eine Bürgschaft unwirksam sein kann, wenn sie den Bürgen unverhältnismäßig stark belastet.

Beispiel: Die Bürgschaftsverpflichtung naher Angehöriger des Hauptschuldners (z.B. Kinder, Ehegatte) zur Absicherung gewerblicher Kredite ist wegen Sittenwidrigkeit nichtig (§ 138 BGB), wenn der Bürge bei Vertragsabschluss vermögenslos ist und das Kreditinstitut die geschäftliche Unerfahrenheit des Bürgen hinsichtlich der übernommenen Risiken ausnutzt.

Sittenwidrigkeit

Eine solche Vermögenslosigkeit bzw. krasse Überforderung ist regelmäßig dann gegeben, wenn der Bürge derzeit und künftig mit hoher Wahrscheinlichkeit nicht in der Lage sein wird, unter Einsatz seines pfändbaren Vermögens noch nicht einmal die laufenden Zinsen der Hauptschuld aufzubringen. Lediglich Ehegattenbürgschaften können ihre Rechtfertigung darin haben, Vermögensschiebungen zwischen den Eheleuten zu verhindern.

Eheleute

Formerfordernis

Der Bürgschaftsvertrag muss zwingend wegen § 766 BGB die Schriftform haben; etwas anderes gilt für die Bürgschaft eines Vollkaufmanns, die wegen § 350 HGB des Schriftformerfordernisses nicht bedarf.

Weil die Rechtsprechung so genannte Globalbürgschaften, also die Haftung des Bürgen für alle, auch künftige Verbindlichkeiten des Kreditnehmers aus der bankmäßigen Geschäftsverbindung mit dem Kreditinstitut, erheblich eingeschränkt hat, kommt überwiegend nur die Höchstbetragsbürgschaft zum Einsatz. Diese ist regelmäßig selbstschuldnerisch.

§ 771 BGB

Einrede der Vorausklage

Der Bürge kann die Befriedigung des Gläubigers verweigern, solange nicht der Gläubiger eine Zwangsvollstreckung gegen den Hauptschuldner ohne Erfolg versucht hat (Einrede der Vorausklage). ...

Wird der Kredit im Valutaverhältnis Not leidend, aktiviert das Kreditinstitut die Bürgschaft. Jedoch kann sich der Bürge wegen § 771 BGB auf den Standpunkt stellen, dass er nicht schon dann anstatt des Kreditnehmers zahlen muss, wenn der Kredit Not leidend ist. Vielmehr kann der Bürge verlangen, dass das Kreditinstitut den Kreditnehmer gerichtlich in Anspruch nimmt (»voraus klagt«) und aus einem Titel (regelmäßig ein Urteil oder Vollstreckungsbescheid) eine (Mobiliar-) Zwangsvollstreckung (Forderungsvollstreckung genügt nicht) erfolglos versucht hat. Solange dies nicht erfolgt ist, kann der Bürge seine Zahlung zurückhalten, d.h. die Einrede der Vorausklage geltend machen.

Regelmäßig verlangen die Kreditinstitute jedoch, dass der Bürge auf diese Einrede verzichtet. Dies ist insbesondere dann der Fall, wenn sich der Bürge »selbstschuldnerisch« verbürgt.

§ 773 BGB

Ausschluss der Einrede der Vorausklage

(1) Die Einrede der Vorausklage ist ausgeschlossen:

1. wenn der Bürge auf die Einrede verzichtet, insbesondere wenn er sich als Selbstschuldner verbürgt hat,

2. ...

(2) ...

Bei einer selbstschuldnerischen Bürgschaft muss der Bürge also sofort, sobald der Kredit Not leidend wird, einspringen und zusagegemäß zahlen.

Lautet die Bürgschaft »zur Zahlung auf erstes Anfordern«, sind dem Bürgen zunächst alle Einwendungen ausgeschlossen. Wegen der damit verbundenen erheblichen Risiken, nämlich

Zahlung auf erstes Anfordern

- vorübergehende Aufhebung der Akzessorität von der Hauptforderung und
- außerordentlich starke Belastung des Bürgen durch
  - Vorleistungspflicht (Insolvenzrisiko)
  - Rückforderungsrisiko (Einreden des Hauptschuldners wirken erst im Rückforderungsprozess),

sind solche Bürgschaften nur dann wirksam, wenn sie von Kreditinstituten oder Versicherungen oder Großunternehmen, die über die entsprechende Geschäftserfahrung verfügen, ausgefertigt werden.

Anders als beim Schuldbeitritt steht dem Bürgen bei einem gewerblichen Kredit kein Widerrufsrecht nach den §§ 495; 355 BGB zu; der Bürge kann auch nicht nach § 312 BGB widerrufen.

Sehr wichtig und erforderlich ist es, dass die Bürgschaftsverpflichtung eindeutig bestimmbar ist. Hierzu muss die Hauptschuld so klar und deutlich bezeichnet sein, dass sie eindeutig identifizierbar ist.

Beispiel: Der Darlehensnehmer D hat verschiedene Darlehen und Konten bei der Bank B laufen. In einer Bürgschaftserklärung übernimmt der Bürge B eine Ausfallbürgschaft über 5.000,– € gegenüber der Bank. Auf dem Bürgschaftsformular befindet sich keine weitere Bezeichnung, für welchen Kredit die Bürgschaft übernommen wurde. Eine solche Bürgschaft hält die Rechtsprechung mangels Bestimmtheit für unwirksam.

Zwar gibt es auch die Bürgschaft für einen Kontokorrentkredit, der täglich schwankt. In solchen Fällen fehlt die eindeutige Bestimmbarkeit und es handelt sich um eine »betragsmäßig unbeschränkte Bürgschaft« zur Sicherung aller bestehenden oder künftigen Ansprüche aus einer bankmäßigen Geschäftsverbindung. Diese Bürgschaftsform ist nur bei entsprechender Belehrung und Beratung zulässig und wird deshalb regelmäßig durch die Höchstbetragsbürgschaft ersetzt. Bei dieser Form haftet der Bürge nur bis zu einem Höchstbetrag, auch wenn der Darlehensbetrag deutlich höher ist. Streitig ist, ob dieses Kreditlimit wegen Zinsrückständen oder anderen Nebenforderungen überschritten werden kann.

Bestimmbarkeit

Nimmt das Kreditinstitut eine Bürgschaft an, so ist es nicht verpflichtet, den Bürgen auf die Risiken einer Bürgschaft hinzuweisen.

Die Bürgschaft ist akzessorisch. Dies bedeutet, dass die Wirksamkeit der Bürgschaft an der Wirksamkeit der gesicherten Hauptforderung hängt in Bezug auf:

- Entstehung,
- Erlöschen,
- Umfang,
- Durchsetzbarkeit.

Akzessorietät

Die Bürgschaft »steht und fällt« mit der Hauptforderung. War der Kreditvertrag aus irgendeinem Grunde unwirksam, so überträgt sich die Unwirksamkeit auf die Bürgschaft. Dies hat insbesondere Auswirkung auf die Kündigung der Hauptschuld: auf Verbindlichkeiten, die erst nach Kündigung der Hauptschuld neu begründet werden, erstreckt sich die Bürgschaft nicht. Dies gilt jedoch dann nicht, wenn in dem der Hauptschuld zugrunde liegenden Vertrag eine Prolongationsmöglichkeit enthalten ist und hiervon Gebrauch gemacht wird. War dies für den Bürgen vorhersehbar, so erlischt die Bürgschaft nach erfolgter Prolongation nicht.

Zahlt der Bürge, weil der Bürgschaftsfall eingetreten ist, so geht die Forderung des Kreditinstituts gegen den Hauptschuldner auf ihn über.

§ 774 BGB

Gesetzlicher Forderungsübergang

(1) Soweit der Bürge den Gläubiger befriedigt, geht die Forderung des Gläubigers gegen den Hauptschuldner auf ihn über. ...

(2) ...

Dies bedeutet, dass der Bürge nunmehr der Gläubiger des Schuldners wird und von ihm – wenn sich die Vermögensverhältnisse gebessert haben – die Zahlung, die er an das Kreditinstitut geleistet hat, verlangen kann. Wie werthaltig solche übergegangenen Forderungen sind, lässt sich nur im Einzelfall entscheiden.

Der Bürge kann die dem Hauptschuldner gegenüber dem Gläubiger zustehenden Einreden und Einwendungen geltend machen.

§ 768 BGB

Einreden des Bürgen

(1) Der Bürge kann die dem Hauptschuldner zustehenden Einreden geltend machen. Stirbt der Hauptschuldner, so kann sich der Bürge nicht darauf berufen, dass der Erbe für die Verbindlichkeit nur beschränkt haftet.

(2) Der Bürge verliert eine Einrede nicht dadurch, dass der Hauptschuldner auf sie verzichtet.

Der Tod des Bürgen lässt die Bürgschaft unberührt; sie geht als Nachlassverbindlichkeit auf die Erben über. Jedoch erlischt die Bürgschaft durch Zeitablauf (oder Kündigung). Bei Zahlung durch den Hauptschuldner erlischt die Bürgschaft schon wegen deren Akzessorität.

Neben der Höchstbetragsbürgschaft gibt es noch andere Bürgschaftsformen wie z.B. die Ausfall-, Nach- oder Rückbürgschaft, die jedoch eher die Ausnahme bilden.

6.4.2. Garantie

Die Garantie ist ein einseitig verpflichtender Vertrag des Garanten mit dem Gläubiger eines Dritten (Schuldner), in welchem der Garant ein abstraktes Leistungsversprechen abgibt. Die so versprochene Leistung ist dann vereinbarungsgemäß zu erbringen, wobei regelmäßig die Leistung, deren Umfang und Fälligkeit im Garantieversprechen genau beschrieben ist. Zumeist ist dies für den Fall vorgesehen, dass der Dritte/Schuldner nicht oder nicht richtig leistet, sei es Zahlung, sei es Dienstleistung oder Warenlieferung.

Begriff

Beispiel: Eine Garantieleistung, wenn die Ware nicht mangelfrei ist, wobei die Garantieleistung von der Mängelhaftung des Kaufrechts zu unterscheiden ist (§ 444 BGB).

Gesetzlich ist die Garantie nicht geregelt. Entscheidendes Merkmal ist das Fehlen der Akzessorität.

6.4.3. Schuldbeitritt

Der Schuldbeitritt wird auch als Schuldübernahme oder Schuldmitübernahme bezeichnet. Es handelt sich hierbei um die von einem Dritten gegenüber dem Gläubiger vertraglich übernommene Verpflichtung, für die Verpflichtungen des Kreditschuldners gesamtschuldnerisch mitzuhaften.

Gesamtschuld

Gemeinschaftliche vertragliche Verpflichtung

§ 427 BGB

Verpflichten sich mehrere durch Vertrag gemeinschaftlich zu einer teilbaren Leistung, so haften sie im Zweifel als Gesamtschuldner.

Der Schuldbeitritt ist nicht formgebunden, es sei denn, das Grundsgeschäft erfordert eine bestimmte Form. Ist der Beitretende Verbraucher, so gelten für ihn die Verbraucherschutzvorschriften, auch wenn die Hauptschuld gewerblichen Charakter besitzt. Der Schuldbeitritt ist nicht akzessorisch.

6.4.4. Kreditauftrag

Durch den Kreditauftrag entsteht die Verpflichtung des Beauftragten, einem vom Auftraggeber bezeichneten Dritten Kredit zu gewähren. Hierbei kommt ein eigenständiger Kreditvertrag zwischen Beauftragtem und Drittem zustande mit der Folge, dass nach ausgereichtem Kredit der Auftraggeber dem Beauftragten für die Verbindlichkeiten des Dritten als Bürge haftet.

§ 778 BGB

Kreditauftrag

Wer einen anderen beauftragt, im eigenen Namen und auf eigene Rechnung einem Dritten ein Darlehen oder eine Finanzierungshilfe zu gewähren, haftet dem Beauftragten für die aus dem Darlehen oder der Finanzierungshilfe entstehende Verbindlichkeit des Dritten als Bürge.

Somit gelten für das Rechtsverhältnis zwischen dem Auftraggeber und dem Beauftragten alle Bürgschaftsregeln.

6.4.5. Depotakzept

Es handelt sich hierbei um ein nicht akzessorisches Sicherungsmittel. Bei diesem übernimmt ein Dritter eine wechselrechtliche Verpflichtung zur Sicherung einer Forderung zwischen Kreditgeber und Kreditnehmer: der akzeptierte Wechsel wird von dem Kredit gewährenden Institut ins Depot genommen, d.h. er darf nicht in einen weiteren Umlauf gesetzt werden. Erfüllt der Kreditnehmer seine Verpflichtung nicht, so haftet der Dritte dem Kreditinstitut nach Art. 28 WG. Das Depotakzept ist bürgschaftsähnlich, jedoch nicht akzessorisch.

6.5. Realsicherheiten

Im Gegensatz zu einer Personensicherheit haftet bei der Realsicherheit für den Forderungsausfall ein ganz bestimmter Vermögensgegenstand (eines Dritten), wobei dies eine Sache (z.B. ein Grundstück) oder ein Recht (z.B. ein Patent oder eine Forderung) sein kann. Gebräuchlich ist auch die Bezeichnung als Sachsicherheiten.

Sachsicherheiten

6.5.1. Pfandrecht

Beim Pfandrecht handelt es sich um ein gegenüber jedermann wirkendes Verwertungsrecht an einer Sache oder an einem Recht zur Sicherung einer Forderung. Das Pfandrecht ist

Begriff

Voraussetzungen

- ein dingliches Recht, weil es absolut und gegenüber jedermann wirkt,

- eine akzessorische Kreditsicherheit und es kann

- nur an einzelnen Vermögensgegenständen begründet werden und

- nur zur Sicherung einzelner bestimmter Forderungen.

Je nach Pfandgegenstand werden unterschieden

- Grundpfandrechte,

- Rechte an beweglichen Sachen und

- Pfandrechte an Rechten.

Pfandrechte können von Gesetzes wegen entstehen.

Beispiel: Unternehmerpfandrecht, vgl. oben (S. 185).

Die häufigste Art der Pfandrechte sind jedoch Vertragspfandrechte, also deren Begründung durch Vertrag.

6.5.2. Mobiliarpfandrecht

Bei dieser Art der Sicherheit werden bewegliche Sachen vertraglich mit einem Verwertungsrecht für den Sicherheitenfall belastet.

§ 1204 BGB   **Gesetzlicher Inhalt des Pfandrechts an beweglichen Sachen**

(1) Eine bewegliche Sache kann zur Sicherung einer Forderung in der Weise belastet werden, dass der Gläubiger berechtigt ist, Befriedigung aus der Sache zu suchen (Pfandrecht).

(2) Das Pfandrecht kann auch für eine künftige oder eine bedingte Forderung bestellt werden.

Wesentliches Merkmal des Pfandrechts ist es, dass die Pfandsache nicht beim Sicherungsgeber verbleibt, sondern dem Sicherungsnehmer (= Darlehensgeber) der Besitz eingeräumt werden muss.

§ 1205 BGB   **Bestellung**

(1) Zur Bestellung des Pfandrechts ist erforderlich, dass der Eigentümer die Sache dem Gläubiger übergibt und beide darüber einig sind, dass dem Gläubiger das Pfandrecht zustehen soll. ...

(2) ...

Wegen der Inbesitznahme und der damit verbundenen Verwahrungsproblematik ist das Pfandrecht im Bankrecht ein recht umständliches Sicherungsmittel und nicht allzu gebräuchlich.

6.5.3. Forderungspfandrecht

Wenn der Darlehensnehmer seinerseits Inhaber von Rechten ist und/oder Forderungen gegen Dritte hat, so kann er diese an seinen Kreditgeber verpfänden.

§ 1273 BGB   **Gesetzlicher Inhalt des Pfandrechts an Rechten**

(1) Gegenstand des Pfandrechts kann auch ein Recht sein.

(2) Auf das Pfandrecht an Rechten finden die Vorschriften über das Pfandrecht an beweglichen Sachen entsprechende Anwendung, soweit sich nicht aus den §§ 1274 bis 1296 ein anderes ergibt. Die Anwendung der Vorschriften des § 1208 und des § 1213 Abs. 2 ist ausgeschlossen.

Beispiel: Forderungen, aber auch ein Anwartschaftsrecht, ein Miterbenanteil, ein Patentrecht, Urheberrecht etc.

§ 1274 BGB   **Bestellung**

(1) Die Bestellung des Pfandrechts an einem Recht erfolgt nach den für die Übertragung des Rechts geltenden Vorschriften. Ist zur Übertragung des Rechts die Übergabe einer Sache erforderlich, so finden die Vorschriften der §§ 1205, 1206 Anwendung.

(2) Soweit ein Recht nicht übertragbar ist, kann ein Pfandrecht an dem Recht nicht bestellt werden.

Damit ist eine Einigung zwischen Rechtsinhaber und Pfandgläubiger erforderlich. Inhaltlich muss das Pfand und die gesicherte Forderung erfasst werden. Die Einigung bedarf der für die Rechtsübertragung erforderlichen Form. Die Verpfändung eines Rechts setzt dessen Übertragbarkeit voraus (Absatz 2). Hierbei wird das Recht als solches nicht übertragen, sondern es besteht Einigkeit zwischen den Parteien, ein Recht zur Sicherung einer Forderung mit einem Befriedigungsrecht zu belasten. Man spricht von einem beschränkt-dinglichen Recht, das den Gläubiger im Falle der Nichterfüllung die Befriedigung sichern soll. Das Recht selbst bleibt beim Verpfänder. Auch das Pfandrecht an Rechten ist akzessorisch, so dass das Pfandrecht in Entstehung, Fortbestand und Untergang von der zu sichernden Forderung abhängig ist.

Einigung

Eine Besonderheit besteht bei der Verpfändung von Forderungen.

Anzeige an den Schuldner

§ 1280 BGB

Die Verpfändung einer Forderung, zu deren Übertragung der Abtretungsvertrag genügt, ist nur wirksam, wenn der Gläubiger sie dem Schuldner anzeigt.

Neben dem Verpfändungsvertrag ist also eine Verpfändungsanzeige an den Schuldner Wirksamkeitsvoraussetzung der Forderungsverpfändung.

6.5.4. Grundpfandrechte

Pfandrechte an Grundstücken bewirken die Belastung des Grundstücks in der Form, dass im Sicherungsfalle das Grundstück verwertet (in der Regel zwangsversteigert) werden darf.

Grundstücke

Befriedigung durch Zwangsvollstreckung

§ 1147 BGB

Die Befriedigung des Gläubigers aus dem Grundstück und den Gegenständen, auf die sich die Hypothek erstreckt, erfolgt im Wege der Zwangsvollstreckung.

Zu den Grundpfandrechten zählen

- Hypothek,
- Grundschuld.

In der Kreditpraxis ist die Hypothek jedoch von der Grundschuld als Kreditsicherheit fast vollständig verdrängt worden, so dass nachfolgend nur auf die Grundschuld abgestellt wird.

§ 1191 BGB   **Gesetzlicher Inhalt der Grundschuld**

(1) Ein Grundstück kann in der Weise belastet werden, dass an denjenigen, zu dessen Gunsten die Belastung erfolgt, eine bestimmte Geldsumme aus dem Grundstück zu zahlen ist (Grundschuld).

(2) Die Belastung kann auch in der Weise erfolgen, dass Zinsen von der Geldsumme sowie andere Nebenleistungen aus dem Grundstück zu entrichten sind.

Wie sich bereits aus der Formulierung ergibt, dient die Grundschuld rechtlich nicht der Sicherung einer konkreten Forderung, ist also nicht akzessorisch, sondern abstrakt. Entscheidend ist nur, dass das Grundstück auf eine bestimmte Geldsumme haftet, mehr nicht. Zu beachten ist, dass Eigentümer des Grundstücks und Darlehensschuldner nicht notwendigerweise personenidentisch sein müssen. Zahlt jedoch ein Dritter an den Gläubiger als verpflichteter Eigentümer des Grund-

Eigentümergrundschuld   stücks, erfolgt die Leistung immer auf die Grundschuld, so dass das Grundpfandrecht dann auf den Eigentümer kraft Gesetzes übergeht. Zahlt jedoch der persönliche Schuldner, erfolgt die Verrechnung in der Regel auf die gesicherte Forderung: da auch die Grundschuld in der Praxis zur Sicherung einer Forderung des Gläubigers dient, wird sie als

Sicherungsgrundschuld   Sicherungsgrundschuld bezeichnet. Hierbei vereinbaren Sicherungsgeber und Sicherungsnehmer in einer Zweckerklärung ausdrücklich, dass die Grundschuld der Sicherung einer persönlichen Forderung dient, auch wenn dadurch die Grundschuld nicht akzessorisch wird (dann gelten im Wesentlichen die Vorschriften für Hypotheken, soweit sich aus der Forderungsunabhängigkeit der Grundschuld nicht etwas anderes ergibt).

Neben dem Grundstück selbst haften dessen

- Erzeugnisse,
- Bestandteile,
- Zubehör,
- Miet- und Pachtzinsforderungen,
- Reallasten,
- Entgelt für Dauerwohnrechte.

Bestellung   Zur Bestellung eines Grundpfandrechts (Hypothek oder Grundschuld) sind erforderlich

- die Einigung zwischen dem Grundstückseigentümer und dem Gläubiger über die Entstehung des Grundpfandrechts und
- die Eintragung der Grundpfandrechtsbestellung im Grundbuch.

6.5.5. Sicherungsübereignung

Durch dieses Sicherungsmittel überträgt der Darlehensnehmer, der Eigentümer eines Wirtschaftsguts ist (das kann auch dasjenige Gut sein, das mit dem Kreditbetrag erworben wird) das rechtliche Eigentum an den Sicherungsnehmer (Darlehensgeber) und gleichzeitig wird zwischen diesen beiden vereinbart, dass der Darlehensnehmer das Wirtschaftsgut weiter benutzen darf, es also in seinem unmittelbaren Besitz verbleibt.

Eigentumsübertragung

Unmittelbarer Besitz

Kommt es zum Sicherungsfall, verwertet das Kreditinstitut »sein« Eigentum. Im Insolvenzfall besteht ein Absonderungsrecht nach § 51 InsO, also wie ein Pfandrecht, da das Sicherungseigentum »nur« eine Verwertungsbefugnis gewährt.

6.5.6. Sicherungsabtretung

Hierunter wird die fiduziarische Abtretung von Forderungen zwecks eigener Verwertung im Sicherungsfalle, nicht notwendig unter Offenlegung der Abtretung, verstanden.

Zession

Regelmäßig bevorzugen die Kreditinstitute die Sicherungsabtretung anstatt einer Verpfändung von Forderungen, weil die Pfändung offenzulegen ist, die Abtretung jedoch erstmal geheim gehalten werden kann (so genannte stille Zession). Erst im Verwertungsfall wird die Zession offen gelegt.

7. Der Not leidende Kredit

Abwicklung

Jedes Kreditinstitut hat seine Abwicklungsabteilung zur Abwicklung Not leidender Kredite. Als solche werden Kredite bezeichnet, deren vertragsgemäße Rückzahlung nicht mehr gewährleistet ist.

Damit das Kreditinstitut die Gefährdung der Rückzahlung bzw. Bedienung der laufenden Zahlungen feststellen kann, bedarf es einer Kreditüberwachung, die am Ende einer Kreditablaufkette steht:

Controlling

Zur Überwachung gehört die Kontrolle, ob Zinszahlungen und Tilgungen vertragsgemäß, insbesondere fristgemäß erfolgen. Ferner gehört hierzu die Beobachtung der eingeräumten Sicherheiten und insbesondere die Beobachtung der Kreditwürdigkeit des Kreditnehmers. Nicht zuletzt gehört die Überwachung der Kreditlinien (z.B. ob übermäßige unerlaubte Überziehungen stattfinden) dazu.

Maßnahmen

Führen flankierende Maßnahmen wie z.B. Stundungen oder Umschuldungen nicht zur Beseitigung der Gefährdung des Kredits, muss das Kreditinstitut Abwicklungsmaßnahmen ergreifen:

- Kündigungen, zumeist außerordentliche, bestehender (Dauer) Schuldverhältnisse. Dies führt dazu, dass die sofortige Fälligkeit der Rückzahlung eintritt. Voraussetzung hierfür ist eine Gefährdungslage, d.h. dass sich die Vermögensverhältnisse des Kreditnehmers oder der Wert der gestellten Sicherheiten verschlechtern und/oder der Kreditnehmer seinen Pflichten nicht mehr nachkommen kann/will.

- Das Kreditinstitut sperrt alle Werte, die sich in seinem Besitz befinden; hierzu ist es nach der »generellen Pfandklausel« der Allgemeinen Geschäftsbedingungen für Ansprüche der Kreditinstitute gegenüber dem Kreditnehmer berechtigt, z.B. Depots, Sparkonten etc.

- Das Kreditinstitut macht die bestellten Sicherheiten geltend, z.B. durch Offenlegung der Abtretungen, Inbesitznahme sicherungsübereigneter, jedoch zur weiteren Nutzung an den Kreditnehmer überlassenen Gegenstände etc.

- Verwertung der Sicherheiten: an dieser Stelle zeigt sich, wie gut der Kredit besichert war und ob die Verwertung aller Sicherheiten zur vollständigen Befriedigung des Kreditinstituts führt. Bleibt ein gewisser Betrag unausgeglichen, so haftet für diesen weiterhin der Kreditnehmer.

- Titelbeschaffung, d.h. entweder über ein Mahnverfahren einen Vollstreckungsbescheid oder über ein Klageverfahren ein Urteil erlangen. Gebräuchlich ist auch ein notarielles Schuldanerkenntnis; dies ist die einfachste und billigste Variante, denn häufig wird der Schuldner keine substantiierten Einwendungen gegen den Rückzahlungs- und Schadensersatzanspruch haben.

Titulierung

7.1. Das Mahnverfahren

Beim Amtsgericht am Sitz des Kreditgläubigers wird ein Antrag eingereicht und wenn alle Formalitäten in Ordnung sind vom Mahngericht ein Mahnbescheid erlassen und dem Schuldner zugestellt. Akzeptiert der Schuldner die Forderung, so ergeht auf Antrag des Gläubigers ein Vollstreckungsbescheid. Ist der Schuldner mit der Forderung nicht einverstanden, so kann er gegen den Mahnbescheid Widerspruch erheben und, sollte er dies versäumt haben, gegen den Vollstreckungsbescheid Einspruch einlegen. In diesen Fällen gibt das Mahngericht das Verfahren an das Streitgericht ab. Dort wird der Gläubiger zur Anspruchsbegründung aufgefordert, der Schuldner zur Klageerwiderung etc., vgl. dort. Der einzige Unterschied ist der, dass bei einem Widerspruch kein Titel existiert und die Einleitung von Zwangsvollstreckungsmaßnahmen nicht möglich ist, der Vollstreckungsbescheid jedoch einen Titel darstellt und hieraus bereits vollstreckt werden kann. Allerdings geht der Gläubiger das Risiko ein, dass wenn seine Klage abgewiesen wird, er zu Unrecht vollstreckt hat und den hierdurch entstandenen Schaden ersetzen muss.

Mahnantrag
Mahnbescheid
Vollstreckungsbescheid

Schadensersatz

7.2. Das Klageverfahren

Reicht der Gläubiger Klage beim zuständigen Gericht ein oder wird er zur Anspruchsbegründung vom Streitgericht aufgefordert, so stellt dieses die Klage/Anspruchsbegründung an den Schuldner zu. Hierbei hat der Richter die Wahl zwischen zwei Arten des Vorgehens: er kann das schriftliche Vorverfahren anordnen oder einen frühen ersten Termin bestimmen. Der Hauptunterschied ist der: unterlässt der Schuldner (der jetzt Beklagter genannt wird) im schriftlichen Vorverfahren die Verteidigungsanzeige, so kann auf Antrag des Klägers gegen ihn ein Versäumnisurteil ergehen. Legt der Beklagte hiergegen keinen Einspruch ein, so wird es rechtskräftig. Legt er hiergegen Einspruch ein, so wird ein Verhandlungstermin angesetzt. Fertigt er die Verteidigungsanzeige rechtzeitig, so wird ebenfalls ein Gerichtstermin angesetzt. Beim frü-

Der Richter entscheidet.

hen ersten Termin wird der Beklagte in der Regel aufgefordert, vorher schriftlich seine Einwendungen darzulegen. Auf den Gerichtstermin/frühen ersten Termin folgt dann entweder eine Beweisaufnahme und/oder ein Urteil. Gegen das Urteil ist ggf. Berufung und gegen das Berufungsurteil unter bestimmten Umständen die Revision möglich. Unterbleibt dies, so wird das Urteil rechtskräftig. Dann (erst) hat der Gläubiger einen Titel, aus dem heraus er gefahrlos Zwangsvollstreckungsmaßnahmen betreiben kann.

7.3. Die Zwangsvollstreckung

Verwertung

Dies bedeutet, dass der Gläubiger auf das gesamte Vermögen des Schuldners im Wege der Zwangsvollstreckung zugreifen kann, und nicht nur auf die ihm überlassenen Sicherungswerte. Da der Gläubiger nicht mit Gewalt gegen den Schuldner vorgehen kann, ist er auf die Beauftragung von staatlichen Organen, die die Zwangsvollstreckung im Monopol betreiben, angewiesen: Gerichtsvollzieher oder Vollstreckungsgericht. Hieraus ist dann die Lohnpfändung, Taschenpfändung, Lebensversicherungspfändung, Zwangsversteigerung etc. möglich.

7.4. Das Insolvenzverfahren

Das Insolvenzverfahren ist ein Verfahren der gerichtlichen Gesamtvollstreckung in das Vermögen des Schuldners. Wenn der Schuldner nur einigen wenigen Gläubigern kleinere Beträge schuldet, so werden die Gläubiger deren Forderungen gerichtlich beitreiben und vielleicht auch vollstrecken können. Hierbei kann es durchaus sein, dass ein »Wettlauf« der Gläubiger eintritt, denn wer zuerst vollstreckt, wird auch zuerst befriedigt. Ist der Schuldner jedoch unter summarischer Betrachtung seiner Verbindlichkeiten nicht mehr in der Lage, die Forderungen zu befriedigen, so spricht man von

Wettlauf der Gläubiger
wird verhindert.

- Zahlungsunfähigkeit oder
- Überschuldung.

Insolvenzgründe

Diese beiden Umstände stellen die Insolvenzgründe dar. Sowohl der Schuldner als auch die Gläubiger können ein Insolvenzverfahren durch Antrag beim Insolvenzgericht in die Wege leiten. Mit der Eröffnung eines Insolvenzverfahrens werden zwei Ziele angestrebt:

- die Gläubiger eines Schuldners gemeinschaftlich zu befriedigen und
- dem redlichen Schuldner eine Restschuldbefreiung zu ermöglichen.

Die gemeinschaftliche Befriedigung der Gläubiger erfolgt dadurch, dass der vom Gericht bestellte Insolvenzverwalter alle Vermögenswerte des Schuldners sichert, sichtet und systematisiert und soweit möglich verwertet. Aus diesem Verwertungserlös werden dann die Gläubiger in einem prozentualen Verhältnis ihrer Forderung zum Verwertungserlös befriedigt.

Quote

Beispiel: Der Verwertungserlös beträgt 5.000,– €. Dieser Betrag stellt 10 % der Gesamtverbindlichkeiten des Schuldners dar (50.000,– €). Jeder Gläubiger bekommt damit 10 % seiner Forderungen und mit den restlichen 90 % fällt er aus (und sollte eine entsprechende Wertberichtigung seiner Forderungen vornehmen).

Der Normalfall ist das so genannte Regelinsolvenzverfahren (»Regel« deshalb, weil es die Regel ist). Die zentrale Figur des Verfahrens ist der Insolvenzverwalter, der vom Gericht bestellt wird. Wenn das Vermögen des Schuldners jedoch voraussichtlich nicht ausreichen wird, um die Verfahrenskosten zu decken, wird der Eröffnungsantrag mangels Masse abgewiesen. Ansonsten erfolgt die Verwertung und Befriedigung wie im obigen Beispielsfall erläutert.

Regelinsolvenzverfahren

Anstatt das Schuldnervermögen zu liquidieren, kann ein Insolvenzplan aufgestellt werden, der dem Zweck dient, ein Unternehmen des Schuldners zu erhalten; der Insolvenzplan kommt in der Form eines Sanierungsplanes oder eines Übertragungsplanes vor.

Insolvenzplan

Es kann aber auch ein so genanntes Verbraucherinsolvenzverfahren durchgeführt werden. Kerngedanke eines solchen Verfahrens ist die Tatsache, dass für Personen, die nicht nur geringfügig selbstständig wirtschaftlich tätig sind, das Regelinsolvenzverfahren ungeeignet erscheint, weil der geforderte Aufwand in keinem Verhältnis zum Ergebnis des Verfahrens steht. Die einzelnen Schritte eines solchen Verfahrens sind:

Verbraucherinsolvenz

- die außergerichtliche Schuldenbereinigung,
- die gerichtliche Schuldenbereinigung,
- das vereinfachte Insolvenzverfahren.

Natürliche Personen können einen Antrag auf Restschuldbefreiung stellen. Dies bedeutet, dass die im Insolvenzverfahren und einer anschließenden Wohlverhaltensperiode von sechs Jahren die bis dahin noch nicht erfüllten Gläubigerforderungen nicht mehr zwangsweise durchgesetzt werden können, d.h. der Schuldner ist »entschuldet«. Hierbei hat der Schuldner in der Wohlverhaltensperiode von seinem Einkommen nach einem vorher festgelegten Plan die Gläubiger quotal zu befriedigen.

Restschuldbefreiung

Bankrott
Strafbarkeit
Schadensersatz

Stellt der Schuldner seine Zahlungsunfähigkeit oder Überschuldung fest, so ist er nach verschiedenen Vorschriften (z.B. § 64 Abs. 1 GmbHG) verpflichtet, binnen einer kurzen Frist (meist zwei bis drei Wochen) den Insolvenzantrag zu stellen. In § 283 StGB ist sogar von Bankrott die Rede (vgl. zu den Insolvenzstraftaten: §§ 283 bis 283d StGB). In einem solchen Fall haftet der Bankrotteur den Gläubigern auf Schadensersatz (meist jedoch nur auf den so genannten »Quoten-schaden«, also die Differenz zwischen der Quote, die bei ordnungsge-mäßer Insolvenzanmeldung entstanden wäre und der Quote, die bei verspäteter Insolvenzanmeldung entstanden ist).

8. Wiederholungsfragen

1. Was ist ein Kredit und welche Arten werden unterschieden? Lösung S. 127

2. Grenzen Sie die Begriffe Kreditfähigkeit und Kreditwürdigkeit gegeneinander ab! Lösung S. 130/131

3. Was ist der wesentliche Unterscheid zwischen Sachdarlehen und Gelddarlehen? Lösung S. 133 ff.

4. Erläutern Sie die vertragstypischen Rechte und Pflichten beim Darlehensvertrag! Lösung S. 136

5. Wie sind die Kündigungsmöglichkeiten eines Darlehensvertrages geregelt? Lösung S. 138 ff.

6. Was ist ein Verbraucherdarlehen? Lösung S. 147

7. Welche Besonderheiten gelten beim Verbraucherdarlehen? Lösung S. 148 ff.

8. Erläutern Sie die vor- und nebenvertraglichen Aufklärungs- und Beratungspflichten des Kreditinstituts gegenüber dem Darlehensnehmer! Lösung S. 174 ff.

9. Was ist Leasing? Lösung S. 180

10. Was ist Factoring? Lösung S. 183

11. Erläutern Sie den Sicherungsvertrag/Zweckerklärung im Zusammenhang mit den Kreditsicherheiten! Lösung S. 186

12. Was ist eine Bürgschaft und welche Regeln gelten? Lösung S. 189

13. Erläutern Sie das Pfandrecht bezogen auf Immobilien, Forderungen und Grundstücke! Lösung S. 195 ff.

14. Was ist der Unterschied zwischen Sicherungsübereignung und Sicherungsabtretung? Lösung S. 199

15. Erläutern Sie die Mechanismen eines Not leidenden Kredits! Lösung S. 200

Lösung von Klausurfällen

1. Elterngelder auf Kinderkonto

1.1. Sachverhalt

Die Eltern der minderjährigen Klara richteten im Jahr 2004 für ihr Kind beim Kreditinstitut ein Sparkonto ein, das für Klaras Rechnung geführt wird und über das jeder Elternteil allein verfügungsberechtigt ist. Noch im selben Jahr überwiesen die Eltern von eigenen Konten auf dieses Konto der Klara 100.000,00 € mit dem Ziel, dadurch bei sich Kapitalertragssteuer zu sparen. In der Sparurkunde wurden ein Festzinssatz bis zum 31.12.2004 und die anschließend freie Verfügbarkeit vereinbart. Am 10. Januar 2005 wies die Klara, hierbei jedoch vertreten durch ihre Eltern das Kreditinstitut schriftlich an, das Guthaben wieder zurück auf ein Konto der Eltern zu überweisen. Das Kreditinstitut weigert sich am nächsten Tag und meint, die Rückübertragung erfordere die Mitwirkung eines Ergänzungspflegers. Die Eltern halten dem entgegen, dass die Hinüberweisung lediglich aus Steuerspargründen erfolgt sei; nun solle eine Rückführung der Gelder erfolgen. Das Kreditinstitut hält die Angabe der Steuerspargründe zumindest für verdächtig.

Fallfrage: Ist die Überweisung durch das Kreditinstitut auszuführen?

1.2. Lösungsvorschlag

Klara könnte gegen das Kreditinstitut einen Anspruch auf Ausführung der Überweisung gem. § 676 a Abs. 1 Satz 1 BGB haben.

Voraussetzung hierfür wäre zunächst der Abschluss eines Überweisungsvertrages zwischen dem Kreditinstitut und Klara. Das Angebot zum Abschluss eines solchen Vertrages könnte in der schriftlichen Weisung vom 10.01.2005 liegen. Da jedoch nicht die Kontoinhaberin selbst gehandelt hat, kann eine wirksame Willenserklärung nur über eine Stellvertretung seitens der Eltern erfolgt sein.

Nach § 164 Abs. 1 BGB müssten die Eltern eine eigene Willenserklärung im fremden Namen mit Vollmacht der Klara abgegeben haben.

Die eigene Willenserklärung zeichnet sich durch den eigenen Entscheidungs- und Beurteilungsspielraum aus; den nahmen hier die Eltern dadurch wahr, dass sie durch eigenen Entschluss die Überweisung veranlassten. Dies geschah auch im fremden Namen, wie insbesondere aus den Vertretungsverhältnissen zur Kontovollmacht aus den Stammdaten des Sparkontos für das Kreditinstitut ersichtlich wurde.

Fraglich ist damit, ob die Klara bei der Abgabe des Antrages auf Abschluss des Überweisungsvertrages durch ihre Eltern nach § 1629 Abs. 1 Satz 2 1. Halbsatz BGB aufgrund normaler Elternvollmacht wirksam vertreten wurde.

Die Vertretungsmacht der Eltern könnte nach § 1629 Abs. 2 Satz 1; § 1795 Abs. 2; § 181 BGB ausgeschlossen sein. Dann müsste es sich bei einer Überweisung des Vertreters des Kontoinhabers auf ein Konto des Vertreters um ein Insichgeschäft handeln. Der Zweck dieser Vorschrift beruht darauf, dass die Mitwirkung derselben Personen auf beiden Seiten des Rechtsgeschäfts die Gefahr eines Interessenkonflikts birgt. Für den Anwendungsbereich kommt es grundsätzlich auf die Art der Vornahme des Rechtsgeschäfts an. Bei der vorliegenden Konstellation kommt der Überweisungsvertrag mit dem Kreditinstitut, nicht aber mit den Eltern als Überweisungsempfänger zustande, so dass der Anwendungsbereich – auch nicht analog – eröffnet ist (BGH WM 1982, 549).

Möglicherweise sind die Eltern aber wegen § 1641 Satz 1 BGB gehindert, namens ihres Kindes Überweisungsaufträge zu erteilen. Diese Vorschrift erfasst jedoch Rechtsgeschäfte zwischen Kindern als Schenkern und den Beschenkten und schränkt im Außenverhältnis zum Kreditinstitut die Vertretungsmacht der Eltern zum Abschluss eines Überweisungsvertrages nicht ein.

Es könnte aber ein objektiv evidenter Missbrauch der elterlichen Vertretungsmacht vorliegen gemäß den Rechtsgedanken der §§ 1629 Abs. 2 Satz 1, 1795 Abs. 2 BGB, wenn Klara die Überweisungsaufträge nicht gegen sich gelten lassen müsste und nach Eintritt der Volljährigkeit erneut die Auszahlung des Sparguthabens an sich selbst verlangen könnte. Dies wäre dann der Fall, wenn die Überweisung der Eltern auf das Konto der Klara eine Schenkung darstellte, deshalb mit Rechtsgrund erfolgte und bei der Rücküberweisung der Missbrauch für das Kreditinstitut evident war.

Zwar trifft nach ständiger Rechtsprechung des BGH den Vertragspartner keine Prüfungspflicht, ob und inwieweit der Vertreter im Innenverhältnis gebunden ist; etwas anderes gilt nur dann, wenn der Vertreter von seiner Vertretungsmacht in ersichtlich verdächtiger Weise Gebrauch gemacht hat, so dass beim Vertragspartner (Kreditinstitut) begründete Zweifel bestehen müssen, ob nicht ein Treueverstoß des Vertreters gegenüber dem Vertretenen vorliege. Notwendig sind dabei eine objektive Erkennbarkeit des Missbrauchs aufgrund massiver Verdachtsmomente (BGHZ 127, 239).

Im vorliegenden Fall ist ein Verstoß gegen die Eltern-Kind-Bindung nicht evident ersichtlich. Nach den unstreitigen Sachverhaltsangaben diente die Überweisung der Erfüllung des Anspruchs der Eltern gegen das Kind gem. § 812 Abs. 1 Satz 1; § 818 Abs. 1 BGB. Dazu wäre es erforderlich, dass die Eltern die 100.000,– € auf das Konto der Klara ohne Rechtsgrund leisteten. Der Rechtsgrund könnte eine Schenkung der Eltern an Klara bei der Überweisung vom Elternkonto auf das eigens eröffnete Sparbuch gewesen sein. Hierfür spricht, dass Klara materiell-rechtlich Inhaberin des Sparkontos und der Einlagenforderung gegen das Kreditinstitut wurde und es auch werden sollte. Augenscheinlich wollten die Eltern durch die Einzahlung des Geldes auf das Konto ihres Kindes jedoch die eigene Einkommensteuer vermindern. Dies impliziert nicht evident eine Schenkung an ihr Kind, sondern nur einen buchungstechnischen Transfer, so dass kein Anlass zur Annahme gegeben ist, Klara und ihre Eltern seien sich über die Unentgeltlichkeit der Zuwendung einig gewesen. Auch unter Berücksichtigung von § 39 AO bzw. § 5 GwG ergibt sich keine Evidenz, auf die allein abzustellen ist. Auch die Frage nach steuer- bzw. strafrechtlichen Gesichtspunkten lässt die elterliche Vollmacht unberührt, da hiervon die Frage des Rechtsgrundes unangetastet bleibt.

Möglicherweise ist dieser Rückforderungsanspruch wegen § 817 Satz 2 BGB ausgeschlossen. Dies wäre dann der Fall, wenn dem Leistenden, also den Eltern, gleichfalls ein Verstoß im Sinne des Satzes 1 dieser Vorschrift zur Last fällt. Dann müsste gegen ein gesetzliches Verbot oder gegen die guten Sitten verstoßen worden sein. Da jedoch das Geld nur zu einem vorübergehenden Zweck auf das Konto des Kindes überwiesen worden war, ist die Leistung nur zu einem vorübergehenden Zweck erbracht und ihrer Natur nach zurückgewährbar. Für solche Fälle ist § 817 Satz 2 BGB jedoch nicht anwendbar, und hindert den Rückforderungsanspruch der Eltern nicht. Auch § 42 AO hindert den Rückforderungsanspruch nicht, da sich diese Vorschrift nur auf den Steuertatbestand und den Steuererfolg bezieht, nicht auf das eingesetzte Kapital.

Zwischenergebnis: Die Eltern haben gegen ihr Kind aus ungerechtfertigter Bereicherung einen Rückzahlungsanspruch.

Anderweitige Gesichtspunkte, die das Kreditinstitut zur Verweigerung des Abschlusses des Überweisungsvertrages berechtigen würden, sind nicht ersichtlich. Die weitergehende Überprüfung des Handelns eines gesetzlichen Vertreters eines Minderjährigen durch Kreditinstitute entbehrt einer rechtlichen Grundlage.

Das durch die Überweisung angesprochene Konto und dessen Eröffnung unterliegt keinen Bedenken; beim Abschluss des Kontovertrages wurden die Parteien jeweils vertreten, also Klara durch die Eltern gem. § 1629 Abs. 1 i.V.m. § 164 BGB und das Kreditinstitut durch den handelnden Sachbearbeiter gem. § 164 BGB i.V.m. dessen Artvollmacht bzw. Gattungsvollmacht. Zwar dürfen Sparkonten nicht zu Zwecken des Zahlungsverkehrs genutzt werden. Die hier vorliegende Überweisung betrifft jedoch nur die Art und Weise, in der die Kontoinhaberin nach Beendigung des Sparvertrages über ihr Guthaben verfügt.

Das Angebot auf Abschluss eines Überweisungsvertrages diente daher der Erfüllung dieses Rückzahlungsanspruches. Damit verstieß die begehrte Überweisung bzw. der Vertragsabschluss nicht evident gegen die Eltern-Kind-Bindung. Ausdrücklich lassen die §§ 1629 Abs. 2 Satz 1; 1795 Abs. 2; 181 BGB Rechtsgeschäfte, die ausschließlich der Erfüllung einer Verbindlichkeit dienen, zu.

Dieses Angebot wurde mit Übergabe des Überweisungsauftrages an das Kreditinstitut durch die Eltern abgegeben, also willentlich in den Rechtsverkehr gebracht und ist durch die Entgegennahme dem Kreditinstitut auch zugegangen, denn nach § 164 Abs. 3 BGB (sog. Passivvertretung) ist der Kontosachbearbeiter hierzu durch die Art- bzw. Gattungsvollmacht ebenfalls bevollmächtigt.

Das Kreditinstitut müsste jedoch dieses Angebot – unverändert – angenommen und diese Annahme abgegeben haben und diese müsste den Eltern zugegangen sein.

Ein Überweisungsvertrag ist jedoch schon deshalb nicht zustande gekommen, weil das Kreditinstitut die Annahme abgelehnt hat. Hierbei kann es dahingestellt bleiben, ob ein Überweisungsvertrag gem. §§ 345 i.V.m. 362 Abs. 1 HGB mangels unverzüglicher (§ 121 BGB) Ablehnung zunächst zustande gekommen ist oder – eine angemessene Prüfungsfrist von zwei Tagen dürfte bei dem hier zugrunde liegenden Rechtsproblem, das vom Sachbearbeiter nicht gelöst werden kann, als noch unverzüglich gelten – aufgrund Unverzüglichkeit der Antrag abgelehnt worden ist. Denn nach § 676 a Abs. 3 Satz 1 BGB kann das überweisende Kreditinstitut den Überweisungsvertrag ohne Angabe von Gründen kündigen, solange die Ausführungsfrist noch nicht begonnen hat. Diese betrug nach § 676 a Abs. 2 Nr. 2 BGB längstens drei Bankgeschäftstage. Damit liegt in der Weigerung der Ausführung des Überweisungsauftrages am 11.01.2005 die Kündigung des Überweisungsvertrages, sollte dieser mangels unverzüglicher Ablehnung zustande gekommen sein.

Zu Unrecht hat das Kreditinstitut die Annahme dieses Vertrages abgelehnt bzw. gekündigt, denn kraft Kontovertrages war das Kreditinstitut hierzu verpflichtet, § 676 f Satz 1 BGB. Eine Pflicht zum Abschluss des Überweisungsvertrages enthält zwar § 676 a BGB nicht. Das Kreditinstitut ist im Rahmen des bestehenden Girovertrages dann zum Abschluss des Überweisungsvertrages verpflichtet, wenn die für die Überweisung erforderlichen Informationen vorliegen und das Konto ausreichende Deckung ausweist (oder ein entsprechender Kredit eingeräumt ist). Ein wichtiger Grund zur Ablehnung des Abschlusses aufgrund evidentem Vollmachtsmissbrauch bestand, wie oben dargelegt, gerade nicht. Damit bestand aus § 676 f Satz 1 BGB die Verpflichtung zum Abschluss des Überweisungsvertrages und zur Ausführung der Überweisung.

Ergebnis: Das Kreditinstitut ist zum Abschluss des Überweisungsvertrages und zur Ausführung der Überweisung verpflichtet (Fall nach BGH, Urteil vom 15.06.2004, AZ: XI ZR 220/03).

2. Die gestohlene ec-Karte

2.1. Sachverhalt

Frau Friedrich eröffnete bei einem Kreditinstitut ein Girokonto und erhielt für dieses im Jahre 2004 eine ec-Karte und eine persönliche Geheimnummer (PIN). Unter Eingabe der richtigen PIN wurden ohne Fehlversuch am 06.11.2004 gegen 17.30 Uhr 500,00 € und am Morgen des darauf folgenden Tages nochmals 500,00 € abgehoben. Das Kreditinstitut belastete das Girokonto der Kundin mit diesen abgehobenen Beträgen. Frau Friedrich verlangt nun vom Kreditinstitut die Auszahlung von 1.000,00 € mit der Begründung, ihr sei am 06.11.2004 (ein Samstag) zwischen 15.00 und 17.00 Uhr auf dem Stadtfest aus ihrer Handtasche die darin befindlichen Geldbörse und der darin befindlichen ec-Karte gestohlen worden. Dies habe sie am Sonntagmittag gemerkt und sofort dem Kreditinstitut unter der Hotline gemeldet. Die persönliche Geheimnummer sei selbstverständlich nirgendwo schriftlich notiert gewesen. Wie es zur Abhebung gekommen sein kann, sei ihr unerklärlich. Der Dieb müsse die persönliche Geheimnummer entweder entschlüsselt, sie ausgespäht oder Mängel des Sicherheitssystems des Kreditinstituts zur Geheimhaltung des Institutsschlüssels ausgenutzt haben. Sie jedenfalls habe die Karte in den letzten Tagen nicht benutzt oder eingesetzt.

Das Kreditinstitut weigert sich, die Rückbuchung bzw. Zahlung vorzunehmen, weil es aufgrund der Gesamtumstände von einer groben Pflichtverletzung der Frau Friedrich ausgehe. Ferner bestätige ein Gutachten, dass es auch mit größtmöglichem finanziellen Aufwand mathematisch ausgeschlossen ist, die PIN einer einzelnen Karte ohne die vorherige Erlangung des zur Verschlüsselung verwendeten Institutsschlüssels (in einer Breite von 128 Bit) zu errechnen.

In den Allgemeinen Geschäftsbedingungen für die Verwendung der ec-Karte heißt es unter anderem:

»Für Schäden, die vor der Verlustanzeige entstanden sind, haftet der Kontoinhaber, wenn sie auf einer schuldhaften Verletzung seiner Sorgfalts- und Mitwirkungspflicht beruhen. Das Kreditinstitut übernimmt auch die vom Kontoinhaber zu tragenden Schäden, die vor der Verlustanzeige entstanden sind, sofern der Karteninhaber seine Sorgfalts- und Mitwirkungspflichten nicht grob fahrlässig verletzt hat. Hierzu gehört insbesondere das Vermerken der persönlichen Geheimzahl auf der ec-Karte oder das Aufbewahren dieser persönlichen Geheimzahl zusammen mit der ec-Karte oder die Mitteilung der persönlichen Geheimzahl an andere Personen.«

Steht Frau Friedrich gegen das Kreditinstitut der begehrte Anspruch zu?

2.2. Lösungsvorschlag

Frau Friedrich könnte gegen das Kreditinstitut einen Anspruch gem. §§ 667, 675 Abs. 1, 676 f BGB auf Auszahlung der 1.000,00 € haben.

Voraussetzung hierfür ist das Bestehen eines Girovertrages zwischen den Parteien sowie eine unberechtigte Sollstellung durch das Kreditinstitut.

Das Bestehen eines Girovertrages begegnet keinen Bedenken, da die Parteien über die Eröffnung des Girokontos übereingekommen sind und Frau Friedrich für dieses Konto eine ec-Karte mit persönlicher Geheimnummer erhielt. Das Kreditinstitut ist seiner Verpflichtung aus diesem Girovertrag, ein Konto für Frau Friedrich einzurichten, nachgekommen. Hierbei wird das Konto als Kontokorrent im Sinne des § 355 HGB geführt, d. h. die beiderseitigen kontokorrentfähigen Ansprüche und Leistungen werden in eine laufende Rechnung eingestellt mit dem Ziel der Verrechnung und Feststellung eines Saldos zu einem bestimmten Zeitpunkt, in der Regel zum Quartalsende.

An einer unberechtigten Sollstellung durch das Kreditinstitut würde es dann fehlen, wenn die Kontoinhaberin dem Kreditinstitut die Weisung erteilt hat, die Abbuchung – gegen Bargeldauszahlung – vorzunehmen. Eine solche Anweisung könnte in der Benutzung des Geldautomaten unter Einsatz der persönlichen Geheimnummer liegen.

Aufgrund der ec-Abrede ist der Inhaber der Karte zu jeder Zeit berechtigt, an ec-Geldautomaten – begrenzt durch einen vereinbarten Verfügungsrahmen – durch Gebrauchmachen Geld abzuheben. Insoweit ist das Gebrauchmachen von der Karte nicht anders zu beurteilen als die Ausübung des girovertraglichen Weisungsrechts in besonderer Art, ähnlich als würde der Kunde am Schalter Barauszahlung verlangen.

Im vorliegenden Fall könnte es jedoch an einer wirksamen Anweisung der Frau Friedrich fehlen, wenn die Anweisung nicht von ihr als Kontoinhaberin ausging. Im Falle einer missbräuchlichen Verwendung der ec-Karte an einem Geldautomaten fehlt es an einer wirksamen Anweisung des Karteninhabers. Das ist nach dem Sachverhalt der Fall: Im vorliegenden Fall hat Frau Friedrich keine solche Anweisung an das

Kreditinstitut erteilt. Damit müsste das Kreditinstitut den zu Unrecht abgebuchten Betrag dem Konto der Frau Friedrich wieder gutschreiben bzw. auszahlen.

Das Kreditinstitut könnte jedoch berechtigt sein, einen ihm zustehenden Anspruch gegen Frau Friedrich in das Kontokorrent einzustellen, mit dem das Girokonto der Frau Friedrich belastet wurde:

Das Kreditinstitut könnte einen Anspruch darauf haben, den ihm zustehenden Aufwendungsersatzanspruch aus § 676 h BGB in das Kontokorrent einzustellen. Aus dieser Anspruchsgrundlage kann das Kreditinstitut für die Verwendung von Zahlungskarten oder von deren Daten einen Aufwendungsersatz nur dann verlangen, wenn diese nicht von einem Dritten missbräuchlich verwendet wurden. Voraussetzung für die Wirkung des § 676 h BGB ist somit die Verwendung der Karte mit dem Willen des Karteninhabers. Im vorliegenden Fall verhält es sich genau entgegengesetzt: die Geldabhebung ist weder durch Frau Friedrich selbst noch mit ihrem Einverständnis durch einen Dritten vorgenommen worden, so dass kein Aufwendungsersatzanspruch des Kreditinstituts besteht.

Das Kreditinstitut könnte einen Schadensersatzanspruch aus §§ 280 Abs. 1 i.V.m. 241 Abs. 2 BGB haben, der in das Kontokorrent eingestellt werden könnte.

Die erste Anspruchsvoraussetzung, ein Schuldverhältnis zwischen dem Anspruchssteller und dem Anspruchsgegner liegt im vorliegenden Fall im abgeschlossenen Girovertrag.

Weitere Voraussetzung ist eine objektive Pflichtverletzung durch Frau Friedrich. Im vorliegenden Fall hat sie – zunächst rein objektiv betrachtet – ihre Sorgfaltspflicht verletzt, weil sie es durch ihre Handlungsweise ermöglicht hat, dass die Karte von einem unbefugten Dritten benutzt wird. Haftungsrechtlicher Anknüpfungspunkt ist hierbei sowohl die – objektiv betrachtet – Ermöglichung des Diebstahls als auch des Karteneinsatzes am Automaten.

Problematisch ist jedoch, ob Frau Friedrich der Vorwurf eines schuldhaften Verhaltens gemacht werden kann. Ein Vorsatz als die schwerste Variante der Schuld scheidet vorliegend aus; in Betracht kommt eine grobe Fahrlässigkeit im Sinne des § 276 Abs. 2 BGB.

Diese könnte nach den Allgemeinen Geschäftsbedingungen darin liegen, dass sie die persönliche Geheimzahl auf der ec-Karte vermerkt oder zusammen mit der ec-Karte verwahrt oder die persönliche Geheimzahl einer anderen Person mitgeteilt hat und damit ein Missbrauch verursacht wurde. Das Vermerken der persönlichen Geheimzahl auf der ec-Karte stellt eine grobe Fahrlässigkeit des Karteninhabers dar; ebenso die gemeinsame Verwahrung. Die grobe Fahrlässigkeit ergibt sich aus dem Umstand, dass hierdurch der besondere Schutz, den die ec-Karte und die persönliche Geheimnummer in Kombination bieten, aufgehoben wird, da ein Unbefugter ohne weiteres Abhebungen vornehmen kann. Der Annahme dieser Pflichtverletzung steht jedoch entgegen, dass Frau Friedrich das Gegenteil beteuert.

Zugunsten des Kreditinstituts könnte in Bezug auf die subjektive Pflichtverletzung der Frau Friedrich der Beweis des ersten Anscheins sprechen, nämlich dass sie die persönliche Geheimzahl auf ihrer ec-Karte vermerkt oder sie zusammen mit dieser aufbewahrt hat.

Bei dem Beweis des ersten Anscheins handelt es sich um typische Geschehensabläufe, in denen ein bestimmter Sachverhalt feststeht, der nach der allgemeinen Lebenserfahrung auf eine bestimmte Ursache oder auf einen bestimmten Ablauf als maßgeblich für den Eintritt eines bestimmten Erfolgs hinweist. Die Wahrscheinlichkeit, einen solchen Fall vor sich zu haben, muss sehr groß sein. Wenn dann ein solcher Anscheinsbeweis für einen bestimmten Ursachenverlauf spricht, kann derjenige, der in Anspruch genommen wird, diesen dadurch entkräften, dass er Tatsachen darlegt und ggf. beweist, die die ernsthafte, ebenfalls in Betracht kommende Möglichkeit einer anderen Ursache nahe legen.

Diesen Maßstab zugrunde gelegt greift der Beweis des ersten Anscheins zu Lasten der Frau Friedrich ein dahingehend, dass sie ihre persönliche Geheimzahl entweder auf der ec-Karte notiert oder sie gemeinsam mit dieser aufbewahrt hat.

Wie im Gutachten angegeben, ist es auch mit größtmöglichem finanziellen Aufwand mathematisch ausgeschlossen, die PIN einzelner Karten aus den auf ec-Karten vorhandenen Daten ohne die vorherige Erlangung des zur Verschlüsselung verwendeten Institutsschlüssels in einer Breite von 128 Bit zu errechnen. Es erscheint daher außerordentlich unwahrscheinlich, dass der Dieb zwischen dem Diebstahl zwischen 15.00 Uhr und 17.00 Uhr und der Abhebung um 17.30 Uhr die Geheimzahl durch geeignete technische Maßnahmen entschlüsselte. Dann aber liegt der Schluss nahe, dass dem Täter die PIN bekannt gewesen sein muss, mithin sich auf oder mit der Karte in der Geldbörse befand, zumal kein Fehlversuch stattfand.

Die Regeln über den Anscheinsbeweis sind auch nicht deshalb ausgeschlossen, weil etwa, wie von Frau Friedrich behauptet, die Eingabe der richtigen PIN durch den späteren Dieb der ec-Karte bei der Verwendung durch Frau Friedrich ausgespäht worden ist, z.B. an einem PoS-Terminal. Zwar ist ein solches Ausspähen durchaus als ernsthafte Möglichkeit einer Schadensursache denkbar, die den Beweis des ersten Anscheins für eine grob fahrlässige gemeinsame Verwahrung von ec-Karte und PIN durch den Karteninhaber bei Eingabe der zutreffenden PIN durch einen unbefugten Dritten entfallen lässt; ein Ausspähen der PIN kommt aber als anderweitige Ursache nur dann in Betracht, wenn die ec-Karte in einem näheren zeitlichen Zusammenhang mit der Eingabe der PIN durch den Karteninhaber entwendet worden ist. Wie Frau Friedrich jedoch vorträgt, hat sie am Tag des Diebstahls die ec-Karte nicht benutzt und damit schließt ein mögliches Ausspähen an Tagen zuvor den Anscheinsbeweis nicht aus.

Auch Mängel des Sicherheitssystems des Kreditinstituts schließen den Anscheinsbeweis nicht aus. Diese als »Innentäterattacken« bezeichneten Angriffe von Bankmitarbeitern, etwa zur Ausspähung des der Verschlüsselung dienenden Institutsschlüssels, Angriffen gegen die im Rechenzentrum des Kreditinstituts im Umfeld der Transaktionsautorisierung ablaufende Software und unbeabsichtigte Sicherheitslücken der Software haben keine dem Anscheinsbeweis entgegenstehende Wahrscheinlichkeit. Die bloße Vermutung und unbelegte Behauptung einer solchen Innentäterattacke ist nicht geeignet, die Anwendung des Anscheinsbeweises auszuschließen.

Der Schaden liegt darin, dass, wie oben festgestellt, das Kreditinstitut die Auszahlung des abgebuchten Betrages an Frau Friedrich vornehmen müsste.

Für ein Mitverschulden des Kreditinstituts haben sich keine Anhaltspunkte ergeben, so dass im Ergebnis festzuhalten ist, dass der Anspruch der Frau Friedrich nicht besteht (Fall nach BGH, Urteil vom 05.10.2004, AZ: XI ZR 210/03).

Register

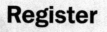

Kreditwesengesetz
Gesetz zur Sicherung der Funktionsfähigkeit der
Kreditwirtschaft
⇨ 18

Kreditwürdigkeit
Begriff zur Umschreibung der Eigenschaft eines
Kreditnehmers, Verpflichtungen aus einem Kreditvertrag
nachkommen zu können
⇨ 131

Kündigung
Einseitige, empfangsbedürftige Willenserklärung zur
Beendigung eines Dauerschuldverhältnisses
⇨ 138

Lastschrift
Ermächtigung an den Zahlungsempfänger, vom Konto
des Zahlungspflichtigen Beträge einzuziehen
⇨ 99

Mobiliarpfandrecht
Pfandrechte an beweglichen Sachen
⇨ 195

Not leidender Kredit
Beschreibung der Situation, wenn der Kreditnehmer die
Kreditverbindlichkeiten nicht mehr bedient
⇨ 200

Passivgeschäft
Banktechnische Maßnahmen zur Beschaffung von
Kapital, die als Fremdkapital auf der Passivseite einer
Bankbilanz auszuweisen sind
⇨ 112

Personensicherheiten
Kreditsicherheiten, bei denen eine Person mit ihrem
gesamten Vermögen haftet
⇨ 188

Pfandrecht
Dingliches Verwertungsrecht an einer Sache oder an
einem Recht zur Sicherung einer Forderung
⇨ 185, 195

PoS- und PoZ-Systeme
Abkürzung für point of sale bzw. point of sale ohne
Zahlungsgarantie und meint den Einsatz von ec-Karten
mit oder ohne PIN
⇨ 104

Realsicherheiten
Sachsicherheiten als dingliches Verwertungsrecht an
Sicherungsgegenständen
⇨ 195

Rechtsfähigkeit
Befähigung, Träger von Rechten und Pflichten zu sein
⇨ 72

Rechtsgrundlagen der Kreditwirtschaft
Vorschriften für den Bankbetrieb, insbesondere KWG
⇨ 18

Rechtsquellen des Bankrechts
Fundstellen für einschlägige bankrechtliche Vorschriften
⇨ 8

Zahlung
Leistungsbewirkung
⇨ 58

Zwangsvollstreckung
Durchsetzung privatrechtlicher Ansprüche durch
staatliche Zwangsmaßnahmen
⇨ 202

Zweckerklärung
Vereinbarung zwischen Kreditgeber und Kreditnehmer,
die eine Verknüpfung zwischen Forderung und
Sicherheit herstellt
⇨ 186